CB052540

'Religiões' politeístas do mundo antigo

Dados Internacionais de Catalogação na Publicação (CIP)
(Câmara Brasileira do Livro, SP, Brasil)

Agnolin, Adone
  'Religiões' politeístas do mundo antigo : Mesopotâmia, Egito, Grécia, Roma, América pré-colombiana / Adone Agnolin. – Petrópolis, RJ : Vozes, 2024. – (Coleção Religiões Mundiais)

  Bibliografia.
  ISBN 978-85-326-6517-1

  1. Civilização antiga 2. Civilização – História 3. História do mundo antigo 4. Politeísmo 5. Religiões I. Título II. Série.

23-168092   CDD-211.32

Índices para catálogo sistemático:

1. Politeísmo 211.32
Aline Graziele Benitez – Bibliotecária – CRB-1/3129

ADONE AGNOLIN

'Religiões' politeístas do mundo antigo

Mesopotâmia – Egito – Grécia – Roma – América pré-colombiana

EDITORA VOZES

Petrópolis

© 2024, Editora Vozes Ltda.
Rua Frei Luís, 100
25689-900 Petrópolis, RJ
www.vozes.com.br
Brasil

Todos os direitos reservados. Nenhuma parte desta obra poderá ser reproduzida ou transmitida por qualquer forma e/ou quaisquer meios (eletrônico ou mecânico, incluindo fotocópia e gravação) ou arquivada em qualquer sistema ou banco de dados sem permissão escrita da editora.

CONSELHO EDITORIAL

Diretor
Volney J. Berkenbrock

Editores
Aline dos Santos Carneiro
Edrian Josué Pasini
Marilac Loraine Oleniki
Welder Lancieri Marchini

Conselheiros
Elói Dionísio Piva
Francisco Morás
Gilberto Gonçalves Garcia
Ludovico Garmus
Teobaldo Heidemann

Secretário executivo
Leonardo A.R.T. dos Santos

PRODUÇÃO EDITORIAL

Aline L.R. de Barros
Marcelo Telles
Mirela de Oliveira
Otaviano M. Cunha
Rafael de Oliveira
Samuel Resende
Vanessa Luz
Verônica M. Guedes

Conselho de projetos editoriais
Isabelle Theodora R.S. Martins
Luísa Ramos M. Lorenzi
Natália França
Priscilla A.F. Alves

Editoração: Maria da Conceição B. de Sousa
Diagramação: Victor Mauricio Bello
Revisão gráfica: Nilton Braz da Rocha / Fernando Sergio Olivetti da Rocha
Capa: Érico Lebedenco

ISBN 978-85-326-6517-1

Este livro foi composto e impresso pela Editora Vozes Ltda.

Sumário

Prefácio 11

Referências 14

Introdução ao mundo antigo – Espaços geográficos, dinâmicas sociais e problemas de interpretação entre pré-história e história, 17

O mundo antigo e a disputa sobre o tempo histórico 17

Controle do tempo e doação de significado à existência humana: normas para um correto agir tradicional 20

O rito, o mito e o caráter étnico das "religiões antigas" .. 21

Unidade mítica, ritual, cultual e política do mundo antigo ...23

Extensão geográfica dos sistemas sociais do mundo antigo ...25

Entre pré-história e história 26

O mundo antigo: cultura, culto e mundo extra-humano 29

Religião e religiões: problemas históricos e interpretativos 33

Culto, rito, sacrifício e mito 36

Origem e expansão, 49

Mesopotâmia e Sumérios: generalidades 49

"Religiões politeístas" nas cidades-Estado da Mesopotâmia antiga 57

O Egito antigo dos faraós: o problema das origens 60

Civilização grega: origens minoicas e do Oriente Próximo 66

Formação e influências da cidade-Estado de Roma 73

América pré-colombiana 80

Os Maias 85

Os Astecas 88

Os Incas 92

Manifestações institucionais, 97

A Mesopotâmia das cidades templárias 97

O rei e as núpcias sacras 103

O Pantheon mesopotâmico 109

Peculiaridade egípcia: o rei como deus 119

O mecanismo institucional da sucessão egípcia 125

O Pantheon grego: da poética homérica à instituição da *polis* ... 128

Cidades-Estado da Grécia antiga: pluralidade e unidade
da organização politeísta e institucional 139

O problema do mito em Roma, rituais e sacerdócios 147

A sobrevalorização (operativa) do rito
e a historicização romana 152

    Os pontífices 159

    Rei sacral e flâmines 160

    Áugures 162

Maias, Astecas e Incas: preâmbulo 163

Preocupação com o tempo e obsessão de seu controle
calendarial no contexto mesoamericano 168

Ciclos solares e sua relação com a soberania no contexto Inca .. 173

Doutrinas e práticas fundantes, 181

Preâmbulo: mitos e ritos 182

Mesopotâmia: mitologia e mitos 185

Preâmbulo: rituais e cultos 190

Mesopotâmia: rituais e cultos 192

Cosmogonias, teogonias e o panteão egípcio 196

A morte e os elementos da existência 208

Mitologia e culto no Egito antigo 211

Tendência à Teocracia e "reforma religiosa" de Akhenaton 217

O mito na Grécia antiga: função fundadora e
criadora da palavra 222

O rito: operação de confirmação, produção e
edificação da comunidade 228

Teologia e Pantheon romanos 237

O calendário romano arcaico 239

Rituais e cultos na Roma antiga 244

Júpiter, Marte e Quirino... 246

Júpiter, Juno e Minerva.. 250

Outras divindades da teologia romana 251

Ritos, sacerdócios e cultos na Mesoamérica 253

O panteão e o culto maia 253

Mitologia, "panteão" e sacerdócio astecas 261

Ciclos solares, organização do espaço, sacerdócio
e culto entre os Incas.. 268

**Rupturas: As religiões étnicas da Antiguidade
perante o choque com o cristianismo, 279**

Cristianismo: (contra o mundo antigo) religião
supranacional e universal 281

Novidade do cristianismo e tentativa de contenção no
interior do Império 285

Os deuses como "simulacros", Cristo como "dominus" .. 288

O judaísmo *contra* o Império, o cristianismo *no* Império:
a liberdade do cristão 289

Despolitização cristã da realeza de Deus e nova teologia
política do cristianismo 292

Distinção entre *civilis causa e causa religionis* 297

Referências, 301

Fontes 301

Estudos 302

Prefácio

Frank Usarski

A Ciência da Religião investiga o mundo religioso sob pontos de vista histórico e sistemático. Ambas as abordagens se complementam. Sob estas condições a disciplina se dedica à reconstrução, interpretação e análise de fenômenos localizados em um campo virtualmente irrestrito em termos cronológico e geográfico. Isso significa que qualquer tradição religiosa, seja ela extinta ou "viva", e independente do lugar da sua origem e expansão espacial, é digna de se tornar objeto de pesquisa. Um olhar em publicações lançadas nas décadas da institucionalização da disciplina aponta para a abrangência da base empírica constitutiva para ela. Em uma época ainda carente de conhecimento público sobre a vastidão e riqueza fenomenológica do universo religioso, autores de manuais e exposições panorâmicas forneceram informações sobre as religiões, tanto do presente quanto do passado, oriundas de diferentes partes do mundo.

A divulgação do saber do escopo abrangente de tradições religiosas por meio das publicações em questão revela a principal abertura da Ciência da Religião para o diálogo com outras áreas de conhecimento, bem como o potencial heurístico das respectivas ciências "auxiliares" e subdisciplinas. Na época fundante da Ciência da Religião a partir dos anos de 1870 (Usarski, 2003), diversas pesquisas da área se beneficiavam da ascensão das filologias (Turner, 2014) e sem papel em outras disciplinas estabelecidas ainda antes da própria Ciência da Religião, como a Egiptologia

(Bednarski; Dodson; Ikram, 2020), a Assiriologia (Budge, 1925) ou as Ciências da Antiguidade, em ascensão desde a metade do século XVIII (Kuhlmann; Schneider, 2012, p. XXV), para as quais o conhecimento do grego e do latim era o pré-requisito-chave para o estudo das civilizações clássicas do Ocidente. Uma vez que os pesquisadores da primeira geração foram, sobretudo, interessados no estudo de textos de elites, o desenvolvimento paralelo da Etnologia e da Antropologia nas universidades ocidentais (Leveque, 2017) repercutiu em um grau menor no âmbito da Ciência da Religião. Uma expressão paradigmática da orientação da Ciência da Religião nas disciplinas acima mencionadas e no seu estoque do conhecimento é o balanço da situação da área na metade da segunda década do século XX apresentado por Jordan. A obra é uma espécie de bibliografia comentada. Em um primeiro momento aprecia a relevância de subdisciplinas para o estudo das religiões. Em seguida oferece os resumos de publicações de terceiros, cujos assuntos são de interesse imediato para a Ciência da Religião. Neste escopo temático são contempladas publicações que, entre outras, contribuíram na época em questão para o conhecimento sobre as religiões da Grécia e Roma, do Egito ou da Babilônia e Assíria (Jordan, 1915).

O panorama desenhado por Jordan corresponde ao costume de protagonistas da fase inicial da Ciência da Religião de se beneficiar da produção intelectual de áreas associadas e de incluir nas suas obras informações sobre as religiões do Egito (Carpenter, 1910; Scholten, 1870) e da Mesopotâmia (Saussay, 1887) da Grécia e Roma (Coulanges, 1864; Saussay, 1889). O tratamento de religiões do México, da América Central e da América do Sul por Washburn Hopkins é um exemplo para um interesse menos acentuado nas crenças antigas em uma parte do mundo, muitas vezes omitidas pela bibliografia da época (Washburn Hopkins, 1918, p. 94-119). A "popularidade" de assuntos afins nas décadas finais do século XIX e do início do século XX é também indicada pela programação do III Congresso Internacional de História da Religião em setembro de

1908 em Oxford, Inglaterra. Além de diversos *papers* sobre facetas das religiões do Egito, Roma, Grécia, Babilônia e, até mesmo do México, antes da chegada dos espanhóis, foram apresentados em diferentes momentos do evento ou em sessões específicas sobre a religião do Egito e as religiões dos Gregos e Romanos (Allen; De Johnson, 1908).

Apesar de diversas manifestações institucionais contemporâneas, como a coexistência da Ciência da Religião e matérias como a Egiptologia na mesma faculdade em Göttingen (Georg-August-Universität Göttingen) ou a cátedra de Filologia Clássica e da História das Religiões Antigas em Tübingen (Cancik, 1998, p. 1-5) – para citar apenas dois exemplos de Universidades na Alemanha –, houve nas últimas décadas um declínio do envolvimento de cientistas da religião no intercâmbio com as outras disciplinas já citadas. Há duas razões para esta situação. Já faz um bom tempo em que a Ciência da Religião, na busca por um maior reconhecimento público do trabalho disciplinar, tem demonstrado um interesse intensificado em fenômenos associados a religiões "vivas", em detrimento de um interesse em religiões do passado e nos relevantes resultados de disciplinas especializadas em temas afins. Além disso, os integrantes de qualquer comunidade científica são confrontados com um conhecimento cada vez mais complexo e diferenciado da própria área, o que tem um efeito negativo sobre a disponibilidade de acompanhar – de maneira regular e sistemática – a dinâmica em outros campos de pesquisa. Uma expressão sintomática para a respectiva negligência da Ciência da Religião após a Segunda Guerra Mundial é o título da obra organizada por Ferm, que contém capítulos sobre as antigas religiões do Egito, da Assíria-Babilônia e da Grécia, bem como determinados cultos praticados no Império romano (Ferm, 1950). Nos anos de 1970, Oxtoby salientou que o ponto de vista da Ciência da Religião sobre religiões "mortas" é tão relevante como as religiões atualmente "atuantes", e chamou atenção para a falta de interesse dos seus colegas nas religiões antigas como as do Mediterrâneo, do Oriente Próximo e do Irã (Oxtoby,

1970, p. 600, 607). Em 2011, Baines lamentou a esporadicidade da relação com a Egiptologia e o prejuízo desta constelação para os estímulos intelectuais, inclusive no que diz respeito ao estudo comparativo de fenômenos de diferentes culturas (Baines, 2011). E em 2022, Roubekas apontou para a falta de integração entre os estudos clássicos e da Ciência da Religião (Roubekas, 2022).

A distância maior entre a Ciência da Religião e as matérias acima mencionadas corresponde a uma divisão mais nítida do trabalho que faz com que a rica produção sobre as religiões da Antiguidade não tenha repercussão adequada nas publicações e ofertas letivas diretamente ligadas à Ciência da Religião. No Brasil, essa tendência fica evidente devido à falta ou ao subdesenvolvimento de disciplinas como a Assiriologia ou a Egiptologia (Silva, 2019). Por esta razão, a Ciência da Religião brasileira recebe de braços abertos a obra do historiador Adone Agnolin, cuja abrangente e profunda formação se reflete no tratamento qualificado das religiões da Mesopotâmia, do Egito, da Grécia, de Roma e da América pré-colombiana.

Referências

ALLEN, P. S.; DE JOHNSON, J. M. (eds.). *Transactions of the third international congress for the History of Religions*. Oxford: Clarendon, 1908.

BAINES, J. Egyptology and the Social Sciences: thirty years on. *In*: VERBOVSEK, A.; BURKHARD, B.; JONES, C. (eds.). *Methodik und Didaktik in der Ägyptologie, Herausforderungen eines kulturwissenschaftlichen Paradigmenwechsels in den Altertumswissenschaften*. Munique: Wilhelm Fink, 2011, p. 571-597.

BEDNARSKI, A.; DODSON, A.; IKRAM, S. (eds.). *A History of World Egyptology*. Cambridge/Nova York: Cambridge University Press, 2020.

BUDGE, E. A. W. *The Rise and Progress of Assyriology*. Londres: Martin Hopkinson, 1925.

CANCIK, H. *Antik; Modern: Beitrage zur römischen und deutschen Kulturgeschichte*. Stuttgart/Weimar: Metzler, 1998.

CARPENTER, J. E. *Comparative Religion*. Nova York/Londres: Henry Holt and Company/Williams and Norgate, 1910.

COULANGES, N. D. F. D. *La Cité antique – Étude sur le culte, le droit, les institutions de la Grèce et de Rome*. Paris: Durand 1864.

FERM, V. (ed.). *Forgotten Religions (including some Living Primitive Religions)*. Nova York: The Philosophical Library, 1950.

GEORG-AUGUST-UNIVERSITÄT GÖTTINGEN. *Religionswissenschaft (M.A.)*. Disponível em: https://www.uni-goettingen.de/de/53124.html Acesso em: 16/06/2023.

JORDAN, L. H. *Comparative Religion – Its Adjuncts and Allies*. Londres: Oxford University Press, 1915.

KUHLMANN, P.; SCHNEIDER, H. Die Altertumswissenschaften von Petrarca bis zum 20. Jh. *In*: KUHLMANN, P.; HELMUTH (eds.). *Geschichte der Altertumswissenschaften – Biographisches Lexikon*. Stuttgart/Weimar: J.B. Metzler, 2012, p. XV-XLVI.

OXTOBY, W. G. Religionswissenschaft revisited. *In*: NEUSNER, J. (ed.). *Religions in Antiquity – Essays in Memory of Erwin Ramsdell Goodenoug*. Leiden: Brill, 1970, p. 590-608.

ROUBEKAS, N. P. *The Study of Greek and Roman Religions – Insularity and Assimilation*. Londres/Nova York/Oxford/Nova Delhi/Sydney: Bloomsbury Academic, 2022.

SAUSSAY, P. D. C. D. L. *Lehrbuch der Religionsgeschichte*. V. 2. Friburgo i. B.: J. B. C. Mohr, 1889.

SAUSSAY, P. D. C. D. L. (ed.). *Lehrbuch der Religionsgeschichte*. V. 1. Friburgo i. B.: J. C. B. Mohr, 1887.

SCHOLTEN, J. H. *A Comparative View of Religions*. Boston: Crosby & Damrell, 1870.

SILVA, T. R. D. Brazilian Egyptology – Reassessing colonialism and exploring limits. *In*: NAVRATILOVA, H. G., THOMAS L.; DODSON, A.; BEDNARSKI, A. (eds.). *Towards a History of Egyptology – Proceedings of the Egyptological Section of the 8th ESHS Conference in London*. Münster: Zaphon, 2019, p. 127-146.

TURNER, J. *Philology: the forgotten origins of the modern humanities*. Princeton: Princeton University Press, 2014.

USARSKI, F. O caminho da institucionalização da Ciência da Religião – Reflexão sobre a fase formativa da disciplina. *Religião e Cultura*, II, n. 3, p. 11-27, 2003.

WASHBURN HOPKINS, E. *The History of Religions*. Nova York: Macmillan, 1918.

Introdução ao mundo antigo

Espaços geográficos, dinâmicas sociais e problemas de interpretação entre pré-história e história

O mundo antigo e a disputa sobre o tempo histórico

O tempo histórico é marcado de forma emblemática pelo crivo do processo de cristianização da própria história. Um dos dados significativos dessa perspectiva é representado pelo fato de que, em termos históricos gerais, quando se fala de "Antiguidade" entende-se o período que antecede a afirmação do cristianismo... Nesse sentido, não deixa de ser significativo, ainda, que quando olharmos para o mundo antigo recorremos continuamente à especificação das datas históricas entre as marcas divisórias de um a.C. (*ante Christum natum*) e de um d.C. (que está por um *post Christum natum*): mesmo que no começo da era cristã – marcada significativamente também pela denominação de *Anno Domini* –, até, pelo menos, sua afirmação histórica a começar pelo IV século, as coisas apresentem uma maior complexidade e, em proximidade da afirmação da Cristandade e do afastamento do modelo antigo (da antiguidade romana e imperial), historiograficamente se fale em mundo tardo-antigo.

Analogamente à complexidade do problema do tempo histórico e de uma forma de disputa sobre a sua conquista e seu controle, apresenta-se aquele que diz respeito às "religiões antigas": a adjetivação vem a indicar, de modo privilegiado, o mundo "religioso" antes da afirmação da religião cristã (que irá se desprendendo e afirmando, sucessivamente, no interior do

Império romano). Não por acaso, os eventos que dizem respeito a este último período histórico vêm sendo denotados (historiograficamente, como dissemos logo acima) no enquadramento de um período que começa a se distinguir daquele anterior ("antigo") e, logo, é denominado de "tardo-antigo".

Essas duas questões preliminares dizem respeito ao fato de que, no final das contas, torna-se significativa a distinção historiográfica de uma cisão histórica que remete a uma Antiguidade que antecede o período tardo-antigo e, sucessivamente, aquele medieval. Uma cisão que realiza uma ruptura histórica passo a passo que o monoteísmo cristão vem se afirmando e impondo como nova *Weltanschauung*: um novo modo de pensar e organizar o mundo e, consequentemente, as sociedades. Dado central e importante no que diz respeito à nossa análise: é quando se impõe a *nova religio* (o cristianismo) que, ao mesmo tempo, constrói-se o olhar para a Antiguidade que virá a determinar sua sucessiva perspectiva e percepção: isto é, aquela *sub specie religionis* que, com a lente da nova religião, determinará e condicionará sua configuração retrospectiva.

Tendo em vista essa problemática, portanto, vale destacar como, *a priori*, resulta bastante inapropriado falar de "*religiões* do mundo antigo" no contexto da Antiguidade; e isto porque uma primeira forma denotativa do termo *religio* remete, primeiramente, à sua caracterização no interior do mundo latino-romano; e, ainda mais crucial e relevante, esse termo adquire uma sua primeira e profunda transformação de significado (dentre outras que sucederão) no contexto da cristianização da sociedade romana tardo-antiga e, finalmente, no interior da própria cristianização do termo.

Como falar, então, das "religiões" do mundo antigo antes do instrumento lexical historicamente significado e determinado? Em sua especificidade, o que estaria no e conotaria o espaço denotativo – forte e gravemente condicionante de nossa visão histórica – do termo no contexto da Antiguidade? Essas são questões iniciais fundamentais quando olhamos para o mundo antigo, mas também para aquele etnológico: o cuidado para com o "olhar distanciado" antropológico e lévi-straussiano é de fundamental importância para exercer, também e paralelamente, um "etnocentrismo crítico" segundo a sugestão de Ernesto de Martino[1]. O que quer dizer que as analogias formais com relação àquilo que o dicionário aponta(ria) revelam diferenças bastante profundas.

Sem poder aprofundar aqui este problema, em termos de uma definição geral daquilo que poderíamos identificar, de algum modo, como "religiões" do mundo antigo – antes ou prescindindo do que foi apontado ou pressuposto pela *religio* cristã, em um seu "espaço semântico" menos condicionado –, portanto esta definição poderia indicar, *grosso modo*:

> *sistemas a caráter institucional* graças aos quais as diferentes culturas e civilizações *estabelecem os valores* do próprio presente, *o conjunto das regras* que disciplinam a existência humana, as relações entre os homens, as relações entre universo humano e universo sobre-humano, as próprias relações no interior da sociedade e entre homem e ambiente externo, *valores e regras não negociáveis*, porque *fundamentados sobre uma realidade* que é pensada como transcendente

---

1. LÉVI-STRAUSS, C. *Le Regard éloigné*. Paris: Plon, 1983. Cf. tb.: LÉVI-STRAUSS, C. *Tristes tropiques*. Paris: Plon, 1955. É justamente ao Lévi-Strauss de *Tristes trópicos* que Ernesto de Martino dedica as primeiras páginas de *La terra del rimorso*, no que diz respeito ao sentido profundo da viagem etnográfica colocada em pauta pela reflexão do antropólogo francês. Nesse sentido, o antropólogo napolitano se refere à etnografia como produto do "remorso" do Ocidente. Há, todavia, uma diferença substancial entre os dois antropólogos: para Lévi-Strauss o trabalho do etnólogo é fruto de uma escolha radical que implica o questionamento do sistema no qual nascemos e crescemos, enquanto para De Martino, durante a viagem etnográfica, nem tudo da nossa civilização moderna pode ser posto em causa do mesmo modo. Aqui se insere, enfim, a perspectiva do "etnocentrismo crítico" demartiniano: o relativismo extremo, de fato, "nos tornaria – sob a aparência de uma disponibilidade ilimitada – estúpidos e incompreensivos. [...] [logo], podemos avaliar todas as propostas apresentadas pelo homem para viver em sociedade, com a condição de nunca colocar entre parênteses a proposta humanista dentro da qual estamos, e que é nossa tarefa levar adiante incessantemente, quaisquer que sejam os 'encontros' do nosso viajar". Cf. DE MARTINO, E. *La terra del rimorso: contributo a una storia religiosa del Sud* [1961]. Milão: Il Saggiatore, 1996, p. 21.

ou, pelo menos, *considerada por além da dimensão humana*, e desse modo oferecem, também, um sentido por assim dizer consolatório à grande tragédia da existência humana que é a inevitabilidade da morte[2].

Controle do tempo e doação de significado à existência humana: normas para um correto agir tradicional

Ressemantizando, portanto, a "religião" do mundo antigo – melhor, voltando às fontes do que essa poderia ser considerada antes do condicionamento histórico do cristianismo – poderíamos identificá-la enquanto correspondente a "sistemas a caráter institucional", determinando e configurando "valores" expressos em um "conjunto de regras" sem possibilidade de negociação, porque fundamentados em "realidades externas à dimensão do homem"... Talvez pudéssemos avançar na definição falando de uma espécie de "carta constitucional" própria de cada sociedade humana e projetada em uma dimensão extra-humana. Não por acaso, a "Lei" aparece, muitas vezes, como base de um sistema de regras – sempre fruto de uma ação sacerdotal que, portanto, não se configura como "política" – que, ao mesmo tempo, impõem e identificam um correto agir tradicional[3]. E, finalmente, visto o ponto de partida

---

2. SCARPI, P. *Si fa presto a dire Dio: riflessioni sul multiculturalismo religioso.* Milão: Ponte delle Grazie, 2010, p. 38-39; destaques nossos. A respeito da inevitabilidade da morte, mas, sobretudo, dos recursos rituais de controle e de sentido consolatório dos rituais das "carpideiras", das lamentações junto aos defuntos no contexto mediterrâneo e pré-cristão, cf. o importante trabalho de Ernesto DE MARTINO: *Morte e pianto rituale: Dal lamento funebre antico al pianto di Maria.* Turim: Boringhieri, 1975 [1. ed., 1958]. Na proposta demartiniana, a morte aparece como o evento que pode determinar o colapso da instável situação do homem, um escândalo irreversível, uma crise sem horizonte que abre o caminho ao estranhamento do mundo. Mas, finalmente, é à beira do risco estremo que desde o mundo antigo o homem aprende a defender a precariedade de seu ser (ser-no-mundo). Ele faz isso por meio das muitas técnicas, rituais e controladas, das quais se utiliza (realizando um controle ritual do sofrimento, como, por exemplo, com o rito do choro coletivo) para voltar à vida, ao mesmo tempo em que a presença persistentemente incômoda dos mortos se transforma em sombra protetora.

3. No hebraísmo e no hinduísmo, p. ex., estabelecendo o que é puro e impuro, qual é o espaço da ação do homem e qual é o espaço do divino. Também no

do problema posto acima, um dos lugares privilegiados sobre o qual esses sistemas de caráter institucional exercem em modo mais significativo, eficaz e evidente, sua função de doadores de significado à existência humana[4] é, justamente, aquele do controle do tempo: a função dos calendários ou dos sistemas calendariais (solar ou lunar, a referência da computação do tempo, a função e ação dos *pontifices* sobre o tempo na Roma antiga[5] etc.) aponta para as específicas maneiras e estratégias de ordenar o tempo, carregando de sentido a existência humana. E se a organização do tempo é e foi um meio para subtrair a existência humana ao acaso – situando-a no interior de uma perspectiva ordenada, onde cada evento responde a uma causa –, podemos constatar a extensão e a abrangência cultural na realização desse esforço verificando-o também em contextos extraeuropeus (que não participaram de seu legado cultural): é assim que os dois calendários dos Astecas aparecem como o exemplo mais significativo e eficaz dessa mesma perspectiva[6].

O rito, o mito e o caráter étnico das "religiões antigas"

Nessa estrutura de fundo, enfim, à base desse sistema, o mito funda e fornece o horizonte cosmológico (a organização do mundo) no interior do qual a ação histórica e a existência humana adquirem sentido (organização que, por esse motivo, configura-se como imutável e inegociável); enquanto o rito manifesta a ação operativa e eficaz que somente é permitida ao homem (no interior

---

islã, é uma "lei" que abrange todo espaço e aspecto da existência humana, público ou privado, visível ou íntimo...

4. Além de se revelarem como organismos de coordenação e de controle.

5. BOUCHÉ-LECLERQ, A. *Les Pontifes de l'ancienne Rome – Étude historique sur les institutions religieuses de Rome*. Paris: A. Franck, 1871.

6. Tudo isso será visto ao final dos capítulos "Manifestações institucionais" e "Doutrinas e práticas fundantes". Cf. BRODA DE CASAS, J. *The Mexican calendar as compared to other Mesoamerican systems*. Viena: Engelbert Stiglmayr, 1969. • AVENI, A. F. *Observadores del cielo en el México antiguo*. México: Fondo de Cultura Económica, 1991.

do limite de seu espaço operativo: estabelecido pelo mito) para manter o universo humano no interior do sacro que, logo e no final das contas, resulta ser uma operação humana, mesmo que ocultada enquanto tal. Trata-se, enfim, de uma definição e do estabelecimento de uma relação operativa/ritual com a alteridade – um culto destinado a uma entidade extra-humana (as divindades, os mortos, os antepassados etc.) –, mas que, às vezes, configura-se enquanto autônoma: assim como é o caso dos ritos de passagem[7] que marcam as etapas mais importantes da existência humana (nascimento, entrada na idade adulta – os ritos de iniciação –, o matrimônio, a morte). Tudo isso, repropondo condições e situações do *illud tempus* mítico *como se fossem atuais*: uma "atualidade", todavia, que é contida e se resolve somente no interior do espaço temporal e físico da cerimônia ritual.

É esta referencialidade mítico-modelar que caracteriza, enfim, o *caráter étnico* das "religiões antigas". De fato – e essa é mais uma importante característica distintiva do mundo antigo – quando se fala em "religiões antigas" é preciso prestar atenção à estreita associação entre o mundo antigo, o seu contexto étnico e as características próprias dos politeísmos... E quando identificarmos a associação imprescindível entre religiões antigas e identidades étnicas entendemos como – por exemplo, no caso do Egito, da Grécia e da Roma antiga, mas também da Mesoamérica pré-colonial – torna-se bastante problemático, na divisão proposta por essa coletânea, procurar para cada uma delas a "origem" e, em muitos casos, os movimentos de expansão. Isto porque é justamente a condicionante construção étnica que, muitas vezes, constrói, por sua vez, suas origens com o instrumento privilegiado, em primeiro lugar, do mito: em relação ao qual, também, somam-se e entrelaçam-se as articulações rituais, culturais etc.

---

7. VAN GENNEP, A. *Les Rites de Passage: étude systematique*. Paris: E. Nourry, 1909 [Em português: *Os ritos de passagem*. Petrópolis: Vozes, 1977].

A partir dessa base, coloca-se um problema análogo àquele das "origens" quando se queira pensar, identificar e falar em "doutrinas e práticas fundantes". E isto porque, como veremos, as próprias origens doutrinais se constroem, sucessivamente, tendo em vista suas específicas relações com a escrita, com seu controle institucional e com a definição de um corpo teológico-sacerdotal preposto no contexto das cidades-Estado; com as decorrentes e diferentes relações estabelecidas pelas práticas culturais e pelas ritualidades através das quais se manifestam. Não por último e finalmente, portanto, não poderemos deixar de lado as dificuldades de se pensar às específicas manifestações institucionais em relação com a construção das instituições prioritárias ao redor das quais se produzem e se constroem as identificações étnicas que se pretendem orientativas e, logo, "sacralizadas" no interior da sociedade...

Unidade mítica, ritual, cultual e política do mundo antigo

Tendo em vista tudo quanto apontado acima, portanto, vale a pena destacar e manter presente, *a priori*, que, quando falamos em *religiões* do mundo antigo seria oportuno fazê-lo, pelo menos, restringindo e reduzindo (com relação a quanto o termo denotativo foi, sucessivamente, ampliado e dilatado por obra do cristianismo) o conceito de religião a quanto podiam entendê-lo e considerá-lo os Gregos ou os Romanos antigos. Nesse caso e nesses contextos, enfim, conforme analisado por um classicista, filólogo e antropólogo do mundo antigo, devemos manter presente que:

> Para se definir enquanto pessoa religiosa, que dedica um culto às próprias divindades, um grego teria declarado de ser *eusebés* ("respeitoso das divindades"), de cumprir *tà tóis theóis nomizómena* ("os cultos tradicionalmente devidos aos deuses") e de praticar *tà hierá* ("as sagradas ofertas ou sacrifícios"), de cultivar *tà théia* ("as coisas divinas"), e assim por diante. [Isto é, certamente não teria declarado] de ser "idólatra" e nem mesmo "politeísta"; [e isso] enquanto um romano teria definido *pius* – isto é, animado pela mesma

"devoção" ou "submissão" que se sente em relação ao pai ou à família – teria declarado de *colere deos* "venerar os deuses", honrar os *sacra* ("as coisas sacras"), de observar os *ritus* ("as formas rituais"), as *caerimoniae* ("ritos religiosos"), a *religio* ("escrúpulo ritual" e "ligação com a divindade"), mas, certamente, não teria declarado de ser um "pagão"[8].

Logo, privados da nossa noção de religião (e de sua longa e bimilenar história veiculada pelas aventuras do cristianismo), quase brincando com os termos, poderíamos dizer que na Antiguidade todo poder era caracterizado por aquilo que nós denominamos de religioso: enfim, todo poder era consagrado, fundamentado e legitimado por uma sua específica forma de produzir e representar o sagrado. E não somente o poder, mas também todas as instituições e as atividades humanas não podiam ser separadas ou distintas daquilo que nós, hoje, distinguimos como religioso ou sagrado. Toda visão de mundo da Antiguidade – o sentido e a orientação de suas organizações e atividades, enfim – era fortemente impregnada e legitimada, ao mesmo tempo, por uma organização mítica, ritual, cultual... e, finalmente, política extremamente entrelaçada e que dificilmente permitia distinguir os diferentes planos entre si.

Portanto, aquilo que nós *distinguimos* como "dimensão religiosa" em relação ao sistema social para o qual olhamos, precisa ser constantemente contido e corrigido perante e quando nos debruçarmos sobre o mundo antigo, na medida em que, naquele contexto, essa dimensão é construída e permanece sempre fortemente entrelaçada e fundamentada sobre sistemas

---

8. BETTINI, M. *Elogio del politeismo*. Bolonha: Il Mulino, 2014, cap. XIV: "La lunga ombra delle parole", p. 103-114, cit. p. 103-104. A esse respeito, cf. tb. • BORGEAUD, P.; PRESCENDI, F. (orgs.). *Religions antiques: une introduction comparée Égypte – Grèce – Proche-Orient – Rome*. Genebra: Labor et Fides, 2008 [Em italiano: Roma, Carocci, 2011, p. 22-23]. E a respeito das "categorias religiosas dos Romanos", cf. SCHEID, J. *Les Dieux, l'état et l'individu*. Paris: Seuil, 2013, p. 97-99.

sociais complexos e articulados que conhecem divisões e especializações de funções e de tarefas (trata-se, de fato, de sociedades "complexas"), além de uma estrutura urbana e, finalmente, do uso da escrita.

Extensão geográfica dos sistemas sociais do mundo antigo

Esses sistemas sociais do mundo antigo assim caracterizados se estendem, geograficamente, da Mesopotâmia em direção à bacia do Mediterrâneo e até à Europa Central e Setentrional; e se, como acabamos de dizer, esta organização do mundo antigo se conclui no final do século IV d.C., com o edito de Teodósio, seus inícios remontam do fim do IV milênio a.C. (ou do início do III). Devemos levar em consideração, ainda, outra importante característica desses sistemas sociais durante esse período e no interior desse espaço geográfico: não se trata de mundos fechados, mas de espaços sociais, econômicos, institucionais, culturais e mítico-rituais condicionados por uma recíproca, contínua e intensa comunicação e transmissão cultural. Dessa comunicação e de suas trocas culturais nasceram e se produziram reformulações e remodelações incessantes, mesmo no contexto caracterizado pela construção de "sociedades étnicas" que, como quer que seja, mantinham a capacidade de cada sociedade preservar suas especificidades culturais: tudo isso até a afirmação do império de Roma que (este sim!) interferirá profundamente sobre esses modelos sociais e sobre suas especificidades; e, ainda, até a afirmação do cristianismo (depois do seu percurso – complexo e atormentado, mas finalmente vencedor – no interior do Império romano[9]) veiculado justamente na nova dimensão imperial na qual este se inscreve.

Essa característica dinâmica das trocas culturais, por sua vez, não interessa somente o Oriente Próximo e o Mediterrâneo, mas se estende também em direção ao Oriente. Ao que tudo

---

9. Cf. SINISCALCO, P. *Il cammino di Cristo nell'Impero romano*. Ed. ampl. Roma-Bari: Laterza, 2009 [1. ed., 1983; ed. rev. e atual., 1996].

indica, "atravessa o Irã, alcança a Índia e, talvez, até mesmo a China", introduzindo assim "o problema não resolvido da gênese das civilizações que produziram os politeísmos, além de serem produtos destes". Finalmente, sempre nos termos propostos por Paolo Scarpi:

> para além da postulação de uma monogênese ou de uma poligênese dos fenômenos, que no estado atual corre o risco de se apresentar como um ato de fé, a ideia de um processo transculturativo conectado com a dinâmica das trocas culturais e com um relativo e discreto difusionismo pluridirecional pode permitir, na base de documentos indiscutíveis, de evitar a senda traiçoeira das conjecturas e dos postulados. Conjecturas e postulados, todavia, multiplicam-se quando se enfrentam os pródromos que determinaram a emersão das grandes civilizações, o surgimento das grandes civilizações das brumas da pré-história[10].

Entre pré-história e história

No final das contas, o mundo antigo nos apresenta sempre o desafio de entrever e analisar territórios contíguos, mas separados, entre pré-história e história, mas também da necessária colaboração entre disciplinas distintas e convergentes: entre arqueologia e história. Um extraordinário e desafiador esforço que, segundo a sugestão de Paolo Matthiae[11], talvez possamos resumir com alguns significados profundos do verbo "descobrir": aplicado, no trabalho indicado, à descoberta arqueológica, mas que subtende, também, aos significados próprios do verbo no âmbito da história. Esses são alguns dos significados compartilhados, de algum modo, nos dois âmbitos disciplinares: "remover

---

10. SCARPI, P. Le religioni del mondo antico. *In*: FILORAMO, G. *et al.* (orgs.). *Manuale di storia delle religioni*. Roma-Bari: Laterza, 1998, p. 8.
11. Cf. este fascinante trabalho: MATTHIAE, P. *Dalla Terra alla Storia: Scoperte leggendarie di archeologia orientale*. Turim: Einaudi, 2018.

a terra", "trazer à luz", ou aquele que diz respeito à distinção (especificamente arqueológica, mas particularmente significativa, também, na história) entre "espaços plenos" (i. é, significativos para os vestígios que se procuram) e "espaços vazios" (com poucas ou nenhuma testemunha, sem vestígios). Logo, nesse sentido e levando em conta essa problemática, seria possível verificar as possibilidades de leituras e de "formação factual" da ação/ interpretação do "descobrir" na história. Entre outros, e só para oferecer alguns exemplos: 1) descobrir como forma de "marcar" (destacar, determinar o fato, a interpretação, a explicação etc.), mas também como maneira de "esvaziar" (o sítio arqueológico, mas também a originalidade do "sítio histórico"); 2) descobrir as formações históricas e, logo, realizar uma incursão nas fronteiras entre pré-história e história, sobretudo no âmbito que diz respeito aos pródromos da história, nesse contexto do mundo antigo, e que, portanto, configura-se como uma incursão que tão frequentemente deve remeter a um diálogo disciplinar entre arqueologia e história; 3) e, ainda, à "redescoberta dos antigos", com tudo o que isso significa face a uma prioritária conotação do mundo da Antiguidade (pré-cristã) por parte dos polemistas cristãos dos primeiros séculos da nossa era[12].

Perante o horizonte desses problemas preliminares, mas fundamentais, em relação ao tema dos primórdios do mundo antigo, finalmente podemos dizer que, com relação ao anterior período do Paleolítico, deve se levar em consideração o resultado mais evidente daquele fenômeno que ficou conhecido como a "revolução neolítica". No final das contas, esta última representou o momento mais significativo da abrupta interrupção do nomadismo das anteriores formas de vida, dando vida a assentamentos estáveis, com o desenvolvimento da agricultura e da criação do gado, que foram na

---

12. Também seria interessante verificar, ainda, a articulação desses vários aspectos apontados relativamente ao eco entre arqueologia e história, na direção de quanto proposto pelo trabalho de FOUCAULT, M. *L'Archéologie du savoir*. Paris: Gallimard, 1969.

origem da formação de verdadeiras e próprias estruturas urbanas: com consequente elaboração de tecnologias e de especializações indispensáveis para a satisfação de uma sociedade cada vez mais complexa e articulada[13].

Se, como dissemos logo acima, a história da formação dessas comunidades protourbanas, que produzirá as grandes civilizações do Mediterrâneo oriental, pode ser reconstruída exclusivamente na base da documentação arqueológica, esta última, finalmente, pode ser complementada e integrada com maior precisão a partir do IV milênio a.c., quando se afirma a utilização da escrita[14] que, ao mesmo tempo, auxiliará na estruturação de sistemas sociais complexos e nos permitirá, cada vez mais e melhor, reconstruir a vida cultural da sociedade e aquela intelectual dos homens da época.

Vale destacar, ainda, que a revolução neolítica se manifestou no Oriente Próximo e lá permaneceu circunscrita: compreendendo a área das cadeias montanhosas localizadas entre a Palestina, o planalto da Anatólia, o Iraque e o Irã, e chegando até as encostas do Hindu Kush. Isto porque a área coincidia com o habitat natural onde viviam os animais domésticos: ovelhas, cabras, porcos, bovinos, além dos ancestrais selvagens dos cereais e dos legumes, sobre os quais se fundou, justamente, a economia neolítica. E esse dado manifesta também o fato de que, não tendo o Egito as mesmas características hidrogeológicas, nesse último caso se pode

---

13. MELLAART, J. *The Neolithic of Near East*. Londres: Thames and Hudson, 1975. MELLAART, J. *The Archeology on Ancient Turkey*. Londres: Rowman and Littlefield, 1978.

14. Outra importante produção tecnológica decorrente da urbanização dos territórios que, favorecendo os processos de abstração, contribuirá também na organização e na estruturação dos sistemas sociais complexos. Cf., dentre outros: GOODY, J. *The Logic of Writing and the Organization of Society*. Cambridge: University of Cambridge Press, 1988. GOODY, J. *The Domestication of the Savage Mind*. Cambridge: University of Cambridge Press, 1977.

considerar que a assunção de métodos de cultivação tenha sido fruto de uma relativa difusão.

O mundo antigo: cultura, culto e mundo extra-humano

Referindo-nos ao mundo antigo em geral, entre pré-história e proto-história, permanece um mistério: aquele de determinar quais fossem as formas de culto praticadas por suas populações no início da era neolítica. Como quer que seja, todavia, nessa era as práticas funerárias, com diferentes formas de tratamento do cadáver, nos oferecem a manifestação mais evidente de algum tipo de prática de culto que, como dizíamos mais acima, possa ser identificado como uma maneira de revigorar e reforçar o sentido e o significado da existência humana (sobretudo no momento mais delicado e desafiador – isto é, perante a morte –, no qual este sentido pode aparecer fortemente ameaçado), práticas, essas, também reiteradas ao redor das normas definidoras de um correto agir tradicional: no caso, aquele relativo ao tratamento dos cadáveres.

Por outro lado, em alguns dos sítios protourbanos da época encontramos edifícios que apontam para uma sua específica, evidente e fundamental função cultual. É este o caso, por exemplo, do sítio arqueológico de Tell es-Sawwân, na planície mesopotâmica, junto ao qual foi encontrado um certo número de pequenas estátuas femininas. É o caso, ainda, do mais famoso sítio de Çatal Hüyük, na Anatólia, onde algumas figuras femininas foram localizadas (junto a bovinos e calaus): sítios e edifícios que podem apontar para uma verdadeira e necessária delimitação e especificidade de um espaço "religioso" no interior da cidade[15]. Obviamente, como dissemos e como quer que seja, para todos esses casos e, em termos gerais, para o início do neolítico, permanece o mistério de determinar quais fossem as formas de culto praticadas por essas populações. Mas, de qualquer modo, em vista das diferenças que puderam

---

15. MELLAART, J. *Çatal Hüyük: a Neolithic Town in Anatolia*. Londres: Thames and Hudson, 1967.

ser reconhecidas, tudo indica que se tratasse de formas cultuais próprias de cada comunidade a fim de estabelecer e administrar um sentido a seu próprio universo cultural.

Todavia e sobretudo, diante do que foi apontado logo acima, a respeito de tudo isso é importante levar em consideração um dado interpretativo nada secundário quando falamos de culto junto às culturas da Antiguidade. E o problema da interpretação diz respeito aos instrumentos através dos quais realizamos essa peculiar leitura de um mundo *diferente* com relação ao nosso horizonte histórico: inclusive e primeiramente quando se trata de instrumentos concei-tuais. O fato é que olhar, a partir do nosso presente, em direção a realidades diferentes daquelas construídas no longo e complexo percurso da nossa cultura ocidental e, então, realizar e estabelecer uma comparação entre os dois polos, apresenta um grave problema e um evidente risco que pode alimentar um importante equívoco: aquele de ler com nosso olhar, condicionado por nossa específica cultura ocidental, realidades culturais que, de fato, são outras. É o caso, por exemplo, de uma eventual leitura e interpretação de que o tratamento dos defuntos, a que acenamos, possa revelar e conter em si uma concepção – projetada e veiculada a partir de nossa atual cultura ocidental – segundo a qual esses mortos seriam entregues e atribuídos a um "outro mundo": como se essa perspec-tiva pudesse ser própria dessas outras culturas e, sobretudo, sem levar em consideração (uma questão central e importante) que essa "alteridade" pudesse adquirir dimensões e conotações bem distintas ao longo do complexo percurso histórico e das particularidades das culturas envolvidas. Nesse sentido, portanto, emergiria uma concepção segundo a qual a dramatização ritual representada pela cerimônia fúnebre ou pelo culto dos mortos representaria a sanção de um ritual de passagem[16], através do qual viria se atribuindo a eles um estatuto diferencial com relação aos vivos – separando assim os dois universos –, quem sabe, atribuindo talvez uma função

---

16. VAN GENNEP, A. *Les Rites de passage... Op. cit.*

fundante dos mortos em relação ao mundo dos vivos. Segundo esse esquema interpretativo, então, surgiria espontânea a pergunta se essa concepção não representa os pródromos de um culto dos antepassados. Mas, finalmente, vale destacar como não é possível afirmar essa possibilidade com algum grau de segurança. Todavia, podemos e devemos reconhecer que o culto funerário das populações neolíticas revela algum tipo de sistema "religioso" – onde, por enquanto, face ao problema da adjetivação, podemos simplificar a questão traduzindo-o por uma "organização do mundo"[17] – através e em razão do qual essas populações legitimavam a própria existência e organizavam o próprio horizonte cultural. Isto quer dizer que o sistema e o mecanismo funcionavam desse modo, mas, veja-se bem, não significa que possamos identificar o sistema como expressão de uma unidade *étnica*, de uma identidade homogênea: essa homogeneidade interpretativa também é fruto de um momento essencial de confronto com esses contextos, fundamental para a construção da identidade do cristianismo e, portanto, de sua (produção funcional da) homogeneização das alteridades. Esse problema interpretativo unitário e as diferenças ofuscadas por ele podem ser significativamente exemplificadas pelas assim chamadas "civilizações megalíticas" da pré-história neolítica: essas "grandes

---

17. Essa atenção e advertência se impõe, de fato, porque nós temos o hábito de utilizar um conceito de religião (do qual se servem frequentemente os *media*) quase como se se tratasse de uma ideia universal. Tudo isso, sem que a utilização desse conceito nos coloque alguma dúvida e, logo, sem percebermos que, quando falamos de algum argumento ligado à religião, raramente temos consciência de recorrer e utilizar um filtro conceitual que foi elaborado pelo cristianismo; i. é, dificilmente nos damos conta que utilizamos uma lente cristã ou noções adquiridas acriticamente ao longo do tempo. Enfim, não conseguimos prestar atenção a um fato histórico importante: esse conceito decorre de uma religião específica, o cristianismo. Tendo confinado o judaísmo, do qual surgiu, a uma condição de incomunicabilidade e guetização, o cristianismo, enquanto religião dominante, difundiu e impôs a toda a Europa – e igualmente a todos os povos que ele encontrou por meio dos contatos e da expansão europeia –, de forma sistemática e incessante, suas categorias de pensamento: mesmo que mutuadas da especulação grega e egípcia e, sucessiva e igualmente, reelaboradas junto a todos os povos. A esse respeito, veja-se a própria "Advertência" do trabalho de SCARPI, P. *Si fa presto a dire Dio... Op. cit.*

pedras" (do grego *mega*, grande, e *litos*, pedra; ou em bretão *dólmen*: *dol*, mesa, e *men*, pedra) encontradas pelos arqueólogos na Europa, na Palestina e na região caucásica e datadas entre a idade da pedra e a idade do bronze, podem sem dúvida ter tido a função de túmulos e, portanto, de finalizar algum tipo de assentamento do ritual fúnebre. Todavia, não podemos negligenciar que a categoria de "civilização megalítica", ao mesmo tempo em que resulta distribuída por territórios bastante distanciados entre si, não pode ser considerada como produto de uma cultura homogênea.

As mesmas considerações devem ser propostas pelo "mito científico" – uma teoria difundida entre o final do século XIX e o começo do XX – do assim chamado culto da "deusa mãe" que teria condicionado todo o neolítico da área mediterrânea. A descoberta de um significativo número de estatuetas, pela maior parte de argila, encontradas em diversos sítios neolíticos, até as grandes representações nas paredes de Çatal Hüyük (às quais acenamos acima), por além de algum tipo de identificação arqueológica, em termos propriamente histórico-religiosos devem reenviar ao contexto de populações dedicadas à agricultura e, logo, à presença e à função da figura de um "ser supremo" feminino que representa e garante a fertilidade: esta última posta no centro dos interesses das populações neolíticas, ameaçadas por crises periódicas de esterilização do solo[18]. E, não por último, esta esterilização pôde ser associada à reprodução sexual. É nesse contexto econômico, histórico e cultural, portanto, que emerge e se destaca a imagem de uma figura feminina combinada a traços masculinos do touro ou do bode, ou, de forma mais abstrata, do falo. Mas – veja-se bem – pode acontecer, também, que em alguns casos mesopotâmicos, como, por exemplo, em alguns túmulos a Tell es-Sawwân, essa função não seja posta em conexão com nenhum tipo de figura feminina. O que revela que essa tipologia venha menos de uma efetiva peculiaridade e especificidade histórica dos diferentes te-

---

18. BONANNO, A. (org.). *Archaeology and Fertility Cult in the Ancient Mediterranean*. Amsterdã: Grüner Publishing, 1986.

cidos culturais no interior dos quais, a partir do IV milênio a.c., se desenvolveram as grandes civilizações do Mediterrâneo antigo: antes na Mesopotâmia e, sucessivamente, no Egito.

Religião e religiões: problemas históricos e interpretativos

As reduções tipológicas, enfim, acabam encobrindo e ocultando especificidades e, logo, gêneses e processos de formações históricas diferenciadas. E se a formação paradigmática no âmbito religioso – isto é, do próprio conceito de religião com o qual ainda hoje lidamos – depende da e remete à inserção do cristianismo no contexto do Império romano, com sua revolucionária ressemantização do termo *religio*, para olharmos e colher a peculiaridade e especificidade históricas próprias do mundo antigo, nossa primeira atenção deve ser aquela de colher os pressupostos e as ações institucionais e cultuais que identificamos sob esse aspecto (desde a *interpretatio christiana*) enquanto frutos exclusivos da ação humana, respondentes às exigências dos homens junto às suas respectivas sociedades. O exemplo mais significativo a esse respeito é representado pelas próprias origens latinas (do latim pré-cristão) do termo *religio*. Naquele contexto, de fato, o termo expressava a ideia de uma escolha realizada meticulosamente e com escrúpulo, uma escolha que, aliás, repropunha-se cuidadosamente a cada nova ocasião na qual se devia celebrar, através do culto, uma divindade. Por consequência, *religiosus*, religioso, significava "ser precisos e escrupulosos com relação às práticas de culto", mas designava também quem sabia realizar a escolha ritual adequada. Tudo isso indica que a transformação de significado do termo religioso não decorreu do seu processo de latinização (linguística), mas daquele de "cristianização" (cultural) do termo latino: uma ressemantização preparada, portanto, pela expansão europeia do Império romano, mas, finalmente e sobretudo, condicionada pelo novo significado que o termo veio assumindo com a cristianização do Império e a homologação desse significado no âmbito de seus territórios. Um novo significado que ainda hoje condiciona o termo junto às línguas europeias, refletindo os valores atribuídos ao vocábulo pelo cristianismo. E foi um apologista cristão, Tertuliano, no final do II século d.c., que em suas obras, mas particularmente na *Apologia do cristianismo*, começou a utilizar o termo para individuar, definir e afirmar a identidade daquela que ele denomina de *vera religio* – isto é, do cristianismo; é este o momento em que o termo começa a romper com as anteriores aplicações que ele mantinha na tradição latina; é esta a premissa que fez com que os cristãos, enquanto cidadãos fossem fiéis ao Império, mas enquanto *religiosos* (seguidores de Cristo) tivessem que ser fiéis a Deus; trata-se do início da oposição entre cívico e religioso, característica e específica apenas da tradição religiosa ocidental: ainda hoje e, sobretudo, na ordem de uma diferença fundamental tanto com relação às culturas etnográficas quanto àquelas do mundo antigo.

Portanto e em consequência disso, assim como os Romanos se tornaram "pagãos", sendo acusados por Tertuliano de ter esquecido Deus (o deus verdadeiro) e de desprezá-lo e, no final das contas, de serem adoradores de *statuae*, por outro lado e não diferentemente, as populações "outras" – que, passo a passo e sucessivamente, o Ocidente cristão foi encontrando em seu processo de expansão, dentro e fora da Europa – também foram identificadas como (e se tornaram) "pagãs". Desse modo, começou a tomar consistência uma imagem do "outro" vestido dos panos do adorador de seres inanimados, de feitiços, "deuses objetos"[19] fabricados pelo homem, segundo o uso acrítico do termo feitiço utilizado pelos primeiros viajantes portugueses[20].

Com vista a esses problemas emergentes no interior do percurso do cristianismo, portanto e finalmente, e indo propriamente em direção ao mundo antigo, por além da imagem redutora e

---

19. A respeito, cf. AUGÉ, M. *Le Dieu objet*. Paris: Flammarion, 1988.

20. E, sucessivamente, pela erudição setecentista e pelo pensamento positivista do século XIX. E tudo isso quando, traduzindo simplesmente o termo congolês *nkisi*, o termo português *feitiço* era posto em conexão com e derivado do latim *facticium*: "feito artificialmente, artificial".

simplificativa do "paganismo", devemos levar em consideração que o termo latim *religio* designava, às vezes, para os Romanos as práticas de culto, os rituais, as tradições religiosas das populações externas ao Império (*externa religio*). Tudo isso (sempre antes de seu processo de cristianização, caracterizado por um hábito próprio do mundo romano) quando o termo não tencionasse e servisse para "interpretar" as outras civilizações, muitas vezes apenas na base de algumas analogias superficiais, segundo os parâmetros e os cânones de sua própria cultura (*interpretatio romana*). Esta interpretação analógica se fundamentava na constatação de reencontrar algumas ações rituais, alguns atos repetitivos, algumas estruturas e formas de comportamento que pareciam corresponder àquelas próprias da cultura romana: sucessivamente assumidos ou apropriados como "hábitos religiosos" pelo cristianismo. É aqui que encontra sua gênese e seu fundamento um dos "pecados originais" da Fenomenologia: quando se chega a falar em termos bastante genéricos de uma geral morfologia religiosa comum[21]. Uma morfologia religiosa que parte do pressuposto – acrítico e a-histórico – de que conceitos como aqueles de culto, rito, sacrifício, reza, mas também divindade, deus, história sagrada, mito, misticismo, sejam um patrimônio compartilhado pela humanidade. Mas, longe de se constituir como patrimônio compartilhado, subentendendo algum (pressuposto) tipo de estrutura profunda das sociedades humanas, podemos verificar como essa morfologia religiosa – e a relação entre esses conceitos, que reencontraremos a todo momento neste livro –, nem sempre resulta facilmente generalizável e identificável com os diferentes e vários contextos culturais e, sobretudo, poderemos verificar como, quando examinada, analisada e verificada pontualmente, ela demonstre e manifeste todos seus evidentes limites.

---

21. No que diz respeito a este problema e perspectiva, cf. nosso trabalho: AGNOLIN, A. *História das religiões: perspectiva histórico-comparativa*. São Paulo: Paulinas, 2013, sobretudo no cap. I da Primeira parte, p. 43-49 [2. ed., 2014; E-Book, 2019].

Culto, rito, sacrifício e mito

No caso exemplar da identificação do *culto* começamos por constatar como se trata, simplesmente, de um termo classificatório, que define para nós ocidentais cristianizados um recipiente contendo ações, palavras, ritos destinados a cultivar relações com algo ou alguém, uma alteridade, que aliás – é importante destacar – não necessariamente coincide com o nosso conceito de deus. De fato, culto deriva do latim *cultus*, que por sua vez reenvia ao verbo *colo, -ĕre*, cultivar, e enquanto tal o vocábulo designava para os latinos a atenção e a cura dedicadas, pelo agricultor, tanto aos animais criados, quanto à terra que devia ser, de fato, cultivada para que fosse produtiva. O verbo latim é *colo*, cujo particípio passado é *cultus* e o particípio futuro é *culturus*: nesse sentido, também, torna-se interessante a associação do termo com *colonização*, segundo a análise proposta por Alfredo Bosi[22]: torna-se significativo, então, que *"colo* significou, na língua de Roma, *eu moro, eu ocupo a terra*, e, por extensão, *eu trabalho, eu cultivo o campo*. Um herdeiro antigo de *colo* é *incola*, o habitante; outro é *inquilinus*, aquele que reside em terra alheia. Quanto a *agricola*, já pertence a um segundo plano semântico vinculado à ideia de trabalho"[23].

Mas este mesmo significante e, ainda, com o mesmo significado era utilizado igualmente na esfera religiosa. E no final das contas sua utilização dentro desta última esfera acabou prevalecendo: com o decorrer do tempo, o termo culto "conheceu um uso exclusivo

---

22. BOSI, A. *Dialética da colonização*. São Paulo: Companhia das Letras, 1992.

23. *Ibid.*, p. 11. E com relação ao termo "colônia", segundo o autor, é interessante observar como "a ação expressa neste *colo*, no chamado sistema verbal do presente, denota sempre alguma coisa de incompleto e transitivo. É o movimento que passa, ou passava, de um agente para um objeto. *Colo* é a matriz de *colonia* enquanto espaço que se está ocupando, terra ou povo que se pode trabalhar e sujeitar. [...] Não por acaso, sempre que se quer classificar os tipos de colonização, distinguem-se dois processos: o que se atém ao simples povoamento, e o que conduz à exploração do solo. *Colo* está em ambos: eu moro; eu cultivo" (p. 11-12).

para designar o conjunto das relações institucionalizadas entre um grupo humano e um ser extra-humano ou um grupo de seres extra-humanos, que habitavam a 'alteridade', que podem ter, também, as conotações de divindades. Desse modo, 'culto' tornou-se, para nós ocidentais, um termo que expressava e resumia, em forma de sistema, comportamentos humanos finalizados a instaurar, por meio de atos repetidos periodicamente, um complexo de relações com o mundo da 'alteridade' e [portanto, configurava-se como uma operação funcional] a garantir a continuidade [e regularidade dessas relações] para o benefício do sujeito [do culto] que é, enfim, o grupo humano"[24]. Certa sensibilidade contemporânea nos faz pensar que o culto se expresse até por meio de alguma forma de interiorização: mas, neste caso, é sobretudo o cristianismo que contribuiu para alargar a primeira conotação. De fato, é só e em sentido próprio como *manifestação coletiva* e *pública* que se pode falar de culto e de "atos de culto", de "ações cultuais". É nesse sentido que se pode dizer que, enquanto instituição, o culto é estável, sem que precise de manifestações continuadas, mantendo-se e garantindo sua eficácia junto ao grupo social, mesmo quando se realiza, por exemplo, somente uma vez por ano. A esse respeito, e conforme já apontamos anteriormente, todavia, vale salientar que esta – assim estruturada e sintetizada – permanece uma definição muito genérica na medida em que pode ser reconduzida, de fato, à ideia de instituição.

Por seu lado, também o conceito representado pelo termo *rito* deriva do latim *ritus*. Também nesse caso, o termo/conceito encontra sua colocação privilegiada no interior do espaço religioso. Nesse espaço de significação, enfim, se tornará patrimônio da cultura ocidental. Antes disso, todavia, trata-se (novamente) de um conceito elaborado, também, pela cultura romana e a partir dela herdado pelo Ocidente por meio do cristianismo e do "Caminho de Cristo no Império romano"[25]: nesse berço histórico, o conceito

---

24. SCARPI, P. *Si fa presto a dire Dio... Op. cit.*, p. 29.
25. Cf. SINISCALCO, P. *Il cammino di Cristo nell'Impero romano. Op. cit.*

parece indicar, decididamente, o plano do correto e constante operar humano. Mas antes da cultura romana e fora de seu contexto, por exemplo no interior do universo religioso da próxima e antiga Grécia, o significante não pode ser aplicado e sobreposto neste esquema: "seja porque um dos termos gregos utilizados para expressar o mesmo conceito é *orgia*, formado sobre a raiz *ergon*, que designa simplesmente a 'ação', seja porque a função de polo de orientação da ação humana representado pelo *ritus* em Roma, para os Gregos antigos era assumida pelo mito (*mythos*)"[26]. Do mesmo modo e em outra perspectiva, identifica-se facilmente a diferença que separa o universo ritual romano daquele cristão sucessivo, assim como – mesmo que se apresentem aparentados segundo uma única linha genealógica e que se apelem ao mesmo único deus – aqueles que foram denominados como os três grandes monoteísmos nos mostrem como não pode ser pensada uma qualquer sobreposição das respectivas ações rituais: aliás, em todos esses casos e mais uma vez, elas nem podem ser consideradas ou reduzidas ao esquema do *ritus* latino[27].

---

26. SCARPI, P. *Si fa presto a dire Dio... Op. cit.*, p. 30.

27. Ainda a respeito do rito e na perspectiva propriamente histórico-religiosa, seria possível verificar, em complementação aos aspectos analisados até aqui, a definição de Angelo Brelich: suas importantes investigações históricas, relativas às funções e às definições do sentido sociocultural do rito, no mundo clássico (cf., p. ex., BRELICH, A. *Paides e Parthenoi*. Roma: Edizioni dell'Ateneo, 1969, sobretudo na síntese das p. 22-24). Assim, Brelich vem preparando, inclusive, a proposta interpretativa de uma relação, diferentemente orientada e complementar, entre mito e rito, retomada pela investigação de Dario SABBATUCCI, conduzida em sua obra *Il Mito, il Rito e la Storia*. Roma: Bulzoni, 1978. Sobretudo à p. 84, onde a análise chega a detectar como o rito no mundo grego indica um "fazer" contraposto ao "dizer" mítico, um "fazer" que leva o sujeito de uma condição (uma realidade "dada") para uma outra (uma realidade "feita"). E, também, às p. 236-237, onde se destaca o resultado teórico da fórmula *mito: rito = imutável: mutável*; o imutável sendo quando não é passível de intervenção (humana), e o mutável o que é passível dessa intervenção; isto é, em uma cultura, o que é *objeto de mito* é incluído na zona do imutável e subtraído à intervenção humana (ou seja, *se quer* que seja subtraído a ela); ao contrário, aquilo que *não se quer* que seja subtraído à intervenção humana torna-se objeto de rito). E no meio desse percurso, podem se inserir, ainda, os resultados

O que acabamos de apontar demonstra, portanto, como podem ser reconhecidas diferenças mais ou menos profundas entre sociedades e culturas em inter-relação, como aquelas do Mediterrâneo antigo; sociedades que, às vezes, encontram-se até mesmo ligadas genealogicamente entre si. Por isso e em consequência disso, podemos facilmente imaginar as diferenças bem mais radicais que podem ser encontradas junto a outras culturas, por exemplo, não propriamente conjuntas por vínculos de parentesco, como aquelas do Oriente médio e extremo, ou junto a culturas distintas como aquela do além-mar.

As mesmas considerações valem, também, para a esfera do *sacrifício* onde, aliás, podem ser constatadas diferenças ainda mais amplas nos diferentes contextos. Novamente, esse termo deriva do latim *sacrificium*, que indica a ação de "tornar sacro", ou seja, transferir na dimensão do sacro, da alteridade, do espaço (descontínuo) onde podem morar os deuses ou outros seres extra-humanos. Tanto na tradição latina quanto em todo o Mediterrâneo antigo essa transferência implicava uma matança ritual que constituía um evento excepcional e carregado de dramaticidade para a vida de uma comunidade. Comumente se pensa que o sacrifício seja um dom ou uma homenagem oferecida a uma "divindade" (a um ser extra-humano): seja para obter sua benevolência, seja para demonstrar a submissão do sujeito em

---

da análise e da associação mítico-ritual proposta por Ernesto de Martino, para o qual a des-historificação realizada por meio do rito pelas sociedades tradicionais se contrapõe, de forma peculiar, ao agir histórico típico das sociedades "evoluídas e hegemônicas do Ocidente". Para o autor, aquilo que ele denomina "mundo mágico" nos apresenta a presença atuante do homem no mundo como uma realidade a ser constantemente reconstruída. A simbologia mítico-ritual, portanto, torna-se a técnica protetora contra o risco de "não ser [atuante] no mundo" e, ao mesmo tempo, funda a presença do homem no mundo, sua realidade. Nesse sentido, portanto, o rito se torna uma solução operativa para sociedades privadas, em certa medida, de alternativas culturais (i. é: o saber histórico, a tecnologia, a ciência média, a psicologia etc.). Cf. DE MARTINO, E. *Il mondo magico: prolegomeni a una storia del magismo*. Turim: Boringhieri, 1948. DE MARTINO, E. *Morte e pianto rituale nel mondo antico*. Turim: Boringhieri, 1958.

relação a ela. Mas a questão não é tão simples, tendo em vista uma oscilação no uso do termo: há quem inclua neste conceito de sacrifício qualquer espécie de oferenda e, sucessivamente, distingue entre sacrifícios "cruentos" e "incruentos"; e quem prefere distinguir entre oferta e sacrifício: a primeira subentendida como incruenta, e o segundo como cruento. Com relação as oferendas de gordura animal estas aparecem como resíduos cultuais de antigos sacrifícios cruentos[28].

Como quer que seja, todavia, aqui nós entendemos o segundo tipo de sacrifício que foi "um modelo bastante homogêneo, difundido entre as várias populações debruçadas na bacia do Mediterrâneo" que, em termos gerais, "permaneceu quase inalterado a partir da época micênica, mais ou menos entre os séculos XV-XIII a.C. até o fim do IV século d.C. Por meio do sacrifício se realizava um dos momentos de máxima coesão social, onde os participantes se reconheciam enquanto um universo que compartilhava os mesmos códigos simbólicos, os mesmos valores e, ao mesmo tempo, se determinava uma provisória interferência com o mundo divino ou da alteridade em sentido genérico, [mas] de fato [essa incursão servia] para repropor e solidificar uma sua separação da dimensão humana"[29]. Essa perspectiva nos revela uma profunda analogia com o antigo sacrifício védico: era por meio deste que – tendo como destinatários os deuses que, veja-se bem, justamente por meio daquela ação ritual, eram confirma-

---

28. Corresponde a esse tipo de oferta derivada: i. é, de seu configurar-se "como se fosse", como substituto do sacrifício cruento. É o caso, p. ex., daquela que aparece no *yasna*, uma antiga e complexa cerimônia cultural do sistema religioso fundado por Zoroastro ou Zaratustra. Um rito que previa, junto à recitação do *Avesta* (os textos sagrados do zoroastrismo), também o rito do *haoma*, considerada a bebida da imortalidade e administrada, também, àqueles que estavam morrendo como viático para o além. Esse tipo de ritual (com seu antigo correspondente no contexto do hinduísmo da Índia antiga) remete a um antigo uso de bebidas inebriantes que encontramos em diferentes contextos com a finalidade de produzir força para os guerreiros, sabedoria para os sacerdotes e inspiração para os poetas.

29. SCARPI, P. *Si fa presto a dire Dio... Op. cit.*, p. 33.

dos em seu *status* divino –, na tradição do antigo bramanismo, fundava-se a ordem do mundo[30].

Mas, finalmente, a tradição cristã faz do sacrifício (o torna) uma metáfora: aliás *a* metáfora mais significativa de sua tradição. De fato, herdeira e em continuação com as posições antissacrificiais dos antigos órficos e dos pitagóricos e dos filósofos neoplatônicos da Antiguidade tardia, o cristianismo assumiu como "último sacrifício" e como próprio ato fundante "mítico" (no sentido de conto sagrado que funda o presente), o sacrifício de Cristo. *Sacrificiorum aboleatur insania* ("que a loucura dos sacrifícios seja abolida") diz uma lei de Constâncio II, retomada do *Código teodosiano* (*Codex Theodosianus*, 16.10.2): e com esta perspectiva, enfim, nos termos de Stroumsa, nos encontramos perante a "modernização da religião" e de sua interiorização; em decorrência disso, as novas representações do sacrifício vêm refletindo uma profunda ruptura conceitual[31] que, por sua vez, refletirá profundamente no próprio sentido histórico do conceito de religião; nessa direção, sempre segundo a análise de Stroumsa, se passará da religião cívica para aquela comunitária[32].

A memória comunitariamente compartilhada do conto da vida e do último sacrifício de Jesus Cristo, junto com a ideia de história sagrada – conforme prioritariamente assumida pelo mundo judaico-

---

30. A respeito do sacrifício védico, de suas características e de suas funções, cf. sobretudo, MALAMOUD, C. *Cuire le monde – Rite et pensée dans l'Inde ancienne*. Paris: La Découverte, 1989.

31. Desta maneira, o sacrifício acabou sendo esvaziado de qualquer tensão dramática, característica dos rituais públicos antigos, visíveis a todos e, nesse espaço de publicidade, produtores e mantedores da identidade coletiva. A nova forma do sacrifício, finalmente, veio se configurando como confinada ao espaço da memória de um evento fundador; logo, foi transformada, em uma metáfora carregada de valores simbólicos.

32. Com relação a esses aspectos, mas também à ampla análise sobre as mutações religiosas da Antiguidade tardia, cf. os trabalhos de Guy G. STROUMSA, esp. *La Fin du sacrifice – Les mutations religieuses de l'Antiquité tardive*. Paris: Odile Jacob, 2005.

-cristão –, fazem com que o cristianismo realize sua transformação religiosa inscrevendo-se, todavia, por dentro de uma outra herança característica do mundo antigo. Fato é que a referencialidade sagrada do conto bíblico no contexto judaico-cristão, assim como a concepção de uma história sagrada no interior do cristianismo apontam para uma outra modalidade referencial em termos mitológicos e fundadores.

Chegamos assim a abordar outra importante dimensão das religiões antigas: aquela do *mito*. Este, por sua vez, é fruto da extensão de um conceito ocidental e propriamente grego: *mythos* designa um conto em versos. Dissemos que o cristianismo foi herdeiro, também, dessa tradição mitológica, mesmo que tenha realizado a novidade de sua profunda transformação religiosa justamente submetendo o mito a um processo de desvalorização: como se torna evidente com a obra realizada por parte dos apologistas cristãos. E em continuidade com a problemática apontada mais acima em relação ao rito e à sua correlação e distinção funcional lá esboçada, aqui podemos tentar sintetizar as características próprias do mito, segundo uma perspectiva histórico-religiosa, com base em uma definição emblemática e incisiva do sentido sociocultural do mito proposta por A. Brelich:

> Levando de volta os fatores fundamentais de sua efetiva existência aos tempos das origens nos quais, em decorrência de um evento prodigioso e não repetível, eles seriam constituídos, a sociedade *dá um sentido* às próprias condições e formas de existência: os mitos *fundam* as coisas, que não somente são como são, mas *devem* ser como são, porque assim tornaram-se naquele tempo longínquo no qual tudo se decidiu; o mito torna aceitável aquilo que é necessário aceitar [...] e assegura estabilidade às instituições; provê, aliás, a modelos de comportamento [...]. O mito, portanto, não *explica*, por uma necessidade intelectual, as coisas [...], mas as *funda* conferindo a elas valor[33].

---

33. BRELICH, A. *Introduzione alla storia delle religioni*. Roma: Edizioni dell'Ateneo, 1966, p. 11. E como observávamos em nota, anteriormente, as

Daqui, portanto, destaca-se a emergência de uma modalidade social e cultural completamente distinta daquela, mais frequente e difundida, de interpretação intelectualista que olhava para o mito nos termos da antiga contraposição racionalista da filosofia grega, sintetizada pela oposição entre *mitos* e *logos*. Uma modalidade, enfim, que caracteriza propriamente as sociedades mito-lógicas (a peculiaridade de uma lógica do mito, se quisermos), seja em âmbito histórico seja naquele etnográfico, é que cada mito, além de ser complexo por si só, torna-se duplamente complexo para ser inseparavelmente conexo com todos os outros mitos da mesma cultura e somente dentro de sua mitologia encontrar seu horizonte de sentido[34].

Dissemos mais acima (item *Religião e religiões: problemas históricos e interpretativos*) que reduzir a tipologias as religiões ou confiar em certas interpretações – como, por exemplo, aquela que afirma que a inteira humanidade goza de um patrimônio religioso comum e compartilhado – resulte desviante e errôneo e, finalmente, não permite colher os processos e formações históricas específicas a cada contexto e a cada cultura. Até a problemática do mito aponta nessa direção uma das maiores e mais comuns arbitrariedades generalizantes: aquela que se refere à ideia de "deus", como fosse um referencial comum das religiões, um "deus" para o qual seriam

---

análises de Brelich prepararam a proposta interpretativa de Dario Sabbatucci (cf., sobretudo, *Il Mito, il Rito e la Storia. Op. cit.*) Para este, finalmente, o que em uma cultura é objeto de mito é incluído na zona do imutável e subtraído à intervenção humana (ou seja, *se quer* que seja subtraído a ela), enquanto aquilo que não se quer que seja subtraído à intervenção humana se torna objeto de rito.

34. Cf. a clássica e sempre importante obra de Claude LÉVI-STRAUSS, conhecida como "Mitológicas" (*Mythologiques*), em quatro volumes: *Le Cru et le Cuit* (*O cru e o cozido*). Paris: Plon, 1964. • *Du miel aux cendres* (*Do mel às cinzas*). Paris: Plon, 1967. • *L'Origine des manières de table* (*A origem das maneiras à mesa*). Paris: Plon, 1968. • *L'Homme nu* (*O homem nu*). Paris: Plon, 1971. Além, evidentemente, da centralidade da proposta interpretativa do antropólogo, em suas respectivas *Anthropologie Structurale I* e *II* (Paris: Plon, 1958 e 1973).

direcionados os vários cultos, ritos, sacrifícios, mitos etc. Mas, do ponto de vista propriamente histórico, devemos prestar atenção que "deus" (a ideia de deus) também é um produto da história do Ocidente. Ocidente que adotou o termo herdando-o e tirando-o de um esquema politeísta: que é, justamente, aquele das antigas religiões de que tratamos neste trabalho e, sobretudo, daquela grega e romana. E esse Ocidente adotou o nome para designar uma ideia de ser externo ao mundo, transcendente, criador do universo e da humanidade, presente no interior do homem, único, onisciente e todo-poderoso, incorpóreo, ideia que, evidentemente, remete a uma ressemantização da *interpretatio christiana* e que, por outro lado, desta forma complexamente denotada não pertencia (não podia pertencer) absolutamente àquelas religiões do mundo antigo. A consequência dessa operação é que na base dessa ideia (evidentemente não unívoca) as religiões foram sendo classificadas como *politeísmos, monoteísmos* ou *dualismos*: quando dependam da existência de mais seres divinos, de um único deus ou de dois princípios divinos e contrapostos (o bem e o mal, ou a luz e as trevas). Mas a problemática que emerge quando levarmos em consideração que a ideia de deus é um característico e peculiar produto da história do Ocidente torna manifesto que – por quanto sejam emparentados entre si, como de fato judaísmo, cristianismo e islã – há significativas e importantes diferenças no interior dos monoteísmos e, ainda mais, entre as características do(s) deus(es) dos monoteísmos e aqueles dos politeísmos: estes últimos caracterizados e identificados por mais evidentes diferenças entre as próprias divindades. E no contexto politeísta, ainda, é preciso destacar como nem sempre é fácil determinar se uma religião tem elaborado efetivamente um verdadeiro Pantheon politeísta. É assim, por exemplo, que a esse respeito A. Brelich destaca como:

> O politeísmo é a forma de religião característica das civilizações definidas de "superiores": para as esporádicas exceções – de religiões politeístas de povos

"primitivos" – se podem prospectar influxos provenientes de civilizações superiores. De fato, se o conjunto de um Pantheon politeísta representa a totalidade daquilo que na experiência da realidade aparece existencialmente importante para a sociedade, mas foge ao controle humano, a pluralidade dos deuses e sua diferenciação respondem à multiplicidade dos interesses e necessidades de uma sociedade *articulada* (como aquela das civilizações "superiores", que se diferencia da sociedade "primitiva" por uma maior diferenciação das classes dos ofícios), enquanto sua complexidade e sua organização em um Pantheon único refletem a recíproca necessidade que em uma sociedade complexa cada elemento tem de qualquer outro e que está na base da organização estatal[35].

É o que veremos e constataremos, enfim, na sucessiva análise do presente trabalho e que, de fato, acompanhará essa forma e as modalidades (em suas peculiaridades) típicas das sociedades nas diferentes civilizações superiores que analisaremos.

E, logo, nem sempre é fácil determinar se uma religião tem elaborado efetivamente um verdadeiro Pantheon politeísta como, para ficar no contexto europeu da Antiguidade, no caso dos antigos Celtas, os Galos de Júlio César: nesse caso foi o patrício romano, líder e conquistador militar e, depois de 49 a.C., ditador de Roma que, junto com outros autores gregos e latinos, veio oferecendo uma interpretação daquela religião segundo os esquemas do politeísmo greco-romano. Outra bastante problemática identificação no interior desses esquemas ocorre no caso do xintoísmo, literalmente o caminho dos *kami*: neste caso, enfim, os *kami* – vocábulo que na tradição japonesa indica aqueles que são concebidos, localmente, como antepassados e aos quais é dirigido um culto – encontram-se bastante distantes de um conceito equivalente àquele dos deuses de um Pantheon. Com vista a essa última problemática, enfim, segundo Sabbatucci: "o xintoísmo, a religião nacional japonesa,

---

35. BRELICH, A. *Introduzione alla storia delle religioni. Op. cit.*, p. 26-27.

é um politeísmo somente se se traduz *kami* com 'deuses', mas os *kami* não são deuses"[36].

Finalizando essa introdução que apresenta as generalidades do mundo antigo e as problemáticas principais para uma sua adequada, atenta e cuidadosa aproximação, apresentamos então o percurso desenhado para a presente obra.

Tirando o capítulo "Origem e expansão" – onde trataremos das generalidades das formações históricas dos diferentes contextos sobre os quais se debruça nosso trabalho –, pela especificidade que diz respeito ao mundo antigo, conforme vimos introdutoriamente, no capítulo "Manifestações institucionais" vamos nos entreter, especificamente, sobre a importante peculiaridade das cidades templárias (i. é, organizadas ao redor do templo), junto com a organização do Pantheon: a partir do contexto da Mesopotâmia antiga, com o sucessivo destaque para o Egito antigo e, lá, da assunção da figura do rei como deus e do mecanismo institucional da sucessão da realeza, passando pela peculiar formação das cidades-Estado, na Grécia antiga, com sua característica pluralidade e unidade, ao mesmo tempo, da organização politeísta e institucional, para chegar, finalmente, à novidade e centralidade da sobrevalorização operativa do rito e ao consequente processo de historicização que se realiza junto à cultura romana da Antiguidade. Concluiremos este capítulo com a análise que diz respeito à obsessão do controle calendarial no contexto mesoamericano em geral e da relação entre os ciclos solares e a concepção da soberania na especificidade do contexto inca. No capítulo "Doutrinas e práticas fundantes", também tendo em vista as peculiaridades do mundo antigo – e pelos motivos que veremos especificamente naquele lugar –, trataremos delas em termos de análise das respectivas mitologias e mitos, rituais e cultos, sobretudo para o contexto da Mesopotâmia, analisando a peculiaridade das cosmogonias e teogonias, junto

---

36. SABBATUCCI, D. *Politeismo – Vol. II: Indo-iranici, Germani, Cina, Giappone, Corea*. Roma: Bulzoni, 1998, p. 653.

ao panteão egípcio, das diferentes funções do mito e do rito na Grécia antiga, como também da teologia e do Pantheon romanos e de sua inserção no contexto calendarial e cultual. Tudo isso em consonância e da mesma forma segundo a qual, na perspectiva aberta por esse capítulo, prestaremos atenção à relação entre ritos, sacerdócios e cultos no contexto mesoamericano.

Finalmente, vale destacar que se a análise dos contextos pré--históricos, arqueológicos e históricos é desenvolvida, em muitas partes, de forma autônoma, passo a passo e na especificidade dos diferentes contextos ela é referida aos estudos apontados pelas indicações bibliográficas; por outro lado, na perspectiva propriamente histórico-religiosa, a organização do percurso e a problemática específica de cada contexto serão guiadas, principalmente, na base dos estudos referenciais de Angelo Brelich (*Introduzione alla Storia delle Religioni*. Roma, Edizioni dell'Ateneo, 1965) e de Paolo Scarpi (SCARPI, P. Le religioni del mondo antico. *In*: FILORAMO, G. *et al.* (orgs.). *Manuale di storia delle religioni*. Roma-Bari: Laterza, 1998).

Origem e expansão

Mesopotâmia e Sumérios: generalidades

Na parte final da introdução (*Introdução ao mundo antigo*) apontamos para as dificuldades de se utilizar a categoria de "politeísmo": se, com o cuidado e nos termos sugeridos por Brelich, ela pode ser utilizada para as sociedades complexas do mundo antigo, todavia e de qualquer modo, precisamos prestar atenção a como essa categoria (histórica e interpretativa) foi cunhada somente e significativamente na Idade Moderna – isto é, no século XVI – por Jean Bodin[37]. A razão histórica da criação dessa categoria, portanto, deveria ser contextualizada no interior das problemáticas históricas coevas no berço da Modernidade, mas, finalmente, reenviava e denotava, todavia, aquela que devia tornar-se, progressivamente, uma categoria privilegiada de interpretação da Antiguidade. Não é oportuno traçar aqui (pelo menos por enquanto) as aventuras da

---

37. Conforme Sabbatucci, "o termo [politeísmo] foi criado e colocado em uso por Jean Bodin, magistrado e filósofo francês, que traduziu o grego *polytheotes* (literalmente: 'divindade multíplice') com *polytheisme*, num trabalho intitulado *De la démonomante des sorciers* (Paris, 1580, p. 28). Quanto a *polytheotes*, trata-se de um termo grego usado por autores cristãos [...] para definir a 'natureza divina' (*theotes*) que os pagãos tinham fracionado em tantas divindades, ao invés de contê-la em um deus único" (SABBATUCCI, D. *Politeismo – Vol. I: Mesopotamia, Roma, Grecia, Egitto*. Roma: Bulzoni, 1998, p. 9). Em vista disso, à medida que o historiador verifica a construção *a posteriori* que denotava um não monoteísmo (e que conotava muitas vezes a impiedade do desconhecimento de Deus, mesmo que fossem conhecidos os deuses), o termo contextualizado torna-se exemplo emblemático de um politeísmo que adquiriu a conotação de um sistema positivo, como se se tratasse de uma religião; de expressão lexical, o termo "politeísmo" passou a caracterizar um sistema filosófico e teológico.

categoria, mas, pelo que nos interessa nesse lugar, devemos levar em consideração as características que a categoria de politeísmo irá assumindo e ao redor das quais irá se consolidando. Uma sua definição significativa a encontramos (entre tantas) nos termos propostos por Angelo Brelich segundo o qual:

> Característica [...] do politeísmo é a veneração de *divindades* – isto é, de seres sobre-humanos concebidos como pessoais, imortais, poderosos – perenemente capazes de intervir nos acontecimentos do mundo e da humanidade, cada um dotado de um caráter orgânico e complexo bem distinto daquele de todas as outras divindades; em cada um desses seres vêm assumindo forma pessoal e individual – portanto, suscetível de relação com o homem – os aspectos da realidade da experiência humana, e precisamente os aspectos existencialmente importantes que, todavia, de outro modo escapariam ao controle humano; o conjunto das divindades, em toda religião politeísta, forma um Pantheon igualmente orgânico como o conjunto da realidade aparece à experiência de uma determinada sociedade. Sendo que as divindades aparecem permanentes e imutáveis, a sociedade estabelece com elas relações em formas permanentes e teoricamente imutáveis: na maior parte dos casos – mesmo que não sempre – as divindades são feitas "abitar" em sés permanentes (templos), têm um culto permanente que, geralmente, é confiado, por sua parte técnica, a um pessoal especializado.

Com essas características, enfim e sempre nos termos do autor,

> o politeísmo, qual forma religiosa particular, constitui a forma religiosa congênita à civilização superior; isto é, [trata-se de] uma forma religiosa funcionalmente dependente da forma superior da civilização

lá onde por civilização "superior" se entenda:

> aquela de uma sociedade particularmente complexa e articulada na qual condições, circunstâncias, experiências, necessidades de cada membro da sociedade

não são absolutamente iguais, mas variam segundo a posição social e a especialização professional de cada um; por outro lado, uma tal sociedade forma, mesmo assim, uma unidade orgânica na qual os indivíduos – assim como as determinadas classes e específicas profissões – se integram na base da indispensável cooperação[38].

E dentre as sociedades antigas e complexas (repetimos, nesse sentido muitas vezes definidas de "superiores") assim caracterizadas – e, logo, organizadas ao redor daquele que bem mais tarde será definido de politeísmo –, aquela cronologicamente mais antiga dos Sumérios surge de um longo fermento difundido em toda a área geográfica conhecida como "crescente fértil" da Antiguidade[39] e identificada no sul da Mesopotâmia.

Desta civilização e dos povos que contribuíram para a sua criação e, sucessivamente, a carregaram consigo, de algum modo, e a transmitiram – isto é, os Sumérios, os Acadianos, os Assírios etc. – se ignorava praticamente tudo, até os primeiros decênios do século XIX; a não ser, até aquela época, tudo o que podia ser deduzido da Bíblia e dos autores clássicos do período helenístico-romano. De fato, a memória do mundo antigo oriental mesopotâmico e de seus povos foi transmitida à cultura ocidental graças essencialmente a

---

38. BRELICH, A. *Introduzione alla storia delle religioni*. *Op. cit.*, p. 160.

39. O termo "Meia-lua fértil" ou "Crescente fértil" foi cunhado em 1916 pelo historiador, antropólogo e arqueólogo americano James Henry Breasted (1865-1935): que, vale destacar, com seu livro *Dawn of Conscience* [Nova York: Charles Scribner's Sons, 1933] influenciou profundamente, inclusive, Sigmund Freud que completou, justamente, seu *Moses and Monotheism* [Tít. orig.: *Der Mann Moses und die monotheistische Religion*. Londres: Hogarth Press, 1939] em Londres, em 1938. Breasted, em seu trabalho de 1916 [*Ancient Times – A History of the Early World*. Boston: The Athenaeum Press], descrevendo o território que cerca o deserto arábico, formando um crescente lunar com as pontas para sul. Indicava uma área localizada entre os rios Tigre e Eufrates, Jordão e Nilo, e hoje localizada na região (de oeste para leste) que compreende Egito, Jordânia, Israel, Palestina, Líbano, Síria e Iraque (e também Kuwait e Chipre), com apêndices na Turquia, no Irã e até mesmo na Ásia Central. Foi nessa região que, em termos gerais, a partir do X milênio a.C. se desenvolveram as primeiras populações sedentárias da humanidade, que promoveram a Revolução Agrícola e posteriormente a Revolução Urbana, sobre cujas bases se constituirá a história social e política do mundo antigo.

dois filões históricos e culturais bem-definidos: os textos do Antigo Testamento (particularmente aqueles históricos) e os textos de uma longa tradição de escritores em língua grega. E veja-se bem: ambas essas tradições veiculavam (cada uma a seu modo) uma visão parcial e negativa do Oriente antigo e, sobretudo, mesopotâmico. Os textos veterotestamentários contavam os acontecimentos que viram contrapostos o povo de Israel às grandes potências babilônica e assíria, detectando na catividade babilônica o ponto central de um choque considerado inconciliável entre o mundo da ortodoxia judaica, do monoteísmo antigo-testamentário, e aquele politeísta mesopotâmico. Os textos dos escritores gregos, por sua vez, transmitiram a lembrança e a história de povos e personagens ligados àquele mesmo mundo oriental, onde, todavia, o fulcro era representado pelo choque (épico na tradição grega) com aquele mundo persa que eles conseguiram derrotar, enquanto o encontro com a Assíria e a Babilônia (com cujas cidades tiveram longas e profícuas relações culturais e históricas[40]) resultava para eles muito menos significativo e fundante para sua tradição. Por seu lado na tradição hebraica, sobretudo a ortodoxia monoteísta pós-exílio, reconheceu claramente o grande perigo e o fascínio que Babilônia exercia em relação àqueles que lá foram deportados e, consequentemente, a consideraram sempre um inimigo a ser infamado e aniquilar[41]. Finalmente, portanto, deve-se destacar

---

40. Em sua tradição, os Gregos declaravam expressamente que consideravam a cidade de Babilônia como um dos centros culturais mais importantes de seu tempo, tanto que Alexandre Magno (que morreu naquela cidade em 323 a.C.) queria reconstruí-la para fazer dela a capital de seu vasto Império. De qualquer modo, eles não perceberam a civilização mesopotâmica como fonte cultural da nova tradição helenística. A respeito disso, sua descrição é obscurecida pelo mundo persa, cuja contraposição era considerada elemento fundamental da construção identitária da tradição grega.

41. Foi assim que Babilônia, enquanto símbolo do inteiro mundo mesopotâmico, tornou-se a "grande prostituta", e seu nome – que em sua origem significa "a porta dos deuses" – foi reinterpretado como derivante da raiz *bilbl*, "balbuciar". Desse modo, essa tradição negativa no mais fundante livro do mundo ocidental, o Antigo Testamento, fez com que Babilônia se tornasse na tradição cristã o símbolo do mal, a "Cidade do diabo", em oposição a Jerusalém, a "Cidade de Deus".

como nem os Hebreus, nem os Gregos nos contaram, nunca, em suas tradições escritas, do povo dos Sumérios[42].

Para realizar seu encontro com a realidade histórica da Assíria e da Babilônia, o Ocidente teve que esperar até os primeiros decênios do século XIX, graças à arqueologia e às escavações de alguns pioneiros (o ítalo-francês Paul-Emile Botta, 1802-1870, e o britânico Austen Henry Layard, 1817-1894[43]) que começaram a realizar as primeiras descobertas na área onde se desenvolveu a Mesopotâmia antiga; isto é, essencialmente, a Assíria. As primeiras escavações na Assíria aconteceram entre 1842 e 1851 (em Nínive e Assur) e só sucessivamente começaram a ser realizadas na Babilônia: e ofereceram a descoberta de um número extraordinário de objetos[44]. Mas entre todos os objetos e os achados arqueológicos, emergiu logo um peculiar interesse do mundo ocidental para com uma grafia complexa que, por causa de sua forma particular, foi definida de "cuneiforme" ("a forma de cunha/prego"). Com isso, o Ocidente começou a se defrontar, em uma longa jornada e aventura, com a escrita cuneiforme (sinais que podiam ser utilizados, ao mesmo tempo, tanto como silabogramas, por seu valor fonético, como ideogramas, indicando sozinhos uma específica palavra): escrita inventada pelos Sumérios e difundida sucessivamente em toda a Ásia ocidental, esta foi decifrada, final e somente, em 1857[45].

---

42. Sobre todos esses aspectos, cf. D'AGOSTINO, F. *I Sumeri*. Milão: Ulrico Hoepli, 2020, p. 3-5.

43. Em meados do século XIX trouxeram à luz, respectivamente, as ruínas da cidade de Dur-Sarrumin ("Fortaleza do Rei Sargon"; hodierna *Khorsabad*) e de Nínive, próximas da cidade de Mosul (no Iraque Setentrional). A primeira, erigida entre 717 e 706 a.C., pelo soberano assírio Sargon II (722-705 a.C.), para ser sua capital; a segunda, tendo se tornado a capital do Império assírio sob Esarhaddon (681-660 a.C.), sendo sucessivamente ampliada e embelezada por seu filho Assurbanipal (669-626 a.C.).

44. Que chegaram às salas dos grandes museus da Europa: o Louvre ou o British Museum, onde ainda hoje podem ser admirados.

45. Aliás, há uma data precisa para isso: 25 de maio de 1857. Nos estudos sobre o mundo antigo mesopotâmico ela é considerada como o nascimento da assiriologia. Com relação à problemática, à peculiaridade, à complexidade e à característica invenção da escrita e da língua dos Sumérios, cf. sempre esta preciosa e clara contribuição: D'AGOSTINO, F. *I Sumeri*. *Op. cit.*, cap. 2: "La scrittura e la lingua dei Sumeri", p. 19-37.

Depois da decifração de sua escrita, foi no ano de 1877[46] que, enfim, aconteceu a descoberta dos Sumérios e, ainda depois de sucessivas e sistemáticas escavações e somente no século passado, veio emergindo uma cada vez mais precisa distinção entre os vários estratos pré-históricos, proto-históricos e, finalmente, históricos da civilização mesopotâmica.

A partir dessas descobertas, então, os Sumérios acabaram sendo considerados os criadores da mais antiga civilização superior ou complexa do mundo. O desenvolvimento dessa civilização levou, de fato, ao nascimento da primeira cidade e da primeira organização estatal. E esse modelo irá exercer uma evidente e duradoura influência sobre toda a sucessiva história da Mesopotâmia, tanto do ponto de vista da organização administrativa quanto daquele da estrutura ideológica: por esse motivo, partindo do modelo sumério, a Mesopotâmia veio ganhando o título e a fama de "berço da civilização". E foi justamente com os Sumérios que apareceu pela primeira vez na história humana um conjunto político e econômico estruturado hierarquicamente, com o corolário de memória (tradição escrita), complexidade e diferenciação social que este comporta. A decifração da escritura cuneiforme, contudo, não permitiu responder de forma mais precisa às muitas hipóteses que foram se formulando e acumulando sobre essa população: isto porque sua língua apareceu como sendo bastante peculiar e isolada com relação a todas as línguas até então conhecidas.

Talvez desde seu ingresso naquelas terras aluviais da Mesopotâmia, o que resulta bastante fundamentado é que a partir da primeira metade do III milênio essas populações conviviam com populações de origem semítica, mas, ao que tudo indica, impondo sua própria língua e, com ela, provavelmente, sua própria orientação cultural ao inteiro território. Um território que era organizado ao redor da estrutura política das cidades-Estado: uma comum

---

46. Em consequência das escavações de Tello, antiga Lagash, uma das cidades mais antigas da Mesopotâmia, situada a noroeste dos rios Tigre e Eufrates.

orientação político-cultural das diferentes organizações no interior das e segundo as quais viviam os Sumérios e que se alternavam na assunção e na fortuna do exercício do prestígio hegemônico. Tendo sido documentado por escrito o uso de navios, carros e do arado, a mais antiga fase da civilização mesopotâmica foi identificada pelos arqueólogos como Uruk IV[47], período esse (ao redor do IV milênio a.c.) que pode ser considerado como sendo aquele da formação da civilização suméria. No período sucessivo, identificado como Djemdet Nasr – na base do nome da localidade na qual sua fase cultural apareceu com todos seus traços característicos –, enfim, esta civilização oferece claros sinais de amplas influências e difusão alcançando a península da Anatólia, o Irã e o Egito.

A preponderância da cultura suméria caracteriza ainda o período de Ur I (uma dinastia dos governantes da cidade de Ur, sempre na antiga Suméria, que atua entre o século XXVI e o XXV a.C.), mas durante o III milênio, ao redor de 2350, verifica-se a ascensão de uma dinastia semítica da cidade de Acádia (Akkad, a bíblica Acade). A partir desse momento, à peculiaridade da língua dos Sumérios, juntou-se a língua semítica dos Acádios, dando vida a uma forte simbiose cultural que, inclusive, deu origem a um bilinguismo generalizado, com a realização de convergências e empréstimos: sempre de forma bastante generalizados. A Suméria foi conquistada, finalmente, pelos reis do Império acadiano por volta de 2270 que, apesar de serem de língua semítica, permitiram a utilização da língua suméria como uma língua sagrada. Sargão I de Acádia, conhecido também como Sargão o Grande, foi o rei acádio que se tornou célebre (e fundador da homônima dinastia) por sua conquista das cidades-Estado sumérias nos séculos XXIV e XXIII a.C., realizando assim uma primeira unificação política da Mesopotâmia, ao mesmo tempo em que, ao longo de seus 56 anos de reinado (de 2270 a 2215 a.C.), deu vida a uma extraordinária expansão imperialista.

---

47. I. é, o quarto estrato arqueologicamente distinto na cidade sul-mesopotâmica de Uruk, a bíblica Ereck.

Mas, finalmente, a potência acadiana desaba quando a Mesopotâmia é invadida por bárbaros Guti (ou Kuti). Ao redor de 2083, esses "bárbaros" derrotaram o exército acadiano, tomaram a cidade de Acádia (Akkad) e, todavia, sucessivamente, gozaram do apoio de diversas cidades-Estado independentes: dentre as quais a cidade de Lagash, onde uma dinastia local ainda prosperava e redigia numerosos textos que a arqueologia nos teria devolvido[48]. O governo dos Guti durou por cerca de um século quando, enfim, foram expulsos pelos Sumérios de Uruk: ressurgia então um governo sumério nativo que constituiu a 3ª dinastia de Ur, adquirindo uma hegemonia que durou por cerca de um século (aproximadamente de 2100 a 2000 a.C.), caracterizando-se por conservar no interior dela a língua acadiana que permaneceu em uso.

Depois de sucessivas ondas de invasões do leste (por parte dos elamitas) e de oeste (por parte dos semitas ocidentais), no XIX século a.c. emerge, finalmente, a dinastia babilônica (da cidade de Babel) cujo maior representante é o famoso imperador e legislador Hamurabi: sexto rei babilônico, no século XVIII (entre 1728 e 1686), famoso pelo obelisco de basalto feito erigir com seus 282 artigos e que ficou conhecido como o "código" homônimo. O período de hegemonia do Império babilônico sobre a Mesopotâmia se estendeu entre 1800 e 1500 a.C. Podemos dizer e considerar, portanto, que, para o propósito da discussão e análise de sua "religião", com esta época encerra-se o período de formação da civilização mesopotâmica. De fato, os pródromos da cidade de Babel se protraem ulteriormente: depois de outras invasões[49] e,

---

48. São dessa época, definida como "restauração suméria", os preciosíssimos documentos da cidade, produzidos sobretudo sob o governo de Judeia, soberano da 2ª dinastia de Lagash, durante as duas décadas de seu reino, caracterizado por um período de paz e bem-estar.

49. Aquela dos Cassitas, uma tribo do Antigo Oriente – também com uma língua classificada como isolada – que acabou controlando a Babilônia após a queda do Império páleo-babilônico, ao redor de 1531 a.C. até 1155 a.C., quando, por sua vez, foram derrotados pelos elamitas.

ainda, depois da ascensão da Assíria[50], houve um breve retorno de Babel (trata-se da assim chamada época neobabilônica) que durou até a ocupação de Babilônia por parte do persa Ciro, em 539 a.c.[51]

"Religiões politeístas" nas cidades-Estado da Mesopotâmia antiga

Introdutoriamente neste livro, problematizamos – tivemos que fazer isso e precisamos manter bem presente o problema em relação ao mundo antigo – a noção de "religião" e a perigosa porosidade do conceito moderno de "politeísmo" enquanto instrumentos para nos aproximarmos e entendermos melhor o contexto do mundo antigo. Com a finalidade de uma necessária simplificação expressiva – onde evitar o recurso a numerosos parênteses ou aspas –, portanto, uma vez por todas ou, como quer que seja, *a priori*, vamos destacar aqui que o mundo antigo não contempla nem a noção de religião, nem aquela de politeísmo: uma e outra são produtos históricos que, de fato e como os concebemos hoje, encontram-se em fase de gestação na parte final da Antiguidade e, sobretudo, encontram seus primeiros sólidos fundamentos a partir do complexo IV século d.C. É então que, finalmente, a base das duas noções se encontra pronta a receber a construção do edifício histórico sucessivo: e esta base se fundamenta no édito de Teodósio, *de fide catholica*, emanado em 28 de fevereiro de 380, que proclamava o cristianismo como religião do Estado.

Portanto, para entrarmos no interior do mundo antigo a partir da nossa ótica contemporânea, precisamos passar e sair – em e por regressão, de algum modo – da Antiguidade tardia. E com essa finalidade e nessa direção precisamos recorrer e nos auxiliar dos

---

50. Um reino mesopotâmico que se tornou império do antigo Oriente Próximo e do Levante, constituído por populações sempre de língua semítica e que, já no período de Hamurabi, adquiriu uma sua precisa fisionomia cultural. Somente um milênio mais tarde, enfim e todavia, se tornaria potência hegemônica.

51. Em relação à síntese desses últimos aspectos históricos da Mesopotâmia, cf. BRELICH, A. *Introduzione alla storia delle religioni. Op. cit.*, p. 163-164.

significados pré-cristãos que encontramos nos contextos linguísticos das antiguidades gregas e latinas (conforme já apontamos mais acima): lá onde existe a ideia expressa de "divindade" que indica, enfim, o cumprimento com os cultos, a realização das ofertas e dos sacrifícios (i. é, os ritos, as cerimônias), o respeito, a cultivação, a veneração das divindades, o submisso a elas e às coisas sacras. Finalmente e em síntese, precisamos entender a *religio* apenas como definição e indicação de um "escrúpulo ritual" e de uma necessária "ligação com a divindade". Além disso, enfim, devemos manter presente, também, como o exercício desse escrúpulo ritual não se apresentava com outras características próprias das que conhecemos como "religiões de livro": essas últimas se configuram enquanto universos religiosos que contém e propõem "verdades reveladas", que fundamentam propriamente uma teologia. Mas não é nessa perspectiva que se podem colher os aspectos mais relevantes dos "politeísmos" das características cidades-Estado da Antiguidade: estruturadas e organizadas ao redor do templo próprio de cada cidade, ao redor de seus mitos e de seus ritos, essas sociedades antigas não distinguiam aquilo que nós identificamos como dimensão religiosa do complexo das outras atividades humanas: ao contrário, essas últimas eram estreitamente compenetradas por ela e nela encontravam, inclusive, sua legitimação e organização. Tratava-se, portanto, de universos culturais e cultuais que se revelavam imbricados entre si, constituindo-se em sistemas sociais complexos e articulados: e que, ao mesmo tempo, articulavam divisões de trabalho e de função, estrutura urbana e uso da escrita[52].

E é quando passamos da pré-história para, propriamente, os primórdios da história da humanidade – entendendo-a enquanto uma história documentada –, por volta da metade do V milênio a.C., que nos deparamos com o território da Mesopotâmia ("terra entre os dois rios"), junto ao qual encontramos as testemunhas da primeira grande civilização. É a partir daqui que nos deparamos

---

52. GOODY, J. *The Logic of Writing and the Organization of Society. Op. cit.*

com os inícios históricos do mundo antigo; isto é, a organização e estruturação social, econômica e cultural modelar de um território no qual, também, foi produzida a "primeira escrita" da humanidade, em Uruk, no IV milênio. E é este modelo de organização que, a partir do contexto mesopotâmico, difundiu-se lenta, mas irreversivelmente em direção aos países vizinhos. Todavia, mais do que pensar em processos de exportação ou de transferência desse modelo, quando falamos em difusão devemos pensar, sobretudo, no desprender-se de articulações e de mecanismos produzidos e decorrentes de trocas culturais que, pouco a pouco, vieram sendo favorecidas e se multiplicando com o progressivo desenvolvimento do comércio e das tecnologias: essas trocas e articulações, enfim, tornaram-se próprias daquela área geográfica que se costuma definir de "meia-lua fértil" ou de "crescente fértil" no interior da qual brotaram reformulações e adaptações civilizacionais que deram vida às expressões próprias e peculiares a cada civilização que surgiu no interior daquele contexto.

Tendo em vista isso, vale destacar, enfim, que as civilizações que se sucederam na área mesopotâmica foram caracterizadas por uma identidade cultural fundante e referencial que permitiu tratar de maneira homogênea seus sistemas de organização simbólica do mundo. Suspeita-se, desse modo, que até os Sumérios não eram uma cultura etnicamente diversa dos Acádios, dos Babilônicos e dos Assírios, mas consistiam apenas em um *etnos* que possuía uma língua "especial" utilizada, enfim e sucessivamente, como uma linguagem ritual. Uma vez confirmada essa suspeita, portanto, resultaria ainda mais justificada a perspectiva dessa unidade cultural e, eventualmente, será possível considerar as diferenças apenas como fruto do tempo e das sucessivas exigências de adaptações do sistema. E tudo isso vale, também, no que diz respeito às transformações dos respectivos sistemas políticos, pelas quais o Estado foi dominado.

Finalmente, precisamos destacar, ainda, como o sistema econômico sobre o qual se fundava e se regia a existência dos povos mesopotâmicos – criação de animais, agricultura e comércio – produziu uma forma de confederação dos vilarejos que, desse modo, começaram a gravitar ao redor de um centro, ao mesmo tempo político e religioso, sobre o qual dominava a figura de um "chefe" que logo resultou, no decorrer do III milênio, na criação e na constituição do modelo político monárquico. A base de formação dessa "economia simbólica e política" e do processo histórico que constitui suas instituições mais representativas é, justamente, aquela que é identificada pelas características cidades-Estado organizadas ao redor do templo.

O Egito antigo dos faraós: o problema das origens

Na Introdução, mais acima, dissemos que – coincidente com a área geográfica e o habitat natural onde viviam os animais domésticos e onde se encontravam as espécies selvagens dos cereais e dos legumes, base de sua nova estrutura econômica – a revolução neolítica se manifestou no Oriente Próximo[53], lá permanecendo confinada. Consequentemente destacamos que, não tendo as mesmas características hidrogeológicas da área mesopotâmica e médio-oriental, o caso da emergência da civilização egípcia pôde ser considerado como exemplo significativo de assunção de métodos de cultivação, fruto de uma relativa difusão.

Até as primeiras duas décadas do século XIX, o Egito antigo permaneceu envolto no mistério, materializando, com a imponência de seus monumentos (a esfinge e as pirâmides, p. ex.), um fascínio e uma inquietação de longa duração[54]. Até lá, ainda, as únicas notícias disponíveis provinham do segundo livro das *Histórias*, de Heródoto, e do *de Iside et Osiride*, de Plutarco, além

---

53. Entre a Palestina, o planalto da Anatólia, o Iraque e o Irã, até as encostas do Hindu Kush.

54. Para traçar uma síntese significativa desse quadro histórico, no breve espaço e funcionalidade deste capítulo, seguimos sobretudo SCARPI, P. Le religioni del mondo antico. *Op. cit.*, p. 39-44.

dos fragmentos de um autor do Egito helenista que se propunha apresentar aos gregos a civilização de sua própria terra: trata-se da obra de Manethon. No interior desse quadro pregresso, foi a expedição napoleônica no Egito (em 1798) que marcou uma data decisiva: aquela que preparava o momento decisivo que, a partir de 1822, viu a realização da decifração da escrita egípcia realizada por Jean François Champollion[55] e que, junto com o progredir das escavações arqueológicas, começava a desvendar o "misterioso" Egito e a nos revelar sua história. Esta última, enfim, na realização do confronto entre as duas civilizações, começou a revelar também seu paralelismo com a história mesopotâmica...

E falando em origens para o Egito antigo, enfim, deve se levar em consideração como parece bastante provável que essas sejam compartilhadas, de algum modo, com aquelas da Mesopotâmia já no decorrer do neolítico e do período pré-dinástico. É, todavia, no período do dinástico antigo, quando da unificação do Egito e do surgimento de suas primeiras dinastias, que os contatos com a Mesopotâmia meridional e com a Palestina se intensificam. Mas, veja-se bem, essa constatação não vem a significar que o Egito tenha elaborado uma cultura de importação. Ao contrário, apesar de e concomitantemente a esses contatos, devemos reconhecer como aquele que era conhecido enquanto o País das Duas Terras se caracterizou pela produção de uma civilização bastante original e autônoma, que soube assimilar e reelaborar as influências de outras culturas: além de ter exportado, por sua vez, suas próprias criações.

O "País das Duas Terras". De fato, até a 1ª dinastia, o país encontra-se dividido em dois reinos: o do Alto e o do Baixo Egito. As duas primeiras dinastias (cerca de 3150-2700 a.C.) caracterizam o assim chamado período tinita – da cidade de

---

55. Que conseguiu ler a coluna trilíngue, encontrada em 1799, em Roseta, no Delta do Nilo, escrita em hieróglifo, demótico e grego, e que abriu caminho para o estudo dos textos originais de quase 3 mil anos de história egípcia.

This, junto de Abdo, no Alto Egito –, apresentando um quadro histórico bastante homogêneo. É finalmente com a 3ª dinastia que se inicia a história do Reino Antigo (cerca de 2700-2200 a.C.), que apontamos logo acima como o período que apresenta a intensificação dos contatos com a Mesopotâmia meridional e com a Palestina: Reino Antigo que termina com a 4ª dinastia. Não por acaso, esse período se caracteriza pela expansão e extensão dos domínios egípcios, além que pela construção das grandes pirâmides e pela significativa emergência das artes plásticas e da estatuária. Outra característica institucional bastante importante desse período é aquela que diz respeito à fase de consolidação do caráter divino do poder do rei: é nessa época que ele adquire o título de "Hórus de Ouro" ou de "filho de Rá". Como parte estreitamente associada à importante evolução da figura da realeza, essa época manifesta, também, o domínio da teologia de Heliópolis: aquela que veio colocando Rá, o Sol, no vértice do mundo divino. E, finalmente, essa teologia veio abrindo espaço para uma teologia escatológica propriamente circunscrita aos soberanos.

Um "1º período intermediário" (cerca de 2200-2061 a.C.) separa o Reino Antigo do sucessivo Reino Médio. Trata-se de um período de transição, de confusão e de enfraquecimento do poder central, correspondente a uma espécie de partilha feudal do controle do território que vê a emergência do protagonismo de numerosos senhores na aspiração da autonomia ou até mesmo da tentativa de uma conquista do poder sobre o inteiro Egito: a mais conhecida e famosa dessa afirmação de poder foi aquela realizada em Heracleópolis, no Alto Egito (conhecida também com o nome grego de *Heracleopolis Magna*) cujos senhores foram sucessivamente reconhecidos como reis da 9ª e 10ª dinastias.

É finalmente em 2031 a.C. que sobe ao trono Montuhotep II com o nome de Seankhibtaui; isto é, "aquele que vivifica o coração das Duas Terras". Ele promove a reunificação do Egito e aloca a capital em Tebas. Inspirado pela política dos soberanos do Reino Antigo, ele retoma aquele percurso interrompido e recoloca o país no lugar de uma potência dominante, deixando em herança a seus filhos, depois de 51 anos de reinado, um Estado próspero e rico. Com a política de Montuhotep II inicia, portanto, o Reino Médio, que vai da 11ª à 14ª dinastias, caracterizado pela centralidade política de Tebas e por uma expansão militar que acompanha todo esse período. Mas já a literatura desse período nos apresenta e transmite a preocupação com as sérias dificuldades relativas à sucessão dinástica (a *Profecia de Neferti* e o *Romance de Sinuhe* são dois importantes exemplos disso, tornando-se difundidos no Novo Reino em apoio e defesa da ideologia da realeza): literatura e indício de que, muito provavelmente, o mecanismo institucional da sucessão dinástica não se encontrava tecnicamente bem-definido.

Um "2º período intermediário" é aquele decorrente da invasão dos Hicsos (que, com algumas dúvidas quanto à identificação, parecem ter sido semitas caçados de seus territórios após a expansão dos Mitanos). Estudos recentes indicam que os Hicsos invadiram o Egito somente depois de várias ondas migratórias, anteriores à revolta de 1638 a.C. com a qual, finalmente, tomaram o poder como dinastia dominante. Então o território foi dominado durante duas dinastias (a 15ª e 16ª) por aquele povo invasor que, todavia e de qualquer modo, veio assumindo necessariamente todas as características próprias da cultura egípcia, incluindo sua forma de governo.

Mas a centralidade política de Tebas retoma as rédeas com seu Rei Amósis (ou Amés) que, provavelmente com o apoio de poderosas dinastias tebanas, depois de perseguir os Hicsos, em 25 anos de reino leva de volta o Egito para sua antiga potência hegemônica (do Reino Médio) no ecúmeno de então: é o início do Novo Reino que, portanto, dá continuidade à abertura econômica e cultural com o Oriente Próximo, iniciada na 12ª dinastia. Finalmente, também na esteira de estreitas alianças matrimoniais com os reis de Mitânia e com os Hititas, nessa fase encontra um ajuste, uma garantia e uma solidificação o mecanismo institucional da sucessão dinástica: aquela da "rainha mãe", ao lado de seu filho. Mas é sempre no decorrer do Novo Reino que se verifica uma progressiva tensão e um conflito entre o rei e a casta sacerdotal, conflito que se torna particularmente agudo quando o novo Faraó Amenotepe (ou Amenófis) IV (que reinou de 1378 a 1352 a.C.), da 18ª dinastia, veio assumindo (substituindo o seu originário) o nome de Akhenaton – literalmente: "aquele que é de agrado a (louva, é a serviço de) Aton" –, dando assim início à sua peculiar reforma religiosa. De fato, depois de alguns anos de reinado, este faraó se chocou com o clero tebano de Amon-Rá querendo atribuir a Aton o grau e o papel de divindade suprema que até então havia sido reservado a Amon: o nome Amenotepe, de fato, continha aquele de Amon, o deus soberano de Tebas, e o nome assumido sucessivamente veio marcando essa mudança de centralidade referencial da nova supremacia de Aton, o deus do sol, que, desprovido de mitologia, deixava um vácuo para que esse espaço mitológico fosse ocupado pela própria família real (que assim se tornava "mitológica"). E se, como dissemos, nessa fase o mecanismo institucional de sucessão encontra um ajuste e fortalecimento institucional, torna-se significativo, ainda, o fato de que, como quer que seja, Akhenaton não muda o seu "nome de trono": Neferkheperura, significando "as transformações de Rá são perfeitas". Esta manutenção do "nome de trono", portanto, manifestava a aceitação da figura de Rá e, logo, torna-se o sinal mais evidente de que a reforma de Akhenaton não pode ser vista como uma revolução religiosa em sentido monoteísta: inclusive porque, no final das contas, os outros deuses não sofreram o ostracismo, mas, simplesmente, empalideceram diante de Aton. O próprio *Hino a Aton* (onde é sintetizada a doutrina de Akhenaton) demonstra o quanto a ação do soberano é orientada a catalisar todas as funções criadoras sobre Aton, mas não exclui a obra de outros deuses. Enfim, mesmo que Akhenaton tenha abolido o uso plural do termo "deus", conforme se verifica com seu próprio "nome de trono", ele não aboliu Rá, nem o seu culto e nem cancelou o papel funerário de Osíris, que se mantém dentro da tradição da família real[56].

A reforma religiosa proposta por Akhenaton pretendia reforçar o poder do soberano: fazendo com que ele se tornasse, enfim, o único mediador, mesmo que obrigado para com Aton. Além do mais, teve o efeito de produzir uma série de cultos para o rei ainda em vida. A tentativa de se reconciliar com o clero de Amon, no final da vida do faraó, não teve sucesso. Provavelmente sua morte foi violenta e a partir daí a cidade de Akhenaton foi abandonada e destruída. De imediato, seu sucessor, Tutankhamon, promulgou um edito de restauração dos antigos cultos: a "heresia" de Akhenaton[57] foi cancelada, assim como a própria memória do faraó que sofreu uma milenar *damnatio memoriae*[58]: a reafirmação do culto de Amon-Rá com o reinado de Tutankhamon, portanto, se prefixou o objetivo de reportar o Egito à condição histórica e cultural anterior, fortalecendo finalmente a expansão e a afirmação política tradicionais que continuaram durante a dinastia dos Ramsés. Mas sob o reinado de Ramsés II este poder egípcio é marcado por importantes eventos históricos; entre outros, choca-se frontalmente com o poder hitita na Batalha de Qadesh (em 1296), na costa da Síria, e ainda se confronta com o *êxodo* dos hebreus no Egito. Desde então, mesmo mantendo um altíssimo prestígio através de acontecimentos históricos desfavoráveis, a terra dos

---

56. Conforme veremos melhor e mais pontualmente à frente, junto a outras características dessa "heresia de Akhenaton e do conflito soberano/clero".

57. REDFORD, D. B. *Akhenaten – The Heretic King*. Princeton: Princeton University Press, 1984.

58. A este aspecto, cf. a relevante contribuição dos estudos de Jan Assmann, sobretudo: *From Akhenaton to Moses – Ancient Egypt and Religious Change*. Cairo/Nova York: The American University in Cairo Press, 2016. A respeito do problema da *damnatio memoriae*, com todo o corolário da relação entre memória e história, cf. principalmente o capítulo IV do livro *Moisés e Akhenaton: memória e história*.

faraós se encaminha para uma lenta e gradual decadência, tanto política quanto cultural. Quando termina a dinastia dos Ramsés, com o século XI a.c., inicia, portanto, o "3º período intermediário", caracterizado por lutas dinásticas que, no contexto mais geral dos eventos, levam a um progressivo enfraquecimento da potência egípcia. Voltando a se confundir com o mais amplo horizonte dos eventos do Mediterrâneo, finalmente a história do Egito vem sofrendo-os, mais do que determinando-os. As conquistas sofridas por parte da Líbia, da Núbia e da Etiópia resultam o prelúdio daquelas sofridas, ainda, pelos Assírios (662) – e esta até aceita por parte do Egito (tanto que Psamético I[59] é o único rei do Egito reconhecido pelos Assírios); depois, por parte dos persas (525), e, sucessivamente, por parte de Alexandre Magno (332) – e cujos sucessores estabeleceriam um importante e sistemático processo de helenização – e, finalmente, por parte de Roma.

Civilização grega: origens minoicas e do Oriente Próximo

Somente depois de 1000 a.C. se forma na Grécia uma civilização original que, todavia, é precedida por uma outra mais antiga que surgiu sobre bases étnicas diferentes: aquela minoica. No final do século XIX, a arqueologia descobriu uma civilização grega pré-homérica que foi denominada de "micênica", do nome da cidade de Micenas (Mykenai)[60]. Os micênicos eram uma população de origem indo-europeia que falava um dialeto grego. Eles desembarcaram na Grécia um pouco antes da primeira metade do II milênio a.C. E, finalmente, é só a partir do início do século XX, por meio de outras escavações arqueológicas, que sabemos o quanto a civilização "micênica" dependeu amplamente daquela mais antiga da grande ilha e que foi batizada de "minoica", em

---

59. Que em reação à dominação assíria havia realizado um novo processo de centralização do governo egípcio.

60. As escavações arqueológicas foram conduzidas, na segunda metade do século passado, por Heinrich Schliemann.

homenagem ao mítico rei cretense, Minos. E é justamente na Grécia que os micênicos entraram em contato com a civilização minoica que, a partir de Creta, exercia sua influência sobre outras ilhas do Egeu e, também, sobre o continente grego[61].

Atualmente dividida em suas principais fases de "Minoico antigo" (cerca 3000-2000 a.C.), "Minoico médio" (2000-1600 *ca*.) e "Minoico recente" (1600-1100), desde seu passado mais remoto a civilização minoica permanece de origem obscura: não conhecemos ainda a língua dessas populações, por quanto fizessem uso de uma escrita silábica, mas tratava-se, provavelmente, de um povo que desembarcou sobre a ilha vindo do Oriente Próximo. De fato, essas populações mantinham relações com as civilizações do Oriente Próximo e, ainda, particularmente intensas com o Egito. Finalmente, sempre fundadas sobretudo sobre essas relações e atividades comerciais, no "Minoico médio" – no início do II milênio – começaram a realizar uma florescente civilização que se desenvolveu de forma esplêndida e que nos é documentada pelos grandes palácios, como em Cnossos, Festo, Mallia e Hagia Triada. De suas divindades, prevalentemente femininas, não ficamos conhecendo os nomes, sabendo, todavia, que recebiam sacrifícios sobre os cumes das montanhas e em algumas grutas.

Nesse momento, a Grécia continental resulta culturalmente atrasada com relação a Creta e será somente com o "Minoico recente" que ela começará a se alinhar produzindo uma sua civilização micênica que, todavia, resulta ser já obra dos "Gregos"; neste último caso, enfim, trata-se de um povo que se formou na Grécia, resultando da fusão das populações indígenas com estirpes de língua indo-europeia que, desde o II milênio, começaram a penetrar o território grego, provavelmente por ondas sucessivas.

---

61. MUSTI, D. (org.). *Le origini dei Greci – Dori e mondo egeo*. Roma-Bari: Laterza 1984. • SCARPI, P. Le religioni preelleniche di Creta e Micene e La religione greca. *In*: FILORAMO, G. (org.). *Storia delle religioni – I: Le religioni antiche*. Roma-Bari: Laterza, 1994, p. 265-281, 283-330.

E foram esses Gregos que, desde o "Minoico recente", tomaram posse também da Ilha de Creta. Entrando em contato com o mundo cretense, os Gregos micênicos o transformaram e replasmaram: mesmo adotando sua escrita e muitos de seus traços culturais, de fato, conservaram, porém, uma especificidade própria na articulação do panteão que já nessa época apresenta profundas analogias com o sistema politeísta de Homero ou de Hesíodo[62]. De fato, a decifração da escritura micênica permitiu reconhecer a presença de divindades como Zeus, Poseidon, Hera, Hermes, Ares e Dionísio, talvez também Perséfone, que se encontrarão novamente na sucessiva religião grega. Os micênicos, que parecem assentados estavelmente também em Creta no século XIV a.C., conservaram os motivos decorativos da arte cretense, mas não adotaram a estrutura de praça aberta[63].

Do ponto de vista da religião devemos salientar que sabemos muito pouco daquela cretense minoica. Mesmo assim, aparecem claros alguns de seus caracteres, como, por exemplo, a ausência de um templo independente. Todavia, encontram-se dois tipos de lugares sagrados permanentes: aqueles naturais, em grutas (centros de culto ainda em período grego) e certos compartimentos no interior dos grandes palácios cretenses (uma espécie de capelas no interior das quais foram encontrados materiais destinados ao culto). Provavelmente em consequência da ausência de templos se constata, também, aquela das estátuas de culto: nesse sentido se em alguns sigilos ou gemas prevalecem figuras femininas, pouco pode-se dizer ou inferir sobre suas identificações, tendo em vista

---

62. SCARPI, P. Le religioni preelleniche di Creta e Micene e La religione greca. *Op. cit.*, p. 265-281, 283-330.

63. Se os assentamentos minoicos não parecem conhecer o uso do muro de fortificação, nos palácios micênicos se destacam suas gigantescas fortificações. Também o palácio micênico, essencial em sua simples estrutura retangular, formada por uma longa sala circundada por paredes, distingue-se do cretense que, ao contrário, se desenvolve acompanhado por uma espécie de força centrífuga em torno de um grande *hall* aberto, no qual têm lugar as cerimônias públicas.

que nos lugares de culto se encontram somente símbolos de difícil interpretação e não imagens dos seres cultuados... Mesmo assim, as "tabelas micênicas" datadas do XV século mostram, como já dizíamos, a veneração de muitas das mais importantes divindades da Grécia clássica.

Sem melhores e mais pontuais indícios ou vestígios, entre os séculos XIV e XIII a.C. a civilização micênica parece ter sido destruída. Os grandes palácios não foram mais reconstruídos, nem em Creta nem no continente. Somente em Chipre a civilização micênica continuou a sobreviver pelo menos até o século IX. Inicia, portanto, a chamada Idade Média helênica, um período bastante obscuro e confuso, documentado apenas por esparsos achados arqueológicos: é nesse período que começam a germinar os traços específicos daquela que será a nova religião grega. Com vista a tudo isso, portanto, destaca-se que a civilização grega, na sua mais antiga forma, aquela micênica, não teria surgido sem o profícuo contato com a civilização minoica, assim como não teria se formado sem os fecundos influxos provenientes do Oriente Próximo[64]. Mesmo assim, todavia, isso não impediu que ela ganhasse caracteres próprios e originais, de modo que ela nos apareça substancialmente nova. Também através das profundas influências de outras civilizações do Mediterrâneo, enfim, nasce a religião grega, com suas especificidades, quais sejam: "uma religião ligada de maneira indissolúvel ao território e à própria civilização da Grécia, articulada em suas muitas cidades, cada uma das quais possuía seu próprio sistema de cultos e um próprio calendário, porquanto o Pantheon fosse comum" Uma "religião" muito peculiar, portanto, partindo do nosso ponto de vista histórico condicionado pela significação que o termo virá adquirindo a partir de sua cristianização: sem

---

64. BURKERT, W. *Griechische Religion der archaischen und klassischen Epoche.* Stuttgart/Berlim/Colônia/Mainz, 1977. • SCARPI, P. Le religioni preelleniche di Creta e Micene e La religione greca. *Op. cit.*, p. 265-281, 283-330.

dogmas e sem livro, sem fundadores e sem castas sacerdotais"[65] e, consequentemente, sem uma teologia canonizada, ela toma sua forma definitiva entre o IX e o VIII séculos a.c., prestando-se a contínuos remodelamentos e reformas do patrimônio tradicional, sobretudo daquele mitológico. Uma "religião" que, segundo a definição de um célebre estudioso alemão da mitologia e dos cultos da Grécia antiga, pôde ser caracterizada por suas *Origens selvagens*[66]; nessa mesma direção, ainda, segundo a análise de outro célebre estudioso da cultura grega, trata-se de uma cultura tecida pela constante oposição entre Outro e Idêntico, civilização e selvageria, ideal apolíneo e frenesis dionisíacos[67]. Portanto, vem se configurando como uma "religião" substancialmente nova que surge depois de movimentos, misturas e

---

65. E a respeito dessa peculiaridade – o que é uma religião sem deus único, sem Igreja, sem clero, sem dogma nem credo, sem promessa de imortalidade? – desenvolvem-se, também, os estudos e o confronto propostos por Jean-Pierre Vernant (*Mythe et religion en Grèce ancienne*. Paris, Seuil, 1990), em cuja obra o autor se debruça a esboçar o quadro da "religião cívica" dos Gregos, interrogando-se sobre o estatuto da crença (esse comércio com o além), sobre as relações do fiel com seus deuses, sobre o lugar restrito que o indivíduo ocupa nessa economia do sagrado. Cf. SCARPI, P. Le religioni del mondo antico. *Op. cit.*, p. 68.

66. BURKERT, W. *Wilder Ursprung – Opferritual und Mythos bei den Griechen*. Berlim: Klaus Wagenbach, 1990. Nesse sentido e contexto, segundo o estudioso, mito e rito se esclarecem reciprocamente, dão-se em uma relação de intercâmbio. Assim, ele procura e lê as estruturas fundamentais (originárias) nas mensagens do rito e do mito: "as terríveis energias – aquilo que é chamado de mal – [que] são os ciclópicos arquitetos e pioneiros da humanidade". Tratar-se-ia, portanto, de "origens selvagens" na medida em que, inspirado pelas teorias de Nietzsche e de Freud, o estudioso vê que a violência se configura não somente enquanto força contrária à ordem, mas também enquanto seu pressuposto e sua força determinante. Sacrifício e mito (segundo o subtítulo do livro, mas também o rito) no mundo grego se tornam, portanto, o exemplo característico e significativo dessa força determinante no contexto da Grécia antiga.

67. VERNANT, J.-P. *La mort dans les yeux*. Paris: Hachette, 1985. Nesta obra o autor analisa a eterna oscilação da cultura grega através de três divindades, figuras da desordem cósmica e do indizível, relacionadas com os ritos de passagem: Dionísio (deus do teatro), Ártemis (deusa da caça e das áreas liminares) e Medusa (a alteridade absoluta através da qual é elaborada a ideia da morte). Todos os deuses com máscara. Ainda, sobre a associação de Dionísio com a violência barbárica e a ambiguidade do erotismo, cf.: DETIENNE, M. *Dionysos mis à mort*. Paris: Gallimard, 1977.

rearranjos de povos que foram conectados com aquilo que se costuma indicar como "invasão dórica" e que apresenta um novo aspecto não somente com relação àquilo que diz respeito da pouco conhecida civilização "micênica", mas também, e em termos mais gerais, com relação a todas as civilizações encontradas até aquele momento.

O fato – e a novidade – de a "religião" grega se apresentar como caracterizada pela ausência de textos sacros coloca o problema das fontes e destaca uma sua própria caraterística relativa à documentação. Mas, como quer que seja, não significa que ela fosse privada de fórmulas rituais, nem de sua transmissão: como dissemos, significa apenas a ausência de qualquer prestigiada literatura sacerdotal, conforme aquelas que analisamos anteriormente. Digamos que, a respeito disso, nossas fontes são constituídas apenas por textos literários. Seria possível chamá-los de "profanos", mesmo que, nesse caso, a bipartição religioso/profano resulte complicada e pouco funcional à descrição desse aspecto: e isso porque, pelo menos na fase arcaica do mundo grego, os poetas se configuram como personagens ou figuras que têm uma sua especificidade em absolver uma função análoga àquela que nas sociedades primitivas cabe aos "narradores de mitos": com seu prestígio e dons particulares, são considerados e se consideram eles mesmos como inspirados pelas Musas e, por sua vez, de tempos em tempos têm a liberdade e se permitem aportar contribuições e variações aos contos míticos que, mesmo atingidos de tradições coletivas antigas, são reformulados de forma criativa em suas obras. Outras fontes importantes da cultura grega, por além dos poetas em época arcaica, são representadas pelos artistas: sobretudo com suas inumeráveis representações na base do conteúdo mitológico; e pelas instituições de culto, das quais temos notícias através dos mais diferentes escritores: ocasionalmente os poetas, mas, sobretudo, ainda no período mais antigo, os oradores; e, mais tarde, os historiadores, os filósofos e, finalmente, para o período mais recente, autores eruditos, curiosos dos costumes e das antiguidades das próprias cidades e de outras. E ainda, diferentes junto às várias e diversas cidades-Estado, como dizíamos, essas instituições de culto não são conduzidas, administradas ou regulamentadas por algum tipo de "classe sacerdotal", mas por cada Estado, individualmente. Isto significa que, excluindo-se casos esporádicos, o sacerdócio tem conotação templar (ligada à dimensão político-administrativa do templo) e, portanto, pode ser sim herdado, mas é sobretudo e na maioria das vezes eletivo e, até mesmo, adquirível por meio de pagamento.

Outra questão importante a ser levada em consideração na especificidade documental do mundo grego é aquela que distingue as fontes *diretas* – decorrentes da produção de poetas, artistas e, finalmente, da documentação arqueológica –, que nos falam da religião propriamente vivida, das fontes eruditas e da sua consequente peculiaridade. Fato é que, desde a época clássica, no VI século, a filosofia pré-socrática vê delinear-se na Grécia um gradual distanciamento intelectual da religião assim como era representada pelas instituições cultuais públicas e pela tradição mitológica expressa pelos poetas, além que pelas simples práticas das massas. As tradições homéricas e de Hesíodo – que apontam significativamente o quanto os poetas representavam até então a mitologia –, junto com os ritos tradicionais, encontram então uma forte crítica das tradições míticas, que se configura violenta já em Xenofonte e em Heráclito. Começa a se delinear uma ideia mais racional e moral da divindade, que se alarga e se desenvolve, sucessivamente, em camadas cada vez mais amplas da classe intelectual, sem com isso, todavia, atingir a religião pública. E é justamente essa crítica e afastamento intelectual daquela religião que – na tentativa de explicá-la e entendê-la de qualquer modo – faz com que esta seja analisada e descrita em seus vários detalhes. Desse modo, o afastamento crítico dos intelectuais gregos nos devolve (seu malgrado) a descrição de inumeráveis ritos e mitos tirados dos colecionadores de tradições locais, dos comentadores de obras clássicas, dos estudiosos, dos lexicógrafos etc., desde o primeiro helenismo até a tardia época bizantina[68].

Formação e influências da cidade-Estado de Roma

Desde os próprios letrados romanos e até o final do século XIX, a religião romana se apresentava como indistinta e era confundida com aquela grega. Nessa direção, parecia caracterizar-se pelas mesmas divindades (mesmo que identificadas com nomes diferentes) e pelos mesmos mitos do mundo grego. É somente no interior da escola de Theodor Mommsen[69] e, sobretudo, a partir da obra de Georg Wissowa[70] que se começou a distinguir entre aquilo que havia nela de propriamente "romano" (sua especificidade) e os elementos que lhe derivaram do influxo grego. O problema é que à força de remover dela esses últimos elementos, a religião romana veio então se configurando em uma dimensão bastante empobrecida, assumindo os caracteres de uma religião "primitiva": *in primis* pela ausência de mitos (mas veremos, sucessivamente, o que, de fato, isso significará de importante para Roma) e, também, por não se encontrar nela grandes e significativas divindades pessoais. Perante os resultados gradualmente emergentes das posições de Wissowa, nos anos de 1930 assistimos a uma reação conduzida por Franz Altheim que, revirando as posições daquele, destacou que o influxo grego sobre a religião romana não começou somente com o helenismo, mas se fez presente já anteriormente à própria formação daquela religião[71]. O estado da arte sobre a religião romana veio

---

68. A problemática das fontes e da documentação da "religião" grega é apontada em BRELICH, A. *Introduzione alla storia delle religioni. Op. cit.*, cf. p. 204-206.

69. MOMMSEN, T. *Römische Geschichte*. 5 v. Berlim: Weidmann, 1854-1856.

70. Cuja grandiosa monografia sobre a religião romana remonta, em sua segunda e definitiva edição, a 1912. Cf. WISSOWA, G. *Religion und Kultus der Römer* [1902]. Munique: C. H. Beck, 1912.

71. ALTHEIN, F. *Römische Religionsgshichte*. 3 v. Baden-Baden: Kunst und Wissenschaft, 1931-1933, além da extensa produção do historiador clássico e filólogo, que chega até o começo dos anos de 1970.

apresentando, a partir de então, uma maior riqueza e complexidade, mas, ao mesmo tempo, uma menor originalidade, uma vez que todos seus elementos apareceram como de origem grega[72].

Antes de retornarmos sobre alguns aspectos desses problemas e sobre alguns sucessivos e importantes aprofundamentos historiográficos, começamos a desenhar, aqui, um breve quadro histórico da formação de Roma. A esse respeito e em primeiro lugar precisamos destacar que Roma não era uma dentre as muitas cidades (tornou-se tal ao redor do VII século a.C.) que ocupavam a Itália antiga. Alocada no interior de um território que conheceu assentamentos humanos desde o século VIII, conforme nos indicam as cabanas trazidas à luz no Palatino, outros achados arqueológicos encontrados entre a Etrúria meridional, a Úmbria e o Lácio remontam, enfim, à segunda metade do II milênio. Esta e outras regiões da Itália já eram habitadas por pessoas com as quais aquela que se tornaria a civilização romana entrou progressivamente em contato: e especificamente aquele território compreendia, em origem, várias e pequenas comunidades independentes, constituídas por gentes até mesmo etnicamente distintas: latinas, sabinas e, provavelmente, etruscas. As populações que se tornariam, sucessivamente, "romanas", penetrando aquele território, defrontaram-se com essas comunidades e, sucessivamente, com Ócios, Úmbrios e Sanitas: e as populações que penetraram aquele território, enfim, eram de origem e de língua indo-europeia, deslocando-se para a Itália a partir da Europa Central: foi de lá que transferiram, portanto, seus costumes, usos, tradições religiosas e culturais, instituições sociais, sistemas de classificação e técnicas de trabalho que, no decorrer do tempo, foram modificadas e adaptadas às novas exigências do novo contexto e de sua história. Apesar disso, todavia – e confor-

---

72. Esses importantes e breves detalhes sobre essa parte da história dos estudos são apresentados em BRELICH, A. *Introduzione alla storia delle religioni. Op. cit.*, p. 216. E as breves notas históricas que se seguem remetem ainda, em síntese, a SCARPI, P. *Le religioni del mondo antico. Op. cit.*, p. 107-109.

me veremos melhor sucessivamente –, diferentemente de quanto acontece na Grécia ou em outros contextos do mundo antigo, Roma não se junta jamais a outras cidades-Estado presentes no Lácio e no resto da Itália. Esse fato histórico se associa a uma peculiar característica no âmbito religioso; isto é, se a língua dessas populações era latina, sua religião veio se constituindo propriamente enquanto *romana*. Logo, ser "cidadão" romano era a condição fundamental para praticá-la. Em vista dessa peculiar construção da identidade religiosa de ordem civil, portanto, no contexto romano não havia espaço para, não se configurava possível realizar, algum tipo de homogeneidade religiosa.

De algum modo, antes de se constituir como romana, em fase de formação essa civilização será, por assim dizer, "dominada antes de se tornar dominadora". Dentre outras, recebe sobretudo as influências, de um lado da cultura etrusca – que, veja-se bem, entre os séculos VIII e o VII a.C. sofre, por sua vez, um processo de helenização –, e de outro lado das colônias gregas na Itália meridional. De fato, ao redor dessa época, na Itália do sul começam a aparecer colônias gregas, tornando mais intensos os influxos em direção ao Ocidente, exercidos desde a época da Grécia micênica, e que, finalmente, com as cidades da Magna Grécia levaram para a Península Itálica o panteão e a rica mitologia da terra de origem e referência. Finalmente, ao redor daquela mesma época (depois do VIII século a.C.) começa a florescer a civilização etrusca. Mesmo que esta venha se caracterizando por aspectos mais próximos àqueles das religiões do Oriente Próximo[73], que não do contexto grego (desenvolvendo-se na direção de uma estrutura urbana cada vez mais complexa e, enfim, acabando de se sujeitar ao seu fascínio) e, logo, demonstrando-se particular e extremamente receptiva

---

73. Dentre estes, a existência de livros sacros (documentada em época romana), de determinados sistemas divinatórios (como a hepatoscopia, que encontra paralelos na Mesopotâmia e junto aos Hititas) e, não por último, a extraordinária importância atribuída aos mortos e à morte.

com relação às peculiaridades da cultura grega, à qual se unem, também, aquelas da cultura fenícia-púnica. É desse modo que – por cima de uma multidão de seres extra-humanos do universo latino, assim como, também, daquele úmbrio e sabino, dos quais conhecemos somente os nomes e a iconografia –, marco de uma receptividade particularmente distinta, conforme testemunha a arte deles, junto aos etruscos encontramos temas mitológicos gregos (inclusive que se referem à guerra de Troia) e divindades gregas como *Maris* (Marte), *Nethuns* (Netuno), *Menerva* (Minerva), *Satre* (Saturno), *Uni* (Juno), *Aplun* (Apolo), *Aritimi* (Ártemis). Os nomes das divindades, apenas superficialmente adaptados à língua etrusca, nos revelam duas modalidades de acomodação característica da cultura etrusca: por um lado, com essa transliteração linguística do nome, o acolhimento da divindade estrangeira não se manifestava em sua totalidade e novidade; por outro lado, uma vez identificadas as divindades com as figuras locais que conservavam seu próprio nome, elas apresentavam a iconografia e os mitos dos próprios deuses gregos. Posteriormente, em razão das contínuas trocas mercantis e em decorrência da ação das castas dominantes e dos grupos sacerdotais a elas ligados, que encontraram um quadro ideal de referência na civilização grega, o próprio panteão etrusco sofreu um processo de helenização: por meio da adoção da rica mitologia grega, as divindades etruscas foram sujeitadas a uma *interpretatio graeca*[74]. Porém, uma parte do panteão etrusco mantém seus traços originais: dentre os exemplos mais significativos, portanto, verificamos que, se também o culto vem sendo grecizado, permanece, todavia, tipicamente etrusca a elaboração teórica divinatória do augúrio ("auspicação" realizada no ritual da *aruspicina*), compartilhada, de fato e frequentemente, com outras

---

74. Assim, p. ex., Zeus oferece suas formas a *Tinia*, Hera a *Uni*, Afrodite a *Turan*, Atenas a *Menerva*, Poseidon a *Nethuns*, Deméter a *Vei*.

populações italianas, sobretudo na forma de *aruspiscina*, que os Romanos consideraram própria da *disciplina etrusca*[75].

No interior desse contexto geográfico e desses influxos culturais gerais, enfim, insere-se Roma. Aliás, próxima de um território que os Etruscos nunca demonstraram de pretender unificar em um Estado único, no VII século Roma se torna uma cidade-Estado – na perspectiva e no interior do modelo representado pelas civilizações superiores que analisamos até aqui – provavelmente sob o domínio dos próprios Etruscos e, portanto, sob o influxo de sua civilização que, por seu turno, como vimos, havia sido cunhada e determinada pelo influxo grego. Nessa direção e em suas origens, portanto, talvez convenha pensar, não tanto em alguma originalidade romana da cidade (veremos como esta se constituirá historicamente), mas em uma Roma como ponta extrema da expansão e da difusão da cultura grega[76]: e nessa se encontrariam imersos os habitantes da cidade. Mas, como preanunciamos e veremos melhor a seguir, mesmo com as fortes e evidentes influências em sua formação, logo cedo Roma constitui e cria uma sua *própria* e típica civilização e um próprio sistema religioso, liberando-se, por assim dizer, da hegemonia estrangeira e reelaborando, a partir dessa, a própria tradição: segundo suas próprias exigências, sucessivamente estendidas às cidades conquistadas. Apesar de sua crescente expansão política e mesmo em sua inédita centralização, todavia, Roma permanecerá uma cidade-Estado, segundo o modelo da Antiguidade que verificamos até aqui, e sua própria

---

75. BLOCH, R. *Les prodiges dans l'antiquité classique*. Paris: Presses Universitaires de France, 1963 • BIANCHI BANDINELLI, R, GIULIANO, A. *Etruschi e Italici prima del dominio di Roma*. Milão: Rizzoli, 1973. • CAMASSA, G. La religione romana antica. *In*: VEGETTI, M. (org.). *Introduzione alle culture antiche – III: L'esperienza religiosa antica*. Turim: Bollati Boringhieri,1992, p. 172-195. • DUMÉZIL, G. *La religion romaine archaïque, avec un appendice sur la religion des étrusques*. Paris: Payot, 1966 [2. ed., 1974]. • PFIFFIG, A. J. *Religio Etrusca*. Graz: Akademische Druck/Verlagsanstalt, 1975.

76. PERUZZI, E. *Origini di Roma*. 2 v. Bolonha: Valmartina Patron, 1970 e 1973. • PERUZZI, E. *Aspetti culturali del Lazio primitivo*. Florença: Olschki, 1978.

religião será característica daquelas constituídas ao redor desse modelo urbano antigo, conservando seu caráter por muitos séculos. A partir dessa base comum, todavia, e à diferença, por exemplo, das cidades-Estado gregas, Roma não apresenta possibilidade, ou não se presta a processos, de convergência, fusão ou unificação religiosa. Em sua longa história, ela nunca aparece como uma cidade entre as outras, mas vem se configurando como *a* cidade que vence e domina todas as outras. No âmbito religioso encontramos um importante desdobramento e paralelo dessa configuração política: aquele que se verifica na apropriação dos cultos ou dos deuses "estrangeiros" das cidades vencidas. Duas as modalidades de realizar essa apropriação. A primeira é aquela realizada através do ritual da *evocatio*: fórmula ritual de origem antiquíssima, conservada nos arquivos dos pontífices e talvez pertencente ao substrato indo-europeu, visto que a praticavam também os hititas. Trata-se de um convite ritual, pronunciado pelo comandante do exército diante da cidade inimiga e dirigido à divindade protetora daquela cidade para que abandonasse seus protegidos para passar para o lado de Roma que, em troca, iria instituir um culto maior, mais esplêndido e com maiores honras entre seus próprios muros. Sacrificadas as vítimas e feita a leitura de suas vísceras, segundo uma regra rígida, depois da *evocatio* era pronunciada a maldição em relação à cidade inimiga e a seus exércitos. Um exemplo de *evocatio* pode ser aquela pronunciada em 146 a.C. por Cipião Africano menor diante dos muros de Cartago.

> Se existe um deus, se existe uma deusa sob cuja tutela se encontre o povo e a cidade de Cartago, eu peço, eu suplico sobretudo a você, que tenha acolhido sob a sua proteção esta cidade e este povo, a você peço uma graça: abandone o povo e a cidade de Cartago, deixe os seus lugares, os seus templos, os seus ritos e a sua cidade, vá para longe deles, incuta o medo, terror e esquecimento a este povo e a esta cidade, passe para o lado de Roma, venha comigo e com os meus; os nossos lugares, os nossos

templos, os nossos ritos, a nossa cidade são maiores e mais caros, a mim, ao povo romano, aos meus soldados sejam propícios, façam que nós saibamos, que sejamos cientes. Se assim fizerem, prometo em troca templos e a celebração de jogos (Macróbio, *Saturnalia*, III 9.7-9).

A outra modalidade consistia em deixar no lugar o culto local – mas isso, somente sob estreita vigilância pontifical –, instituindo, ao mesmo tempo, um culto (adaptado às formas tradicionais romanas) a essa divindade também junto a Roma, sem sofrer o prestígio dos cultos das cidades subjugadas. Finalmente, essa modalidade de apropriação das divindades e dos cultos das outras cidades, antes do domínio delas, muda rapidamente (em volta de um único século) somente no III século a.C. Em 280, de fato, entra em conflito com a cidade de Taranto, único grande centro grego da Itália de então: esse conflito atrai na Itália as forças da Grécia continental (Pirro). Associam-se outros eventos bélicos como as guerras púnicas que, por sua vez, levam Roma para a Espanha e para a África que, por fim, acaba subjugando também a Grécia. Finalmente, os eventos bélicos transformam Roma em uma potência mundial e, ao mesmo tempo, o domínio sobre a Grécia reflete um domínio de retorno: verifica-se, portanto, uma necessária reestruturação da civilização arcaica romana que vai sofrer o forte influxo da refinada civilização helenística (com seu desenvolvimento histórico coerente e orgânico) em seu abrupto confronto perante o longínquo e diferente mundo cultural helenístico do Oriente mediterrâneo. Apesar do desprezo manifestado pelos *"Graeculi"*, a força e o orgulho militar dos Romanos – enraizados no *mos maiorum* – acabaram sendo vencidos, de alguma forma, pela cultura desses (*Graecia capta ferum victorem cepit...*, constatou Horácio). Trata-se de um momento histórico e cultural que representa uma profunda ruptura para a civilização romana e cujas consequências serão, de fato, profundas[77].

---

77. BRELICH, A. *Introduzione alla storia delle religioni. Op. cit.*, p. 218.

América pré-colombiana

O povoamento do continente americano teve início em época paleolítica. Para pensar na sua peculiaridade (a "invenção" da América[78]), a atenção característica própria da Modernidade foi aquela de pensá-la em direção ao mundo antigo; isto é, ao problema da Antiguidade do Novo Mundo americano. Nessa direção, desde a análise do missionário jesuíta José de Acosta[79], determinou-se a tradição – ainda em voga hoje e, até certo ponto, comprovada historicamente – segundo a qual o povoamento da América ocorreu através da língua de terra que, no lugar do atual estreito de Bering, ainda conectava a América com a Ásia. Ao longo do tempo, portanto, nesse fluxo migratório milenar, inteiros grupos humanos se deslocaram do extremo norte até o extremo sul do continente. A migração da Ásia acabou com a interrupção da comunicação terrestre, mas mesmo assim não se verificou um isolamento completo e definitivo da América em relação ao velho mundo: tanto a comparação etnológica no que diz respeito às civilizações etnológicas quanto a arqueologia em relação às civilizações complexas demonstraram a atuação de uma ampla circulação cultural, através do Pacífico, que partindo das civilizações extremo-orientais alcançaram os litorais ocidentais tropicais e subtropicais da América. Essa lenta e difundida penetração de elementos e estímulos culturais longínquos aponta, enfim, para o fato de que a formação das civilizações superiores na América não se verifica nem por obra ou influência de um determinado povo, nem com a rapidez que caracteriza esse fenômeno na Europa ou na Ásia. E além de tudo isso, obviamente, condições ambientais próprias e tradições

---

78. O'GORMAN, E. *A invenção da América – Reflexão a respeito da estrutura histórica do Novo Mundo e do sentido do seu devir*. São Paulo: Unesp, 1992 [Ed. orig.: *Invención de América*, 1958].

79. DE ACOSTA, J. *Historia natural y moral de las Indias: en que se tratan lascosas notables del cielo...* Sevilha: Casa de Ivan de Leon, 1590.

pré-históricas profundamente diferenciadas deviam exigir não fáceis adaptações desses diversos elementos[80].

Nesse quadro geral, em uma área tão ampla como aquela que vai do México ao Peru, desde a primeira metade do I milênio a.C. encontramos os primeiros e claros indícios da passagem das populações mesoamericanas para a formação de civilizações complexas: é o caso da civilização denominada de "La Venta", no México, e daquela de Chavin, na região andina. Ambas já apresentam uma arquitetura monumental, escultura em pedra e indústrias que pressupõem comunidades sedentárias e estratificadas. É dessa base que se desenvolve, sucessivamente, uma grande variedade de específicas civilizações complexas que carregam as contribuições de diferentes grupos étnicos que difícil e somente em parte podem ser identificados. Todavia e como quer que seja, mesmo através de suas notáveis diferenciações e apesar das grandes distâncias geográficas e históricas – dois milênios, até a "descoberta" e a conquista espanhola –, devemos reconhecer que tanto as civilizações complexas americanas, de um lado, quanto as culturas etnológicas do continente, por outro, conservam e se distinguem por elementos e formas de fundo que as caracterizam em termos globais e em seu conjunto. Assim, por exemplo, no contexto das civilizações complexas identificamos uma comum agricultura centrada na cultivação do milho, com uma sociedade aristocrática no interior da qual se distingue por importância a classe sacerdotal; uma civilização produtora de uma arquitetura monumental, mas limitada, quase exclusivamente, às construções sacras, com prevalência da estrutura de forma piramidal; o prevalecer e a abundância de representações mitológicas e cultuais de elementos teriomorfos, sobretudo de felinos e aves de rapina, da serpente, do colibri etc.; e ainda, a presença simbólica relevante do sacrifício humano, além de uma importante modalidade de organização do

---

80. Em sua extrema síntese, as breves notas históricas acima e parte do que segue remetem a BRELICH, A. *Introduzione alla storia delle religioni*. *Op. cit.*, p. 248-249.

controle do tempo e das consequentes formas calendariais de sua computação, assim como da importância dos jogos rituais[81] etc. Por sua vez, também as culturas etnológicas do continente americano mantêm peculiaridades próprias que a caracterizam globalmente e em seu conjunto: é o caso, entre outros, dos rituais de captura do inimigo para execução e antropofagia ritual – com seu eco e modalidades, próprias, mas funcionalmente comuns, por exemplo, na América do Norte, da função de caça/aquisição do escalpo do inimigo – e a conexão desses rituais com o sistema de casamento e a formação social da tribo[82].

A dimensão da civilização que nós ocidentais identificamos como "religiosa" e "politeísta" da América pré-colombiana é, sobretudo, um produto histórico e cultural que lá se originou, entre os séculos V e XVI, em três específicos contextos geográficos: aquele do vale central do México, na península do Yucatán e, finalmente, sobre o altiplano peruano dos Andes. Trata-se de contextos de populações sedentárias, que compartilham as características de uma economia agrícola estruturada segundo as e para comunidades socialmente organizadas que, ao que tudo indica, podem remeter ao II milênio a.C. O compartilhamento desse comum contexto indica, também, que não se tratava de universos fechados, mas que apresentaram uma certa permeabilidade em relação a algumas formas ou estruturas de trocas culturais: teria sido graças a essas, por exemplo, que as pirâmides em degraus ou os modelos referenciais das estátuas femininas teriam migrado do México para o Peru.

---

81. SABBATUCCI, D. *Il Gioco d'azzardo rituale*. Roma: Edizioni dell'Ateneo, 1965. Inclusive com a presença dos "bufões sagrados" da América: cf. MAZZOLENI, G. *I buffoni sacri d'America*. Roma: Bulzoni, 1973 [4. ed., 1990].

82. Para esse aspecto no contexto da América portuguesa, cf. FERNANDES, F. *Organização social dos Tupinambá*. São Paulo: Instituto Progresso, 1949. FERNANDES, F. *A função social da guerra na sociedade Tupinambá*, 1951 [2. ed. São Paulo: Livraria Pioneira/EdUSP, 1970; Ed. Globo, 2006]. E cf., ainda: AGNOLIN, A. *O apetite da antropologia – O sabor antropofágico do saber antropológico*: alteridade e identidade no caso Tupinambá. São Paulo: Humanitas, 2005.

Importante a ser destacado nessas notas introdutórias ao contexto mesoamericano. Algumas das analogias históricas e muitas daquelas historicamente inventadas depois da "descoberta" e da "conquista" – mas também, justamente, da "invenção"[83] – da América, permitem enquadrar o contexto pré-colombiano desse continente no interior da perspectiva das "religiões antigas" pelo fato de reconhecer nesses contextos tipologias próprias ao mundo antigo: isto é, que precediam a difusão do cristianismo (responsável pelo desaparecimento do mundo antigo) no Novo Mundo. Obviamente, por além de bastante improváveis hipóteses de processos de difusão cultural – ou do mundo mediterrâneo, ou, ainda, como foi aventado, das civilizações da Polinésia ou do Oriente Extremo –, deve-se sobretudo pressupor analogias de específicas situações sociais, econômicas e culturais que, finalmente, propuseram ou consentiram análogas respostas culturais. Uma dessas analogias, em âmbito social, decorrentes da relação entre economia e sociedade, é aquela que, no contexto americano pré-colombiano, desprende-se da especialização de trabalhos e funções que, finalmente, produz uma articulação e estratificação da sociedade segundo formas hierárquica de tipo piramidal: no vértice dessa hierarquia se encontra, enfim, uma suprema autoridade central, ao lado da qual surge uma hierarquia sacerdotal. Ao mesmo tempo, nesse contexto social, produziram-se as características que permitiram classificar essa organização social no âmbito mítico e ritual enquanto culturas "politeístas", mesmo que as figuras que as compunham enquanto tais apresentem, sobretudo, traços de antepassados míticos, como Viracocha ou o próprio Inti, ou aqueles mais próximos de heróis culturais, como Tezcatlipoca ou, sobretudo, Quetzalcoatl. Como quer que seja, todavia, estes seres aparecem unidos por ligações de parentesco e expressam suas funções nesse contexto parental, manifestando um caráter pessoal e apresentando, substancial-

---

83. O'GORMAN, E. *A invenção da América... Op. cit.*

mente, certos aspectos antropomórficos: aproximando-se, assim, ao esquema próprio do politeísmo. Este modelo cultural, enfim, veio se afirmando entre a metade do I milênio d.C. e a metade do II, constituindo-se paralelamente ao desenvolvimento de grandes estados monárquicos. É assim que encontramos justamente neste arco temporal o surgimento das cidades templárias dos Maias (podendo evocar, de fato, as construções mesopotâmicas), assim como vieram se constituindo os exércitos dos Incas e dos Astecas. Nesse contexto e nessa fase, enfim, veio se constituindo uma classe de guerreiros, sobre a qual se apoiavam a monarquia e o clero e à qual estava subordinado o estrato produtivo dos agricultores e dos artesãos[84].

Sem deixar de manter presentes os problemas das *fontes históricas e arqueológicas* que se colocam para a especificidade desse contexto[85], vamos abordar aqui o problema da *Origem e Expansão* das respectivas culturas *maia, asteca e incaica*.

---

84. DAVIES, N. *The Aztecs – A History*. Londres: Macmillan, 1973. • CONRAD, G. W.; DEMAREST, A. *Religión e império – Dinámica del expansionismo azteca e inca*. Madri: Alianza, 1988. • ZUIDEMA, R. T. *The Ceque System of Cuzco – The Social Organization of the Capital of Inca*. Leiden: Brill, 1964.

85. A esse respeito cf. BRELICH, A. *Introduzione alla storia delle religioni*. *Op. cit.*, p. 249. A reconstrução do contexto cultural e cultual pré-colombiano se fundamenta sobre materiais de diferente natureza. Obviamente, o aviamento dessa reconstrução se deve, em primeiro lugar, às narrativas dos missionários que acompanharam os conquistadores (entre os mais importantes para o México Central encontramos aquelas de Bernardino de Sahagún; para o Yucatán, Diego de Landa; para o Peru, Francisco Ávila etc.). Fontes bastante delicadas e complexas, para serem manuseadas e interpretadas, tendo em vista o esforço de sistematização realizado, em termos gerais, a partir de uma interpretação etno e cristianocêntrica. A essas primeiras fontes foram sendo acrescentadas, passo a passo, importantes manuscritos indígenas ilustrados: neste contexto, portanto, devemos destacar, por um lado, que em muitos casos se trata de escritos cujos autores são indígenas, mas (o que é preciso frisar atentamente) já instruídos pelos espanhóis; por outro lado, também existem códices maias pré-hispânicos. Nos dois casos, muitas vezes com fundamentos e pressupostos bastante diferentes, essas fontes nos transmitiram as tradições de seus povos (p. ex. o livro de Chilam Balam para os Maias do Yucatán, o Popol Vuh para os Maias do sul etc.; para o Peru, todavia, temos somente escritos de mestiços que conheciam ainda a língua indígena) ou peculiares inserções indígenas

Os Maias

Entre as três civilizações que se desenvolveram na América Central, a cultura maia é, certamente e sem dúvida, aquela que se destaca pelo alcance dos mais refinados níveis e, ao mesmo tempo, aquela que foi estudada com maior atenção. Quanto às suas origens, ainda não resulta claro se ela representa uma forma de continuação da precedente cultura olmeca, pela qual foi influenciada, ou se, diferenciando-se dessa, não seja um produto

---

no contexto de "histórias do mundo" que começam a ser produzidas na tentativa de reconciliar uma repentina multiplicidade de histórias com o sentido crescente de uma unidade do mundo que foi se impondo com a descoberta americana e o novo sentido de unidade do globo que veio se desencadeando a partir dela (em relação a esse aspecto, cf.: MARCOCCI, G. *Indios, cinesi, falsari – Le storie del mondo nel Rinascimento*. Roma-Bari: Laterza, 2016). Outras fontes importantes para a reconstrução do contexto cultural e cultual pré-colombiano são, obviamente (como para todo o mundo antigo), aquelas arqueológicas; elas são riquíssimas e particularmente preciosas para a interpretação das culturas mesoamericanas e, todavia, ao que tudo indica, representam ainda hoje somente uma parte exígua de quanto as civilizações pré-colombianas nos deixaram; sujeitas, portanto, a sempre novas descobertas. Neste caso, trata-se de complexos templares, muitas vezes grandiosos, e de representações figurativas (em esculturas, baixos-relevos, pinturas, cerâmicas e, no específico caso do Peru, também em tecidos etc.). Mas, como sempre acontece e se verifica, inclusive para todo o mundo antigo, esses monumentos arqueológicos apresentam muitas vezes consistentes dificuldades interpretativas, quando não são acompanhados por textos escritos. Com vista a esse último aspecto, outra fonte de grande relevo é aquela representada pelas inscrições; ao menos na América Central, onde suas manifestações, em termos de escrita ideográfica são, em termos gerais, de escassa extensão e só parcialmente, mas cada vez mais, decifradas, contendo muitas vezes datações bastante precisas. Discurso à parte vale para a escrita peruviana (os complicados complexos de cordas diversamente entrelaçadas e coloridas), que é ainda hoje objeto de discussões, mesmo que a própria falta de epígrafes em pedra não exclua *a priori* sua função de escrita. E ainda, em termos gerais, falando justamente em datações, precisamos destacar como a ordem cronológica da constituição e do apogeu das diferentes civilizações mesoamericanas vê destacar em primeiro lugar a civilização inca, à qual se segue aquela maia e, finalmente, aquela asteca, indubitavelmente a mais recente. Sem respeitar essa ordem, de fato, pelos objetivos e pelos limites do presente trabalho, trataremos somente, em primeiro lugar, da civilização asteca e, sucessivamente, daquela incaica. A respeito dessa breve contextualização histórica das origens, cf. BRELICH, A. *Introduzione alla storia delle religioni. Op. cit.*, p. 253; e SCARPI, P. Le religioni del mondo antico. *Op. cit.*, p. 146-147.

autônomo que proveio de uma base cultural comum mesoamericana. Classicamente reconhecida como instalada no Yucatán, além disso e antes de voltar a se concentrar na área geográfica dessa península, a civilização maia resulta ter sido distribuída e, logo, ter-se desenvolvido, também, junto aos atuais estados do México (em sua Região Sudeste), Belize e Guatemala, de onde migrou, ainda, até Honduras e El Salvador[86]. Ao que tudo indica, de resto, populações maias viviam, também, mais ao sul, na costa do Pacífico[87]: mesmo que esta sua civilização resultasse mais fortemente "mexicanizada".

Desde suas origens, ao longo de seu percurso de formação, a civilização maia conseguiu seu momento de máximo esplendor entre os séculos III e IX d.C.: no final deste último século, enfim, de repente e sem uma aparentemente razão, seus principais centros de culto resultam abandonados[88]. Por séculos, os Maias conduziram uma vida pacífica, em relativo isolamento, formando uma pluralidade de organizações políticas de ordem teocrática. E foi somente no tardio período dos séculos XIII-XV que, finalmente, reuniram-se em uma organização política única, com capital Mayapán. Sucessivas guerras civis arruinaram finalmente sua civilização. A continuidade e, por certo tempo ainda, a centralidade da civilização maia no contexto mesoamericano após o abandono e o esvaziamento de seus principais centros de culto, está a demonstrar como, todavia, as formas rituais e cultuais maias não desaparecem, mas, de fato, vieram sofrendo profundas transformações (quase um processo de simplificação e empobrecimento) em vista da realização de um necessário rearranjo cultural chamado em causa por essas transformações que, também, parecem ter-se imposto por efeito das e

---

86. MORRIS, W. F. *Presencia maya*. Ilust. de J.J. Foxx. México: Gobierno del Estado del Chiapas, 1991.
87. BOONE, E. H.; WILLEY, G. R. (orgs.). *The Southeast Classic Maya Zone*. Washington: Dumbarton Oaks, 1988.
88. SCHELE, L.; FREIDEL, D. *A Forest of Kings: The Untold Story of the Ancient Maya*. Nova York: William Morrow, 1990.

ter alguma relação com as migrações toltecas. Finalmente, essas formas culturais rearranjadas no contexto desse processo podem ser encontradas ainda hoje entre as atuais populações autóctones.

Trata-se de uma civilização que, desde suas fases mais antigas, distingue-se por conquistas culturais excepcionais. Os Maias elaboraram uma complexa escrita hieroglífica e conseguiram uma grande perfeição no cálculo aritmético, com destaque para a aplicação e o aperfeiçoamento do sistema vigesimal e a importante invenção-criação da noção-conceito do zero! Alcançaram um relevante nível artístico e, ainda, realizaram significativas conquistas no âmbito da astronomia, com a obtenção de um cálculo extraordinariamente preciso do ano solar, das fases lunares, da revolução sinódica de Vênus etc. Uma astronomia que, se nós a avaliarmos em termos de conhecimentos científicos, de fato foi o fruto das observações astronômicas dos sacerdotes (da necessidade e da função de exercer um controle do tempo) que se serviam das altas torres erigidas no interior dos grandes complexos cultuais que, por sua vez, se constituíam como verdadeiras cidades-templo. Nesses complexos culturais, junto a essas cidades templárias, surgiam, enfim, as pirâmides em degraus com o templo ao vértice (um edifício maciço erguido sobre pedestais) que eram espaços destinados ao jogo da bola. E, ainda, ao redor dessas cidades templárias se agrupavam os vilarejos. Essa estruturação do espaço, enfim, nos devolve a imagem de uma sociedade que parece repartida entre agricultores, de um lado, e aristocracia e sacerdotes de outro. Uma sociedade que depois do século IX, quando o Yucatán é invadido por tribos guerreiras de língua *nahuatl*, transforma-se profundamente, sobretudo junto às classes dominantes que vêm se constituindo com a prevalência de uma aristocracia guerreira, talvez de origem tolteca, proveniente dos vales mexicanos.

Inscrições monumentais se encontram nos vários sítios arqueológicos de Petén, a Uaxactún (o sítio que nos devolve a primeira inscrição monumental, que remonta ao princípio do IV século), mas também em outros sítios arcaicos como aqueles de Tikal e

Copán. Essas inscrições nos devolvem, sobretudo, as precisas datações calendariais e as formas e modalidades rituais da cultura maia[89]. Essas inscrições, confrontadas tanto com os códigos pré-hispânicos quanto com as notícias transmitidas pelos autores espanhóis, parecem documentar um universo cultural e cultual que não sofreu profundas mudanças no decorrer dos séculos. Compartilhando certos elementos e um certo comum horizonte com as características culturais dos povos mexicanos, em termos de pesquisa historiográfica permanece um problema aberto: aquele de conseguir definir em que medida as populações maias tenham contribuído para a formação desse substrato cultural comum às civilizações mesoamericanas[90].

Os Astecas

Os Astecas ou Méxicas chegaram no vale do México Central por volta do século XIII, última sucessão de numerosos povos indígenas que a pesquisa arqueológica e paleontológica permitiu fazer remontar até o paleolítico. Finalmente, ficou comprovado que já a partir do IV milênio a.C. o milho era cultivado no vale do Tehuacán e, ainda, que nos séculos imediatamente seguintes na região se difundiu a agricultura. No decorrer do I milênio d.C., enquanto na península do Yucatán os Maias conseguem seu máximo esplendor, o México vê emergir algumas grandes culturas, como aquela dos Zapotecas, de El Tajín, na atual Veracruz, e aquela do Teotihuacán no altiplano central: esta última, ao que tudo indica, a primeira civilização propriamente urbana da América Central, mas já no continente setentrional. Não se sabe exatamente a qual povo se deva o grandioso complexo sacral (de mais de 7km²) de Teotihuacán que, através de bem distintas fases estilísticas, alcançou seu máximo esplendor ao redor de 700 d.C.

---

89. RIVERA DORADO, M. *La religión maya*. Madri: Alianza, 1986.
90. MILLER, M.; TAUBE, K. *The Gods and Symbols of Ancient Mexico and the Maya*. Londres: Thames and Hudson, 1993.

O complexo compreende pirâmides (entre as quais a do Sol, da Lua e do Caminho dos Mortos) e palácios cuja decoração revela uma finalidade cultual, esculturas e baixos-relevos e os próprios templos que testemunham como, florescida entre o 400 e o 700 d.C., Teotihuacán se apresentasse como centro de irradiação cultural – uma espécie de cidade templar – ao redor da qual se juntavam uma série de cidades-Estado. Esta cidade, portanto, parece ser expressão de uma civilização teocrática e sacerdotal que, todavia, ainda não atribui importância à função dos guerreiros. Esta civilização parece ter elaborado um panteão que já se configurava como orgânico, funcional e pessoal, onde apareciam figuras como aquela de Quetzalcoatl, a serpente emplumada[91], e aquela de Tlaloc, ligada à chuva, e, junto a numerosas outras, aquela ligada ao milho: como veremos, figuras centrais nas sucessivas civilizações tolteca e asteca. Faltam, todavia, documentos que atestem, junto a essa civilização, a prática de sacrifícios humanos, assim como faltam documentos e achados arqueológicos que comprovem a prática do jogo ritual da bola: dois elementos culturais, esses, que, por outro lado, encontram-se em outros centros do mesmo período "clássico", como junto a Monte Albán e a El Tajín. Em sua forma típica – isto é, praticado em um campo desenhado em formato de duas T contrapostas –, o jogo remonta já à civilização de La Venta e faz parte dos complexos sacrais mexicanos e maia que, de algum modo, apresentam grandes afinidades com as práticas agonísticas do mundo grego. Apenas em termos gerais nesse quadro e apontando somente influxos indicados pelos estudiosos, podemos salientar que Monte Albán – com sua peculiaridade representada por grandiosas construções sepulcrais subterrâneas e com seus monumentos atribuídos aos Zapotecas (que ainda habitam a região) –, revela influxos maias, mas, ao que parece, tendo havido também

---

91. SÉJOURNÉ, L. *Burning Water – Thought and Religion in Ancient Mexico*. Londres: Thames and Hudson, 1956.

parte importante aqueles dos Mixtecas[92]. Por seu turno, também e sempre em termos conjeturais, El Tajín parece ter sofrido influxos dos Totonacas que, todavia, faziam fronteira com o grupo maia dos Uaxtecas e, finalmente, aqui adquirem particular importância certos aspectos sangrentos de determinadas práticas rituais que, mais tarde, se tornarão comuns, mesmo com suas específicas peculiaridades, a todas as práticas rituais mesoamericanas. Falando em complexos sacrais dessas civilizações, enfim, deve-se salientar como em todos os centros clássicos as pirâmides eram periódica e fisicamente renovadas, sendo recobertas com outra e nova alvenaria, e essa periodicidade de sua renovação física parece indicar a existência de grandes ciclos calendariais.

Um período histórico mais recente vê como protagonistas os Toltecas, dos quais é testemunha, sobretudo, o mais importante centro arqueológico de Tula. De fato, é no decorrer do século IX que se afirmou a civilização tolteca, que falava um dialeto do ramo *nahuatl*, como os sucessivos astecas, e que em meados do século fundou a própria capital, justamente Tula. A importância histórica dos Toltecas aparece da ampla gama dos influxos que exerceram e que envolveram os Maias do Yucatán: região (junto a Chichén--Itzá) na qual teria se transferido o grande rei-sacerdote de Tula que levava o nome de seu deus, Quetzalcoatl[93]. O fato é que, ao que tudo indica, por cerca de um século, os Toltecas conviveram pacificamente com os habitantes da região de Tula, talvez aceitando a hegemonia dos sacerdotes de Teotihuacán. Todavia, sucessivas e novas ondas migratórias toltecas acabaram entrando em contraste com as perspectivas pacíficas de Teotihuacán, introduzindo a ideia de uma guerra cósmica, uma religião astral, o culto da Estrela da Manhã, o sacrifício humano e o canibalismo, e, finalmente, uma

---

92. A respeito da realeza mixteca, cf. ANDERS, F.; JANSEN, M.; PÉREZ--MARTÍNEZ, G. A. *Origen e historia de los reyes mixtecos*. México: Fondo de Cultura Económica, 1992.

93. MILLER, M.; TAUBE, K. *The Gods and Symbols of Ancient Mexico and the Maya. Op. cit.*

organização social do tipo militar. Finalmente, pode-se dizer que, mais do que novidades, no contexto tolteca se pode falar de maiores especificidades e acentuações de determinados aspectos culturais, como, por exemplo, a posição de Quetzalcoatl ao qual parece ser quase contraposta de forma dual a figura de Tezcatlipoca (uma característica figura tolteca estreitamente ligada à Ursa Maior e que reaparece, enfim, ligada ao planeta Vênus); logo, vem se destacando por uma característica importância que os elementos cósmicos vêm assumindo; e, finalmente, pelo destaque que os ritos sanguinários e o sacrifício humano (na específica forma da extração do coração do corpo vivo da vítima) vêm adquirindo[94].

Enfim, é na segunda metade do século XII que também a capital tolteca caiu sob o assalto de algumas populações "bárbaras". E é neste momento que se seguiram sucessivas ondas migratórias que culminaram com a chegada dos Astecas e com eles da língua *nahuatl*. O último período histórico, portanto – isto é, aquele compreendido entre os séculos XIV e XV –, é aquele que resulta mais bem-documentado e diz respeito à hegemonia dos Astecas ou Méxicas – literalmente "povo de Mexitli"; isto é, Huitzilopochtli – que construíram sua própria capital em Tenochtitlán, a atual cidade do México[95].

Segundo sua própria tradição, os Astecas provinham da terra de Aztlan, no noroeste do México, de onde, enfim, vem o seu próprio nome. Nas crônicas locais eram conhecidos como *azteca chichimeca*, os "bárbaros de Aztlan", afins portanto aos chichimecas,

---

94. Inclusive antecipado, possivelmente e segundo alguns estudos, em suas funções e significados, também em antigo contexto maia. Cf.: NÁJERA CORONADO, M. I. *El don de la sangre en el equilibrio cósmico – El sacrificio y el autosacrificio sangriento entre los antiguos mayas*. México: Centro de Estudios Mayas/Instituto de Investigaciones Filológicas/Universidad Nacional Autónoma de México, 1987.

95. Com relação às populações Nahuas na Mesoamérica, suas origens e sua inserção no contexto e o destacar-se de suas elites dirigentes, cf. o mais amplo e específico trabalho de Eduardo Natalino DOS SANTOS: *Tempo, espaço e passado na Mesoamérica – O calendário, a cosmografia e a cosmogonia nos códices e textos nahuas*. São Paulo: Alameda, 2009, sobretudo p. 50-83.

tribo nômade e guerreira, dedicada à caça e à coleta, que para os autóctones representavam simplesmente aquilo que nós concebemos como "os bárbaros". Não antes do século XIV – isto é, logo depois da fundação de Tenochtitlan – verificou-se a sobreposição dos Astecas aos Toltecas que, todavia, não trouxe profundas modificações ao substrato cultural, que permanecia substancialmente tolteca[96]: conforme vimos mais acima, caracterizado por uma dualidade cosmológica de fundo, que encontrava uma representação mítica no conflito entre Quetzalcoatl e Tezcatlipoca. A justificativa dessa perspectiva cosmológica dual se regia em Ometeotl, o Senhor da dualidade, ser supremo celeste, dividido efetivamente em duas divindades: por um lado Ometecuhtli, o "Senhor da dualidade" de fato, e Omeciuatl, a "Senhora da dualidade". Por volta da metade do século XV, o rei de Texcoco, Nazahualcoyotl, tentou superar esta dualidade propondo uma unidade em sentido monístico, por intermédio da elaboração de uma figura divina (que, todavia, permanece desprovida de representação icônica) invisível e impalpável, denominada "Aquele por obra de quem vivemos" e "Aquele que se criou". Portanto, em proximidade da conquista espanhola, era em ato uma importante revolução cosmológica que, finalmente, não é dado saber quais êxitos teria alcançado, justamente tendo em vista que, menos de um século depois, as armadas espanholas de Ferdinando Cortez teriam destruído a potência asteca[97].

Os Incas

No que diz respeito à região andina, já no II milênio a.C. se constatou a existência de uma forma de civilização "superior" de

---

96. DAVIES, N. *The Aztecs – A History. Op. cit.* • LÓPEZ AUSTIN, A. La religione della Mesoamerica. *In:* FILORAMO, G. (org.). *Storia delle religioni.* V. 5. Roma-Bari: Laterza, 1994-1997, p. 5-75.

97. Sempre, nessa síntese contextual, cf. SCARPI, P. Le religioni del mondo antico. *Op. cit.*, p. 141-142. Também pode-se acrescentar a breve contextualização histórica proposta em BRELICH, A. *Introduzione alla storia delle religioni. Op. cit.*, p. 251-253.

tipo protourbano. Populações locais assentadas entre o altiplano, os vales e a costa praticavam uma agricultura avançada, fundada sobre um complexo sistema de terraplanagem e de irrigação. Existia, também, um complexo sistema de trocas e comunicação desenvolvido entre os vales andinos, a costa e a bacia amazônica, e esse sistema se estendia até o México. Implicando a circulação de bens e de força de trabalho, parece que esse sistema deu origem a um poder centralizado que, passando por várias fases, foi se transmitindo aos Incas. É com relação a essa genealogia que, finalmente, fala-se em *civilização pré-incaica*[98]. Essa civilização e, com ela, as populações do planalto peruano, portanto, não devem ser entendidas como um lugar isolado no contexto histórico das civilizações pré-colombianas da América: de fato, vestígios de civilizações "superiores" conectam estreitamente a América Central com a região dos Andes (através da Costa Rica, do Panamá, da Colômbia e do Equador, mas incluindo, também, além do Peru atual, a Bolívia, o Chile e o canto noroeste da Argentina atual) apresentando importantes elementos culturais comuns. No caso dessa civilização ou, talvez melhor, civilizações, a reconstrução de suas cosmologias pôde ser realizada somente através de descobertas arqueológicas: e isso porque não encontramos nesse caso os indícios de uma escrita e nem mesmo um sistema de datação que possa ser comparado, pelo menos, àquele da área mesoamericana. Finalmente, ainda, as eventuais tradições orais que possam nos oferecer alguma pista de reconstrução de aspectos cosmológicos ou rituais são condicionadas e remetem exclusivamente às crônicas e às narrativas dos conquistadores espanhóis; e, mesmo mais tarde, compilações realizadas por cronistas de origem inca permanecem limitadas ao período inca, além de condicionadas pelo preconceito etno e cristianocêntrico. Portanto, é somente com a arqueologia

---

98. KEATINGUE, R. W. (org.). *Peruvian Prehistory: An Overview of pre-Inca and Inca Society.* Cambridge: Cambridge University Press, 1988. • MORRIS, C.; VON HAGEN, A. *The Inka Empire and its Andean Origins.* Nova York: Abbeville, 1993.

que se pôde proceder para uma datação dos vários períodos (definidos, também, de "horizontes") dessas civilizações pré-incaicas, a partir das características materiais (e, quando possível, transpostas no âmbito simbólico) típicas produzidas em cada fase histórica.

Em vista disso, o primeiro período ou "horizonte" é aquele identificado com a civilização de Chavín e se estendeu entre os séculos XV e V a.C. O nome da identificação remete ao lugar arqueologicamente mais relevante que, ao que tudo indica, constituía-se, muito provavelmente, em um polo oracular. O surgimento dessa civilização em Chavín parece coincidir com a introdução do cultivo de milho que ocorreu em torno de 1000 a.C. Apresentando os elementos típicos das culturas andinas (daquele horizonte geográfico e cultural de intensa circulação que apontamos), a civilização de Chavín já apresenta uma sua arquitetura monumental (imponentes edifícios cultuais de pedra), estelas com representações e um elaborado trabalho com vasilhames: e essas representações incluem símbolos teriomórficos, como aqueles do jaguar, do puma, do condor, da serpente etc. Aparece, também, nesta fase, um sujeito iconográfico peculiar, interpretado como "Deus Felino", com longas presas e com apêndices com cabeça de serpente e com características antropozoomorfas. Mais tarde e mais ao sul, em Paracas, na região de Ica, no Peru atual, se encontra, também, um peculiar desenvolvimento dos ritos funerários: com sepulturas coletivas junto a grandes construções e mumificações.

Uma segunda fase, ou "horizonte" arqueológico, é aquela das culturas de Moche e de Nazca, fase que se estende entre os séculos IV a.C e VI d.C. Deparamo-nos aqui com a difusão da produção fabril e do trabalho com metais, com a extensão da utilização de tijolos de barro (*adobe*) e com o aperfeiçoamento dos sistemas de irrigação que incluem a realização de imponentes aquedutos. Vasilhames cerimoniais dos Mochica nos apresentam cenas rituais e, ainda, em suas ricas tumbas aparecem numerosas decorações funerárias que confirmam a prática de sacrifícios animais e humanos. Ainda e sempre nesse contexto, encontramos a representação de um ser extra-humano de traços felinos que parece representar uma continuidade daquele de Chavín.

Em período considerado "clássico" podem ser distintas uma área litorânea (setentrional e central) e uma do planalto meridional. Nos encontramos na terceira fase, compreendida entre os séculos VI e IX d.C. e cujo centro cultural mais grandioso é aquele identificado com a civilização de Tiahuanaco: cujo centro mais importante é situado ao lado do lago Titicaca. Esta civilização nos deixou numerosos restos arquitetônicos, provavelmente de um imponente complexo cultual constituído de monumentos monolíticos e de imagens cultuais colossais: dentre esses, uma pirâmide em degraus de base triangular e um par de recintos com grandes estátuas monolíticas em pedra no interior. A este período pertence, também, a famosa Porta do Sol, talvez o elemento arquitetônico de um edifício que permaneceu incompleto: e na arquitrave dessa porta é representado frontalmente um ser extra-humano, que foi identificado com Viracocha, cuja cabeça, de fato, é coroada por raios que terminam em cabeças de serpente e em cujos lados aparecem figuras aladas de perfil.

Conhecemos melhor, enfim, o período pós-clássico: visto que durou até a invasão espanhola, através da qual foram recolhidas muitas notícias. Este se estende entre os séculos XI e XV d.C. e, neste período, também, notam-se as diferenças entre as duas principais áreas que apontamos: isto malgrado um certo processo de amalgamação que se produziu em decorrência do domínio da civilização incaica (o termo *inca*, é importante destacar, era o nome do soberano) do planalto, formada por populações Aymara e Quéchua. Afirma-se sobretudo, entre outras, a civilização de Chimú, um verdadeiro e próprio reino, que tinha por capital Chanchán. Esta civilização foi identificada como reino na medida em que constituiu uma organização política centralizada em sentido próprio, acompanhada por uma arquitetura sacra monumental e caracterizada pelo poder de uma realeza que, ao que tudo indica, assumia conotações sagradas. E, em sua específica cosmologia, esta civilização atribuía à lua poderes maiores do que ao sol. Foi no final do século XV que, finalmente, a civilização de Chimú foi incorporada e transformada pela expansão dos Incas[99].

---

99. Com relação a toda essa parte, sobre os *Incas*, nos termos da proposta dessa síntese contextual, cf. SCARPI, P. Le religioni del mondo antico. *Op. cit.*, p. 149-151. Também levamos em consideração a síntese proposta em BRELICH, A. *Introduzione alla storia delle religioni. Op. cit.*, p. 255-256.

Manifestações institucionais

A Mesopotâmia das cidades templárias

Em termos gerais e conforme destacamos no começo deste livro, com os primeiros documentos escritos que a história começa a nos fornecer – com a versão mais arcaica da escrita, o proto-cuneiforme, que aparece em Uruk ao redor do fim do IV milênio a.C. – já encontramos os Sumérios assentados no território mesopotâmico. Malgrado a origem obscura que caracteriza esse *etnos*, sua civilização parece caracterizada por certa homogeneidade. Mas, apesar disso, os Sumérios não constituíram nenhum tipo de Estado unitário, aparecendo distribuídos pelo território no interior de uma comum estrutura urbana: aquela das cidades-Estado.

Já uma das maiores cidades pré-históricas, Eridu, talvez nem fosse suméria, mas para os Sumérios acabou se tornando uma das mais importantes. Conforme já detalhamos mais pontualmente acima, como quer que tenha se realizado o ingresso dos Sumérios na Mesopotâmia meridional, eles entraram em contato com as populações autóctones, provavelmente de origens semíticas, mas também com outros povos estrangeiros. E é desses encontros civilizacionais que, entre o IV e o III milênios, a civilização suméria veio se desenvolvendo e dando vida a um número crescente de cidades, como Uruk, Ur, Nippur etc., as quais no decorrer do III milênio começam a ser dominadas por dinastias[100].

---

100. SCARPI, P. Le religioni del mondo antico. *Op. cit.*, p. 16.

Mais acima, na *Introdução ao mundo antigo*, vimos e problematizamos devidamente a identificação habitual das "religiões" naquele contexto. Em vista do que lá é apontado, devemos salientar que, portanto, se com esse termo devemos entender a configuração de sistemas e o caráter institucional que servem para estabelecer valores e regras[101], e a configuração modelar e específica do sistema desse tipo que se difundiu a partir da área mesopotâmica é aquela suméria. Neste caso: "as escolhas daqueles grupos humanos demonstraram uma modalidade de coesão social e de desfrute do mundo ao seu redor que resultaram extraordinariamente adequados à sua realidade e permitiram um desenvolvimento econômico, social e cultural impensável antes, dando início a uma série de modificações macroscópicas com as quais [...] as sucessivas civilizações tiveram que se confrontar (antes de tudo aquelas mediterrâneas) e pelas quais foram influenciadas"[102]. Fato é que, depois de ter-se desenvolvido na Mesopotâmia[103], o influxo desse sistema se difundiu na costa palestina do Mediterrâneo até o norte da Anatólia hitita. Portanto, as civilizações que se sucederam no contexto mesopotâmico vieram se desenvolvendo ao redor de uma unidade desse modelo, que apresenta uma certa homogeneidade, mas, ao mesmo tempo, cada específica cultura veio reelaborando-o de forma própria e original.

Nessa direção quando falamos de civilizações urbanas da Antiguidade, em geral, assim como quando levarmos em consideração aquela específica da Mesopotâmia, o que devemos salientar, primeiramente, é que essa civilização é construída no interior da

---

101. Prospectados como não negociáveis porque fundamentados sobre uma realidade pensada e garantida como posta além da dimensão humana. E, ainda, trata-se de valores e regras que disciplinam a existência humana, as relações entre os homens, as relações entre universo humano e universo sobre-humano e, finalmente, as próprias relações no interior da sociedade e entre homem e ambiente externo.

102. D'AGOSTINO, F. *I Sumeri. Op. cit.*, p. 40.

103. Considerada e denominada, por esse motivo (sempre segundo o que apontamos acima), de "berço da civilização".

estrutura da cidade: que se torna a marca ou o signo privilegiados. Isto significa que a marca prioritária da construção dessa civilização é aquela de uma *cidade templária*: isto é, a cidade é pensada, estruturada e, finalmente, construída ao redor do templo (de seu valor simbólico, junto e além daquele administrativo), antes da sua exclusiva constituição no plano meramente urbanístico[104]. Enfim, é a própria construção (e depois a manutenção) dos templos monumentais que exige, incentiva e articula a colaboração de amplas e consistentes massas de homens e, muitas vezes, de corporações de ofício, articuladas segundo várias especializações, envolvendo ingentes recursos econômicos e, não por último, a participação administrativa do culto de vários sacerdotes (para os vários cultos) e, finalmente, de um rei no comando de todas essas pessoas e funções: rei que, veja-se bem, em origem era também o sumo sacerdote.

Verificamos assim como, no final do IV milênio, Uruk já vinha se configurando como uma cidade de amplas dimensões e dotada de numerosos complexos templários[105]. Dentre outros: "aquele de Eanna (E-an-na, Templo de An), o Templo a Pilares, no qual se conservava o arquivo que continha, provavelmente, os mais antigos textos da história humana, o Templo Vermelho, a *ziqqurat* do deus An, com no topo o Templo Branco". Estes e outros importantes testemunhos de estruturas templárias urbanas demonstram como "o tecido urbano no território da Mesopotâmia parece se desenvolver de forma interativa com a edificação de suas estruturas

---

104. LIVERANI, M. *L'origine delle città*. Roma: Riuniti, 1986. • LIVERANI, M, *Antico Oriente. storia, società, economia*. Roma-Bari: Laterza, 1988.

105. Cf. LIVERANI, M. *Uruk: la prima città*. Roma-Bari: Laterza, 1998. Neste volume o historiador apresenta o exemplo mais antigo e mais bem-documentado de centro urbano para a história do homem. Se, por um lado, o processo de formação de Uruk durou alguns séculos (o que parece indicar que se trata de tempos lentos), por outro lado, precisa se destacar que, confrontando esse processo com os milênios do desenvolvimento humano no neolítico, esta formação deve ser considerada bastante rápida. A obra se fundamenta em documentação arqueológica e escrita que fornece a hipótese reconstrutiva dos fatores econômicos e sociais que caracterizam o desenvolvimento urbano de Uruk.

templares produzindo, juntamente, àquela que foi chamada de 'revolução urbana', um modelo fortemente original que, com uma feliz, mesmo que discutível expressão sintética, foi chamado de 'cidade-templo'"[106].

Portanto, importa destacar como pelas manifestações institucionais da cidade que articulava, regia e às quais dava sentido, o templo (chamado de *é* em sumério e *bït* / *bitûm* em acádio) tornava-se seu centro de estruturação, o centro ao redor do qual gravitava toda a vida urbana. Não por acaso, torna-se significativo que, conforme a análise conduzida pelo historiador do Oriente Próximo antigo, Liverani, em relação aos complexos templários (de Uruk, no caso) acabou se adotando a expressão de "empresa templar": tendo em vista que essa empregava serviços de trabalho em forma de *corveé* solicitados às aldeias durante os períodos de semeadura e colheita em troca de rações alimentares, enquanto o templo constituía a instituição central de onde provinha a cola ideológica da sociedade. Enfim, esta estrutura social (proposta segundo o esquema templo/empresa templária/aldeia) constituía uma inovação radical no que diz respeito à relação bipolar comunidade/chefe que caracterizava as sociedades primitivas[107].

Mais acima, a propósito dos Sumérios e mais geralmente da Mesopotâmia destacávamos como se os primeiros acabaram sendo considerados os criadores da mais antiga civilização do mundo, a Mesopotâmia foi sendo identificada como "berço da civilização". No final das contas foram, justamente, o nascimento da primeira cidade e aquele da primeira organização estatal que constituíram, sucessivamente, o modelo de forte e douradora influência, tanto do ponto de vista da organização administrativa e social quanto daquele da estrutura ideológica. E isso não só no âmbito do Mediterrâneo antigo, tendo em vista como, em termos gerais, essa estruturação urbana caracterize de modo

---

106. SCARPI, P. Le religioni del mondo antico. *Op. cit.*, p. 17.
107. Esta perspectiva é tratada em LIVERANI, M. *Uruk: la prima città. Op. cit.*

profundamente análogo, também, todas as civilizações do mundo antigo: até, como veremos, aquelas junto à civilização maia na Mesoamérica (à "antiguidade" americana).

Na base dessa estruturação da "cidade templária" – que instituía, regia, articulava e dava sentido às suas características manifestações institucionais –, portanto, no interior do complexo templário que a caracterizava, o edifício mais característico da civilização mesopotâmica era representado pela *ziqqurat* (ou *ziggurat*): uma grande pirâmide (espécie de escala subindo em direção ao céu) que, simbolicamente, representava a ligação ideal entre mundo terreno e divindades celestes. E, conforme acabamos de apontar, a *ziqqurat* representava, ao mesmo tempo, o centro religioso, mas também o centro econômico da cidade: nela se encontravam os armazéns para os suprimentos de alimentos, lojas, laboratórios e numerosos outros locais, destinados aos sacerdotes e aos dignitários de corte. Dentre os exemplos dessas construções, a melhor conservada é aquela de Ur que, como um todo, devia alcançar os 25m de altura e era dedicada ao deus Nannar e à sua esposa Ningal. Constituída por três terraços conectados uns aos outros por grandes lances de escada.

Junto com essa centralidade simbólica e administrativa, ao mesmo tempo – na confluência e convivência entre as várias atividades econômicas e aquela simbólica e sacerdotal –, a cidade templária antiga, de origem mesopotâmica, apresentava, também, como já apontado, a exigência de um chefe que, junto com os vários sacerdotes oficiais das várias funções do culto, pudesse coordenar e comandar a todo esse pessoal. Muitas vezes identificado como rei e talvez, originalmente, também como sumo sacerdote, o que importa é que os horizontes dessas duas funções se cruzam e se sobrepõem na figura desse chefe. O fato é que, logo cedo, muito provavelmente ainda nos começos da história mesopotâmica, a cidade templária[108] vai se tornando um "distrito sagrado" e, finalmente, por consequência e em decorrência disso, vem se constituindo a

---

108. FALKENSTEIN, A. La cité-temple sumérienne. *Cahiers d'Histoire Mondiale*, 1, p. 784-814. Paris, 1954.

cidade profana[109]: isto é, realiza-se a distinção das funções e das competências do sumo sacerdote, preposto ao templo, em relação àquelas do rei. De qualquer modo, todavia, mesmo quando vai se firmando a nova centralidade política da cidade profana, o templo continuará a manter e ver reconhecida sua própria autonomia: isto é, a ter seus próprios territórios, seus próprios habitantes e sua própria administração. É dessa articulação que tem origem, nas cidades mesopotâmicas (e levando em consideração essa articulação é que podemos compreender), a importância que, junto a cada cidade-Estado – não faz diferença se, sucessivamente, federada ou subjugada, ou incluída em um império –, veio assumindo a "divindade políade", ou seja, a peculiar e particular divindade da cidade que caracteriza, também em termos gerais em todo o mundo antigo, sua organização política e administrativa: resultando assim importantes os papéis que os santuários irão desempenhar em sua formação e desenvolvimento e, ainda, sendo estes últimos profundamente vinculados com as motivações e os interesses para com uma determinada divindade a ser cultuada em um determinado local. Finalmente, então, nessa organização do espaço da cidade, verifica-se que cada divindade maior possuía um culto em cada cidade, mas em cada uma delas havia uma e encontrava-se enraizada em sua própria cidade – ou, também, em mais de uma – onde era considerada e cultuada enquanto divindade principal[110].

Um portal de cidade, também, podia manifestar (e pode representar, para nós hoje) a identificação de uma divindade principal com uma cidade. Assim, por exemplo, nos resta, ainda hoje[111], um importante exemplar que, ao mesmo tempo, constitui-se

---

109. Do latim *pro-fanus*: o que está (se constitui) em frente ao, perante o templo.

110. BRELICH, A. *Introduzione alla storia delle religioni*. *Op. cit.*, p. 164-165.

111. O portal é conservado e parcialmente reconstruído junto ao *Pergamonmuseum* de Berlim, com elementos dele espalhados em numerosos museus do mundo. P. ex., o museu de arqueologia de Istambul, o *Röhsska* de Göteborg, o *Louvre* de Paris e o *Metropolitan* de Nova York.

como um exemplo de conservação e de parcial reconstrução do famoso e maravilhoso "portal de Ishtar". Dedicada à deusa homônima (Ištar, em sumério), conhecida também como Inana (em acadiano), tratava-se da principal porta de entrada da cidade de Babilônia. Símbolo da força, da grandeza e da riqueza da civilização babilônica, ela se configurava, também, como um portal duplo que era organicamente ligado aos dois recintos defensivos. Este símbolo – uma estrutura de azulejos policromados, ladeada por torres quadradas, onde eram representados, em relevo, leões, touros, dragões e outros animais sagrados à deusa Ištar –, enfim, era destinado a acolher os visitadores que provinham do próximo Eufrates, antes de serem introduzidos no palácio real.

O rei e as núpcias sacras

Conforme vimos, então, o templo ou santuário representava, ao mesmo tempo, o centro da gestão da vida religiosa e econômica: a propriedade dos terrenos cultiváveis pertencia ao templo que, logo, era responsável pela organização das atividades produtivas. E tudo isso, ao que parece, era feito sob a jurisdição de um "senhor", *en*, que, muito provavelmente acumulava as funções de chefe religioso e político. No entanto, veja-se bem, *En* era também o epíteto pelo qual se designava o ser extra-humano, senhor e titular do templo. Este último aspecto é testemunhado pela conservação do prefixo em alguns característicos teônimos como En-ki ou En-lil, respectivamente o "senhor da terra" e o "senhor do céu meteórico". Essas figuras começam a aparecer ligadas à noção de deus aproximadamente ao redor do III milênio, mas na concepção própria do prefixo "en" parece prevalecer, ainda, uma visão setorial do mundo que, provavelmente, estava atrelada a e determinada pela divisão de terras. O que permitiu aos estudiosos apontar como:

> Nesta fase o ser extra-humano não transcende nem ao menos relativamente o homem, mas antes marca a distribuição territorial dos consórcios humanos que

a partir do vilarejo se organizavam nas formas das cidades. Ele é, portanto, um sinal de um evidente localismo, que parece superado na direção de um relativo transcendimento e universalismo quando, por um lado, um *lugal* [grande homem], "político", o "pastor" do qual o povo era rebanho, substitui ou talvez mais exatamente se coloca ao lado do *en* humano; e quando, por outro lado, ao ser extra-humano é associada a noção de *dingir*, "estrela". O *dingir* torna-se o determinativo da divindade, e a partir deste momento em diante acompanhará cada teônimo, enquanto o *lugal* abre caminhos para a monarquia que, sucessivamente, se apresentará com pretensões universalistas, sobretudo com Sargon I. O título de "Senhor das quatro partes do mundo" é sintomático desta orientação. O desenvolvimento da civilização neolítica e calcolítica, antes no sentido urbano e, sucessivamente, nas formas de Estado, que alcançará sua mais completa expressão com Hamurabi no II milênio, subtrai progressivamente os seres extra-humanos, transformados em divindades, a seu localismo e à sua setorialidade territorial, organizando-os em famílias cada vez mais numerosas, que se tornam uma réplica transcendente do modelo humano, reproduzindo também sua estrutura política[112].

Nos deparamos assim, por um lado, com a designação de *en* para definir um ser extra-humano e, por outro lado, com aquela de *lugal* para "rei, governante". O termo sumério deriva de *lu* (homem) e de *gal* (grande) e, no final das contas, foi um dos vários títulos sumérios atribuídos ao governante de uma cidade-Estado que, sucessivamente, tornou-se o epíteto predominante para designar o "Rei" ou, melhor, o conceito mesopotâmico de realeza[113].

Portanto, é preciso levar em consideração que o *lugal* se configura como um rei, mas, veja-se bem, na Mesopotâmia o

---

112. SCARPI, P. Le religioni del mondo antico. *Op. cit.*, p. 18.

113. GLASSNER, J. J. Les petits états Mésopotamiens à la fin du 4e et au cours du 3e millénaire. *In*: HANSEN, M. H. (org.). *A Comparative Study of Thirty City-State Cultures*. Copenhagne: The Royal Danish Academy of Sciences and Letters, 2000, p. 48.

instituto da realeza não é autônomo da esfera religiosa: fato é que, conforme já apontamos, o rei exerce controle sobre essa esfera e não raramente tenta, até mesmo, apropriar-se das prerrogativas sacerdotais. Esta associação é, ao mesmo tempo, causa e resultado do fato que à realeza era atribuída uma origem divina. Por meio desta conexão (quase uma "transcendência celeste", mas limitada à função do rei), entre realeza e esfera religiosa vem se determinando a configuração do rei (*lugal*) como o vigário e representante da divindade: conferindo, enfim, a esta última a função de legitimar o sistema (do poder).

Portanto, se como dizíamos mais acima, na concepção própria do prefixo "en" parece prevalecer, ainda, uma visão setorial do mundo – que, provavelmente, estava atrelada à e determinada pela divisão de terras –, quando se estabelece a associação entre universo divino e a figura do *lugal*, parece emergir, finalmente, a determinação de um horizonte sagrado da realeza que superava a fragmentação política das cidades: o universo divino, de fato, estabelecia-se como unitário, tendo sua sede na cidade sagrada de Nippur. Por um lado, a sacralidade legitima o poder (o instituto da realeza), por outro, a organização monárquica vem se impondo, ao mesmo tempo, ao mundo divino: isto é, às suas diferentes manifestações junto às diferentes cidades. E desse modo se prepara, se constrói e se antecipa um comum horizonte simbólico do poder, antes mesmo da unificação política do país. Mas analisando o horizonte simbólico dessa organização e manifestação institucional do poder no contexto mesopotâmico, precisamos levar em consideração, ainda, uma sua específica peculiaridade: isto é, o fato de que o rei, todavia – diferentemente do Egito, como veremos mais adiante – não é um deus! Enfim, é importante ressaltar como a representação de um instituto da realeza que tenha suas origens em um universo divino não significa necessariamente identificação entre um e outra. Esse exemplo torna-se significativo no contexto mesopotâmico, onde outro aspecto importante reforça essa peculiaridade e aponta para a específica "autonomia" (melhor, não necessária identificação) entre instituto monárquico e universo divino: trata-se do fato de que (sempre diferentemente do contexto da realeza egípcia) nesse contexto, originalmente, a realeza não se configura como hereditária.

Em vista disso e até o momento em que a realeza se torna, de fato, hereditária, a partir do início do período dinástico a solução que se encontra (aquilo que se prospecta culturalmente e que encontramos em termos documentais) para a atribuição do título de *lugal* é a sua associação e representação como marido da deusa Inanna (Ištar em semítico), a "Senhora do céu". É aqui e a esse respeito que encontramos, finalmente, o tema e a função institucional das núpcias sagradas: e se, como já destacamos, o mito serve a "fundar" o real, a determinar (não explicar) como uma realidade veio a existir assim como é, assim como o homem a conhece (determinando ao mesmo tempo que ela não pode ser diferente), neste caso o mito de Inanna serve para fundar, justamente, o instituto da realeza[114]. Ela representa a mais importante divindade feminina do Pantheon mesopotâmico, encontrando-se no centro de uma rica mitologia que a põe em relação com o pastor Dumuzi (Tammuz na tradição hebraica e aramaica). Os dois núcleos

---

114. Todavia, a este respeito vale destacar, conforme quanto evidenciado por um dos mais importantes orientalistas italianos, docente de Assiriologia e diretor das escavações de Eridu, que: "deve se manter presente, antes de tudo, que não possuímos um texto mitológico unitário e fundante que nos descreva o ponto de vista dos Sumérios no que diz respeito aos acontecimentos míticos que levaram o homem e a realidade a ser como são – e muito provavelmente um texto desse tipo nunca existiu no III milênio e na tradição dos Sumérios. Em outros termos, para o período sumério não são conhecidos textos mitológicos sobre a gênese do cosmo, das divindades e da humanidade que descrevam com clareza e em modo unívoco os procedimentos pelos quais a realidade e o homem foram criados. Logo somos obrigados a reconstruir procedimentos e finalidades desta criação por acenos em textos que muitas vezes têm uma natureza diferente daquela declaradamente 'mitológica' (pelo menos segundo nossa ótica). De fato, enquanto podemos reconstruir a razão religiosa da existência humana segundo os Sumérios, porque se trata de patrimônio cultural da tradição mesopotâmica como um todo, pelo que diz respeito ao procedimento pelo qual a humanidade veio a existir, não possuímos uma tradição narrativa unitária". D'AGOSTINO, F. *I Sumeri. Op. cit.*, p. 149-150.

principais dessa tradição mitológica são conexos com as núpcias com Dumuzi e com a descida da deusa aos Infernos. A partir de um conflito entre agricultura e pastoreio – trata-se da disputa entre o camponês Ekimdu e o pastor Dumuzi – na tradição mitológica mesopotâmica o matrimônio entre o pastor e a deusa configura e parece representar uma solução de compromisso entre o regime agrícola e aquele de criação de animais. Mas, além da fundação desse compromisso, as núpcias com Dumuzi vêm a fundar, também, o instituto da realeza. Este é, justamente, rei (*lugal*) de Badtibira ou de Uruk e filho de En-ki: logo, as núpcias revelam-se como sanção e fundamento mítico da instituição da realeza, mesmo que isso se dê, ainda, não no interior de uma perspectiva dinástica, mas de qualquer modo, isto sim, enquanto instituição determinada e legitimada pela decisão divina.

Por seu lado, em relação à descida da deusa aos Infernos, vale destacar (somente e apenas, nesse lugar) que aqui encontramos tanto o motivo da fundação da ciclicidade das estações e de sua relação com o ciclo de fertilidade da terra quanto, novamente – isto sim nos importa aqui –, no seu motivo interno ligado ao tema do deus que morre e renasce, um tema central ligado ao modelo da realeza suméria: ela também cíclica e sempre fundada na determinação das divindades. Uma sucessiva transformação, melhor, uma interrupção, uma ruptura deste último princípio (que subordina o poder real à vontade da divindade) se verifica quando a tradição mitológica nos apresenta Gilgameš que, depois de ter derrotado o monstro Ḫuwawa, rechaça as ofertas de Ištar. É a este propósito que, apesar de ser transmitida por uma redação tardia, a recusa de Gilgameš deve e pode ser posta em relação com uma outra importante transformação institucional do mundo mesopotâmico: isto é, justamente aquela da introdução de um princípio dinástico que, finalmente, retira o instituto da realeza da direta dependência dos caprichos divinos.

Conforme destacamos mais acima, não distinguindo aquilo que nós identificamos como dimensão religiosa do complexo das outras atividades humanas, as sociedades antigas eram estruturadas e organizadas, por um lado ao redor do templo próprio de cada cidade e, por outro lado, ao redor de seus mitos e de seus ritos: uns e outro, absoluta e estreitamente compenetrados e relacionados às suas instâncias institucionais e às suas atividades humanas que nesses encontravam, inclusive, sua legitimação e organização. Um exemplo significativo desse aspecto geral é representado, justa e privilegiadamente, pela associação entre o rito do matrimônio sagrado e o instituto da realeza que analisamos.

Assim, por exemplo, em Uruk, o matrimônio sagrado, ou hierogamia, celebrava ritualmente a união de uma sacerdotisa, que personificava Inanna, e o rei, ou talvez um sacerdote, que figurava como Dumuzi, companheiro da deusa. Portanto, são essas núpcias sagradas com a deusa que legitimam e definem o elenco dos reis, que se configuram como escolhidos por Inanna. Mas, conforme já indicamos, com esse "matrimônio sagrado" o rei não adquiria nenhum estatuto divino e nem a sua imortalidade. Será somente com o advento do reino de Accad – a cidade da Mesopotâmia que se torna a capital do Império acádio e a força política dominante na região pelo fim do III milênio a.C. – que, pela primeira vez, encontramos uma declarada divinação do rei: e, ao que tudo indica, talvez, este parece ser um fato que se verifica por influência do modelo egípcio. O primeiro soberano divinizado é Narãm-Sîn (2254-2218 a.C.) que, por isso, junto ao nome, leva o determinativo *dingir*: termo que na língua suméria traduz a palavra deus ou deusa. Antes disso, o título de *dingir* parece ter indicado somente alguns reis do período pré-dinástico, apenas no interior do universo mitológico: é o caso de Dumuzi ou de Gilgameš[115].

É bastante provável, enfim, que fosse no interior do rito babilônico de *akitu* – como veremos mais adiante, uma espécie

---

115. SCARPI, P. Le religioni del mondo antico. *Op. cit.*, p. 19. Com relação ao caso de Gilgameš, cf. PETTINATO, G. *La saga di Gilgamesh*. Milão: Rusconi, 1992.

de Grande Festa de Ano-novo durante a qual se recitava e o *Enūma eliš*, o "Poema da Criação" – que se realizasse essa ierogamia, o rito das núpcias sagradas: e isso procedia e era representado como uma forma de reintegração do rei no interior de suas funções, depois de um rito de purificação. Se partirmos desse rito e dessa representação em época babilônica, remontando à fase suméria pré-dinástica parece bastante provável e podemos inferir com certa segurança que esse rito, também, já tivesse oferecido uma abertura e uma possibilidade antecipada de acolher o processo de divinação do rei: que se afirmará sucessivamente. Isto porque, tendo em vista que a função do rito era aquela de verificar e renovar, periodicamente, o favor divino em relação ao exercício do poder por parte do rei, a renovação periódica e ritual do poder deste parece predispor, com o *akitu*, à função de renovação de uma legitimidade que, de qualquer modo, devia sempre e constantemente ser garantida pelas divindades.

O Pantheon mesopotâmico

Vimos até aqui com qual função e de que forma o mundo das divindades era organizado e estruturado de modo a refletir a organização das cidades. É assim que, no caso da Mesopotâmia, a elaboração cultural que havia acompanhado a criação de uma sociedade sedentária organizada e complexa, entre o V e o IV milênios a.C., dando vida à aventura tecnológica, social e intelectual da última fase do período neolítico, produziu a peculiaridade de sua concepção do mundo e da natureza. Nesse sentido, os Sumérios produziram uma específica concepção do cosmo finalizada a dar razão da função do homem no interior da criação. Interessante observar, a esse respeito, uma característica da própria língua suméria que divide os substantivos segundo duas classes lógicas: a dos animados (classe A), à qual pertencem deuses e homens, e aquela dos inanimados (classe B), no interior da qual se encontra todo o restante das realidades visíveis e invisíveis. Parece evidente que essa distinção, a um tempo gramatical e cultural, derive de uma concepção que vê a excelência do homem sobre a criação se diferenciando de tudo aquilo que o cerca por sua qualidade intrínseca. Obrigada a viver no interior de uma materialidade que aprendeu a utilizar, ordenar e descrever (essa é a aventura tecnológica), mas da qual não é proprietária, essa humanidade vê a criação com os olhos de um espectador e ela lhe aparece como constituída e agida por forças extra-humanas, visíveis e invisíveis, que não dependem dela. Trata-se, todavia, de forças que longe de serem caóticas, representam vontades inerentes à própria realidade (i. é, aquelas forças e a realidade se identificam) e respondem a um esquema tendencialmente racional e unitário. Finalmente, em relação a tudo isso, o homem olha a si mesmo enquanto o único ser da criação em condição de compreender a unidade que esta realidade (só aparentemente caótica) representa e, logo, de interpretar o cosmo como uma entidade racional. Esse é o aspecto mais importante que, ao mesmo tempo, é significativamente representado pela característica da própria língua suméria[116].

Conforme destacado desde o começo, portanto, entrevemos como no interior da e em função de uma legitimação da organização terrena desta criação brotava a produção e projeção do mundo divino: logo, este não descia do céu, mas, justamente, brotava do território, de sua organização. Nessa direção, então, precisamos reforçar como o mundo divino não constituía nenhuma transcendência – repetimos e destacamos, impossível a ser concebida no mundo antigo! –, mas, de qualquer modo, oferecia-se como instrumento e possibilidade de transcender cada uma das cidades, permitindo assim de superar a característica fragmentação das cidades-Estado. É desse modo que, por exemplo, até mesmo uma cidade como Nippur, mesmo não tendo nenhum grande peso político (ou talvez justamente por isso), pôde se tornar o

---

116. Esses aspectos são significativamente destacados pelo estudo de D'AGOS-TINO, F. *I Sumeri. Op. cit.*, sobretudo p. 141-142.

centro ideal e sede de En-lil, deus do céu meteórico, que era posto no meio do caminho entre a terra e o céu astral, filho de An (Anu em acádio), deus do céu astral. E, para além dessa função, exemplar e intermediária[117], essa caracterização da cidade de Nippur põe em evidência, também e ao mesmo tempo, a atuação de um importante trabalho sacerdotal: nesse caso, sobretudo das escolas teológicas de Nippur e da Babilônia. Manifestação evidente de como a constituição da instituição monárquica tornou necessária, paralelamente, uma organização do mundo divino que pudesse caracterizar-se, igualmente, em sentido monárquico. Tudo isso está a demonstrar como a sistematização e organização do universo dos deuses, enfim, vinha respondendo a uma exigência interna e própria das instâncias institucionais das civilizações mesopotâmicas. Nesta direção, a sistematização do Pantheon, fruto significativo do trabalho sacerdotal que a constitui, expressa-se historicamente com particular relevância durante as fases acadiana e babilônica[118]. Nesse sentido, perante a presença de numerosíssimas figuras divinas (segundo os pesquisadores da cultura assíria, o elenco dos deuses supera o número de dois mil[119]), precisamos destacar como foi justamente com a finalidade de uma sua sistematização, organização e funcionalidade que resulta significativa a organização em um panteão. Esta organização do panteão, em concomitância com a ascensão do princípio dinástico (que determinou a inserção de uma linha de descendência), enfim, foi aquela que impôs a organização das listas e dos grupos organizados, como já destacamos, por linhas de

---

117. De constituir-se como uma transcendência, toda terrena, para tornar-se referencial e, logo, permitir superar a fragmentação das cidades-Estado.

118. E, como já destacamos, decorre particularmente da elaboração teológica das escolas de Nippur e da Babilônia.

119. E assim, em uma das mais antigas dessas listas, vindo da cidade de Shuruppak, em sua forma completa devia conter cerca de 2.500 nomes divinos. Não se pode esquecer, todavia, que muito provavelmente se tratava de uma lista redigida com base em informações recolhidas em todo o país, contendo, portanto, também os nomes de muitas divindades puramente locais das numerosas cidades-Estado.

parentesco e de afinidade[120]. Além de tudo isso, portanto, o grande número dos deuses foi sendo também organizado, classificando-os segundo o sistema numérico sexagesimal mesopotâmico.

O contínuo processo de reelaboração desse trabalho de sistematização do Pantheon produzia, por consequência, também sucessivas formas de *divisão/cisão*[121], ou de *assimilação* dessas divindades: transformando alguns nomes de identificação, originalmente autônomos e pessoais, em qualidades, aspectos e epítetos de uma única figura divina. Estas operações de *cisão* e de *assimilação* em contexto politeísta se dão pelo fato deste não ser, substancialmente, submetido a e garantido por um sistema de dogmas e, logo, é sujeito a esse tipo de alterações. Mas, em contextos politeístas, assim como verificamos na própria Mesopotâmia, manifestava-se também o processo oposto: aquele através do qual uma grande figura divina *absorvia/assimilava* em si figuras originariamente independentes que, de tal modo, transformavam-se e vinham se configurando como sendo determinados aspectos (e cujos nomes se tornavam epítetos) da maior figura divina que, de algum modo, ganhava em seu grau de complexidade. Neste caso também encontramos um exemplo significativo desse processo (e do relativo trabalho de sistematização), que se verifica em grande escala, pela primeira vez, na Mesopotâmia sob a 1ª dinastia babilônica, em concomitância à tendência centralizadora do Império com capital Babel. É nesse contexto que o deus políade desta cidade, Marduk, torna-se sumo deus de todo o país: segundo um mito que surgiu à época – o "Poema da criação" ou *Enūma eliš* (literalmente: "Quando lá em cima..."), funcional à fundação da supremacia de Marduk – Anu e En-lil teriam renunciado à soberania em favor

---

120. Listas e grupos que, todavia, não resultam sempre homogêneas ou não podem ser sobrepostas: o que revela um contínuo processo de reelaboração sacerdotal desse trabalho por parte das escolas teológicas.

121. De figuras divinas desdobradas em outras "menores" ou menos complexas: o que comporta, também, a realização da autonomia e da personalização, inclusive no plano onomástico de determinados epítetos.

de Marduk. E sempre no *Enūma eliš*, enfim, encontramos que os deuses conferem 50 nomes, indicando uma extrema variedade de funções, a Marduk[122]; e, não por último, verifica-se como dentre esses nomes se encontram epítetos habituais de outras divindades e, também, verdadeiros e próprios nomes divinos (até mesmo En-lil e Ea oferecem os próprios nomes ao novo soberano dos deuses que, deste modo, anula qualquer diferenciação no interior do mundo divino). Mas, finalmente, contrariamente ao que se poderia pensar na base do *Enūma eliš*, a política religiosa da dinastia babilônica não conseguiu alterar profundamente o politeísmo mesopotâmico e, logo, para nenhuma divindade veio menos a veneração.

É por esse motivo que no contexto mesopotâmico se fala em divindades maiores ou em divindade principal. Fato é que, entre todas elas, algumas assumiam importância particular e formavam grupos distintos entre si. Esse é outro aspecto relevante da organização simbólica do mundo mesopotâmico antigo. Para tanto, nesse contexto, por além do contínuo processo de reelaboração teológica apontado pelos diferentes elencos de organização das divindades, devemos prestar atenção ao fato de nos encontrarmos perante duas formas de organização do panteão: uma que é, justamente, aquela que vinha ocorrendo através de uma sistematização teológica: que acabamos de indicar e que, por exemplo, criava uma precisa ordem hierárquica entre as divindades, inclusive através da atribuição de números sagrados a cada uma; uma outra, todavia, era representada, ainda, pela ordem, mais ou menos constante, segundo a qual as divindades eram mencionadas em invocações coletivas ou

---

122. E dentre esses se encontra a "Mesa dos catorze Marduk", na qual várias figuras divinas – como Nergal, senhor dos infernos, Šamaš (Utu, em sumério), deus ritual que possuía seus centros de culto na cidade suméria de Larsa e na cidade acádia de Sippar; En-lil, deus do céu meteórico com sede na cidade sagrada de Nippur; Ea (En-ki, em sumério), senhor da terra e divindade políade de Eridu etc. – são todas apresentadas como qualidades de Marduk, divindade emergente do panteão babilônico que, é importante destacar, era legada à família de Hammurabi.

em outros textos e, finalmente, pelas relações genealógicas que o mito atribuía a elas.

E é justamente com essa última forma de sistematização que se evidencia a característica organização dos deuses em "tríades". E no interior dessas tríades, a natureza das divindades parece se configurar enquanto exclusivamente mitológica – isto é, sem relação com o plano cultual –, pois essas divindades não parecem desfrutar de um culto comum. Mais ainda e ao mesmo tempo: não se trata nem ao menos de uma divisão de poderes, mas, sim, de funções ou, mais exatamente, de uma distribuição de atribuição de sentido às funções: uma característica, esta última, que, finalmente, é própria do mito ou, melhor, da organização mitológica da sociedade. Desse modo e no interior desse horizonte mitológico, encontramos três divindades que, no vértice do panteão, foram sendo consideradas como uma "tríade cósmica": e isso, vale repetir e destacar, mesmo que não se tratasse propriamente de "tríade" (i. é, de um grupo de três divindades veneradas em conjunto). São elas:

An ou *Anu* (acadiano *Anum*)[123] que é o deus-céu (o deus do céu astral) de onde se origina a soberania. Sua mais antiga cidade é Uruk, onde, todavia, seu recinto hospedava, também, o templo da deusa Inana (Ishtar, em acadiano). Apesar da sua altíssima posição – motivo pelo qual a ele é atribuído o número 60, o mais alto no sistema sexagesimal babilônico –, ele permanece, todavia, um deus pouco ativo, segundo a testemunha dos textos míticos: ele é, no final das contas, a suprema autoridade que vigia e sanciona a obra e o trabalho dos outros deuses. Todavia, apesar disso e como quer que seja, é importante destacar como o signo cuneiforme que designa esta divindade e que equivale a "céu" é idêntico ao determinativo *dingir* (*ilu*, em acádio, e *supra*, em védico): isto é, é o signo determinativo que designava a divindade e

---

123. Pelos motivos já apontados, quase todas as divindades mesopotâmicas têm um nome sumério e um nome semítico ou, pelo menos, como neste caso, uma forma semítica do nome sumério.

que, a partir desse momento, acompanhará cada teônimo, cada sua manifestação específica. Portanto, podemos considerar que dessa divindade se origina, ao mesmo tempo, a própria soberania, mas também, a própria caracterização geral e peculiar (o conceito e a caracterização) de "ser divino".

Diferentemente e ao contrário de *An*, quem parece deter verdadeiramente o comando ativo é *En-lil* – segundo algumas genealogias filho de *An* –, deus da cidade sagrada Nippur e, coisa importante, de cujo nome se formou e decorreu o termo acadiano que serviu para designar o conceito de "Senhor". Portanto, se *An* se encontra na origem do poder real, configurando-se como garantia da autoridade e fundador da dinastia divina, ele é, também, pai do rei, *En-lil*, em cujas mãos reside, de fato, não o princípio e a origem da realeza, mas o efetivo exercício da autoridade régia. Isto quer dizer, enfim, que *En-lil*, como senhor do céu meteórico, coloca-se no meio do caminho entre o céu astral, sede de *An*, e a terra, sede dos homens. E é por isso, enfim, que *En-lil* vem se configurando como divindade severa, que comanda e pune (pegando os transgressores em sua rede), que fixa os destinos dos mortais e, ainda, no mito, é ele que decide exterminar a humanidade com o dilúvio.

Finalmente, no contexto dessa decisão do deus severo, *En-lil* – que decide punir os homens com o dilúvio –, encontramos a figura de *En-ki* (ou *Ea*), a terceira "grande divindade" cósmica do Pantheon mesopotâmico. É ela, enfim, que frustra a decisão e a ação de *En-lil*. A sede principal do culto de *En-ki* era o antiquíssimo santuário que se encontrava na cidade de Eridu, ou seja, segundo uma antiga expressão, "sua morada se encontrava no *abzu* (*apsu*)". E, na concepção suméria, o *abzu* era o elemento caótico-aquático que antecedia, no tempo, a formação do cosmo e, no espaço, cercava o cosmo por todas as partes: portanto e em consequência disso, o dilúvio (a ameaça de *En-lil*, o "senhor" entre céu e terra que detinha o comando ativo) não representava outra coisa a não ser a irrupção desse elemento primordial no mundo ordenado. Logo, por além de sua obra, deriva daqui o dado significativo de *En-ki*:

o nome, em sumério, significava "senhor da terra" e é enquanto tal que ele é representado, também, como "senhor do *abzu*" que, finalmente, não representa outra coisa a não ser a dimensão outra do cosmo bem-ordenado, mas limitado. Portanto, *En-ki* exerce seu poder, ao mesmo tempo, sobre as águas do *abzu* e, logo, sobre o caos primordial que elas representavam. O mito da criação babilônico, o *Enūma eliš*, torna-se significativo e esclarecedor a esse respeito[124]. E é como senhor das águas-doces utilizadas nas cerimônias rituais, então, que *En-ki* era considerado o protetor dos ritos e dos sacerdotes, tendo tido, segundo outras tradições míticas, um papel decisivo na formação do universo divino e na sistematização do cosmo. Finalmente, ainda, sendo concebido como dominador do infinito incognoscível do caos, daquilo que não tinha limite, conhecendo todos seus segredos, era entendido, também, como o deus da sabedoria suprema ou da suprema magia: representado como sábio, astuto e hábil, *En-ki* se coloca ao lado e aconselha *En-lil* no exercício do poder.

Portanto, essa chamada "tríade cósmica" – *En-lil*, senhor do mundo, *En-ki*, senhor do *abzu*, da soberania e da técnica, ambos sob a soberania de *An*, que do alto do céu astral é o garante da soberania – representa, em conjunto e inseparavelmente, a inteira realidade cósmica (mítica) e as formas para controlá-la (ritualmente). E nesse esquema vemos reproduzida a estrutura que regia o mundo mesopotâmico. Aliás, a estrutura que representa a inteira realidade cósmica com e em todos seus reflexos humanos: quais sejam, da soberania, da força dominadora, da sabedoria e da magia. Como veremos logo em seguida, enfim, em época sucessiva, com a afirmação da fase babilônica, *En-lil* irá sofrendo uma mudança, uma transformação em direção ao céu astral, com *An*, e, portanto, será substituído nessa sua função pela figura de

---

124. Em conformidade com o *Enūma eliš* (I, 57-71), foi *En-ki* que, com um potente sortilégio, venceu Apsû (justamente as águas-doces subterrâneas primordiais), o monstruoso esposo de Tiãmat (as águas-salgadas, igualmente primordiais), tomando posse de seus domínios.

Marduk: com este, contudo, a realeza não virá mais se configurando como consequência de um "direito dinástico", mas como uma conquista, fruto da luta contra Tiāmat... E veremos por que e em qual direção intervirá uma tal reinterpretação dessa figura.

Para além dessa "tríade cósmica" que acabamos de analisar, há também uma outra assim chamada "tríade", geralmente definida de "astral", e que, na ordem hierárquica, a sistematização teológica coloca imediatamente após a anterior, mas cujo caráter é diferente daquela. Ela se compõe da seguinte forma: há um deus-lua, *Sin* em acadiano (preferido pelos Acadianos ao outro nome sumério *Nassar*), que tinha sua própria cidade sagrada suméria in Ur, e aquela acadiana em Harran; há o deus-sol *Shamash* (sumério *Utu*) com seu centro sagrado sumério a Larsa e aquele acadiano a Sippar; e, finalmente, há a deusa *Ishtar* (em acadiano; sumério *Innin*, ou *Ininni*, *Inanna*) representada, simbolicamente, por uma estrela e posta em relação com o planeta Vênus como estrela da manhã e do entardecer. Para além das identificações indicadas, todavia, precisamos levar em consideração como em uma religião politeísta nunca é um objeto, nem mesmo um astro, que é contemplado e cultuado, mas nele são projetados e representados profundos interesses existenciais humanos. Assim, dentre outros aspectos, no aparecer, na plenitude e na consumação da lua os mesopotâmios viam a emergência de uma nova realidade com todas suas consequências para o futuro (p. ex., *Sin* nascente "fixava os destinos") e, por seu turno, na fase da consumação, representava a perfeição da realeza e a sabedoria da velhice. *Shamash* representava a luz do sol e o dia entendido como espaço de tempo; podia ver todas as coisas e tinha o poder de distinguir o bem do mal e, por consequência, punia os culpados: portanto, o sol era considerado o olho que tudo vê, inclusive as culpas humanas, logo era interpretado como juiz da justiça e garante dos juramentos. Mais complicado é o discurso relativo a *Ininni-Ishtar*: a figura divina do panteão mesopotâmico que era definida com mais clareza, dotada de uma personalidade complexa e autônoma. Ora representada como filha de *An*, ora de *Sin*, considerada Senhora do céu, Senhora da manhã, Senhora da tarde, Senhora dos homens, Senhora da batalha. Neste caso, a ligação com o planeta Vênus, garantida pelo seu símbolo, passa completamente em segundo plano na realidade do culto e do mito: isto é, perante os dois caracteres dominantes da divindade que é, ao mesmo tempo, "dama da batalha", logo deusa-guerreira e destruidora (seu animal sagrado é o leão) e deusa do amor (dela depende o acasalamento de homens e animais, no mito; e a seus templos é ligado o serviço das "prostitutas sagradas", no culto). Pode-se dizer que ela determina e governa a existência divina nas suas manifestações e necessidades concretas e cotidianas: tendo em vista, inclusive, seus numerosos epítetos que remetem às indicações das virtudes humanas.

Por consequência, enfim, estas duas "tríades" orientam e expressam as formas do universo dentro das quais se desenvolve a existência dos povos mesopotâmicos. Por consequência, essa organização (sacerdotal e das escolas teológicas) do Pantheon nos apresenta as principais divindades que, todavia, não excluem – não podem fazê-lo, se quisermos não perder de vista o percurso histórico da formação cultural e religiosa mesopotâmica, conforme já apontamos! – outras figuras divinas ligadas às muitas cidades e aos muitos centros espalhados pelo território. Apenas breve, sintética e exemplarmente, nesse caso, destacamos Nergal, na cidade de Kuthu, Senhor dos Infernos, marido de Ereškigal, irmã de Inanna e por sua vez Senhora dos Infernos (relações que já encontramos no mito, e em seus temas, das "núpcias sagradas", a fundamento do instituto da realeza). Outros deuses para os quais podemos chamar a atenção são, ainda: Ninurta, deus artesão e guerreiro, no qual se presume a figura de Ningirsu, deus de Lagash, filho, como Ninurta, de En-lil; Nabû, o "anunciador", sediado em Nínive, considerado o compilador e escriba das "Tabuletas dos destinos" guardadas por En-lil etc., figuras que, finalmente, nos desvendam de algum modo, cada uma por si e todas em conjunto, a complexidade do percurso histórico da formação cultural e religiosa mesopotâmica, fazendo aparecer, enfim, a constituição e a funcionalidade um seu panteão orgânico, no interior do qual o controle de uma esfera ou de uma força natural acaba se constituindo como, necessariamente, sub-traído ao domínio de uma figura divina em particular e submetido à organicidade dessa organização sacerdotal. Ainda e finalmente, Ishtar é a maior deusa do panteão mesopotâmico no interior do qual a maior parte das divindades femininas figura somente como esposas de grandes deuses (Antum de Anu, Nin-lil di En-lil, Nin-ki di En-ki etc.); e, ainda, representa a deusa por excelência: tanto é verdade que o plural de seu nome vem a significar, simplesmente, "deusas". Mais uma característica da complexidade dessa figura divina: Ishtar aparece como amante, mas, ao mesmo tempo, é também causa da morte e promotora das lamentações destinadas a Dumuzi-Tammuz (Dumuzi sumério e Tammuz acadiano), o deus de cuja morte falam os mitos, os textos rituais e os ritos anuais de lamentação. E, finalmente, este deus – cujo nome sumério completo é Dumuzi-abzu, "filho verdadeiro do abzu" – comparece também nas listas dos reis de época antiquíssima e lendária, o que parece ser, quase com certeza, um fato em conexão com sua mortalidade[125].

Peculiaridade egípcia: o rei como deus

Quando falamos das origens e da expansão da Mesopotâmia, dissemos que sua estrutura econômica e os métodos de cultivação de sua civilização podem apresentar os indícios de uma sua relativa e geral difusão sobre o mundo antigo: inclusive sobre o Egito antigo.

---

125. Para todos os aspectos tratados neste item e que dizem respeito tanto à problemática do Pantheon quanto à característica organização dos deuses em "tríades", remetemos aos respectivos trabalhos (de síntese) de: SCARPI, P. Le religioni del mondo antico. *Op. cit.*, p. 23-26, na parte correspondente, justa-mente, à "tríade cósmica e tríade astral"; e de: BRELICH, A. *Introduzione alla storia delle religioni*. *Op. cit.*, p. 165-169. No que diz respeito ao "Pantheon" nossos mestres destacaram e enfatizaram aspectos distintos, privilegiando um ou outro aprofundamento a respeito. Aqui tentamos, sobretudo, reorganizá--los, para apresentar uma maior organicidade desses aspectos, levando em consideração o panorama e o problema em sua abrangência.

Todavia, devemos destacar como neste último contexto encontramos uma peculiaridade toda própria com relação ao modelo originário. A diferença fundamental entre os dois contextos, enfim, é aquela que diz respeito à organização monárquica do mundo divino. Como analisamos anteriormente, no contexto mesopotâmico esta organização tornava-se garantia para o poder exercido pelo rei nas diversas cidades, mesmo antes da unificação política do país. Mas, mesmo que a realeza encontrasse suas origens nas – e refletisse o mundo das – divindades, nas cidades-Estado da Mesopotâmia ela *não era identificada* com o mundo divino: por isso, inicialmente, a realeza não se configurava como hereditária e, sucessivamente, com a introdução do período dinástico, o *lugal* era estabelecido (apenas) como e enquanto marido da deusa Inanna. Finalmente, portanto, a esse respeito o Egito apresenta a novidade absoluta de uma inédita identificação: aquela entre o rei (o faraó) e a divindade. Neste último contexto, enfim, e como veremos, é na contraposição entre Osíris e Seth que nasce e se impõe, com a renovação da ordem cósmica, o fundamento (institucional) da sucessão dinástica[126].

Antes de enfrentar esse aspecto, todavia, devemos salientar como ao longo de toda a história egípcia permanece dominante a consciência de que o reino surgiu da unificação dos dois territórios: o Alto e o Baixo Egito. E não por acaso o país será chamado e reconhecido sempre como o "País das Duas Terras" ou "os Dois Países"; e, ainda, a demonstração disso e de forma emblemática, o rei (o faraó) carrega sempre uma dupla coroa e duas séries distintas de emblemas. Assim, frequentemente, o rei carregava o título de "Os dois potentes são coroados", ou "As Duas Senhoras estão em paz por seu intermédio" como "nome do rei do Alto e Baixo Egito". O que evocava e deixava explicitamente clara a unificação conseguida com a 1ª dinastia. E, ainda, por vezes apareciam associadas à figura do rei também as imagens de Hórus e Seth,

---

126. UPHILL, E. P. The Egyptian Sed-festival Rites. *Journal of Near Eastern Studies*, 24, p. 365-383, 1965. • VELDE, H. Te. *Seth, God of Confusion: a study of his role in Egyptian mythology and religion*. Leiden: Brill, 1967.

cujo contraste e conflito, além de legitimar a sucessão dinástica, veio determinando no nível mítico os destinos do mundo e, nesse específico caso, também o correspondente encontro entre Alto e Baixo Egito.

Nesse sentido geral, portanto, seja o fundamento institucional da sucessão dinástica, seja a unificação do território que se realiza como encontro entre Alto e Baixo Egito, encontram seu pano de fundo e sua fundação mítica na contraposição, de um lado, entre Osíris e Seth e, de outro, no conflito entre as imagens de Hórus e Seth. E a sucessão dinástica, como princípio que rege o instituto da realeza no Egito antigo, encontra seu fundamento e sua legitimação justamente no mito de Osíris. Este representa o deus defunto, morto pelo irmão Seth que, querendo usurpar (e garantir para si) seu trono, desmembra também o cadáver do irmão espalhando as diferentes partes do corpo por todo o Egito. Mas, nesta parte do mito, entra em cena a outra figura importante: aquela de Ísis, a um tempo, irmã e esposa de Osíris. É ela que recupera e recompõe o corpo do irmão-marido-rei conseguindo ter um filho dele (apesar de morto). É este filho, Hórus, que, finalmente, desafia, combate e vence Seth, obtendo assim o trono – usurpado e que lhe pertence de direito – enquanto filho de Osíris[127]. Este relato mítico apresenta algumas variantes que, no fim, não mudam substancialmente a associação das figuras míticas em relação à perspectiva geral do conto; logo, tanto o relato quanto a perspectiva aberta por ele manifestam a função e servem para fundar e legitimar no plano mítico o princípio institucional da descendência dinástica. É nesse e com esse mito, enfim, que (diríamos nós hoje, em termos institucionais) se funda o direito dinástico do Egito antigo; e a fundação mítica desse "direito" (sua legitimidade) encontra, a um tempo, seu respaldo e seu resultado mais significativos no fato da consequente identificação do rei (de todo rei) defunto en-

---

127. GRIFFITHS, G. J. *The Conflict of Horus and Seth*. Liverpool: Liverpool University Press, 1960.

quanto Osíris, reinando finalmente no Além; e, por outro lado, da identificação do rei (de todo rei) vivente enquanto (assumindo o) "nome de Hórus". Novamente, a legitimação da descendência dinástica depende, aqui, de um julgamento por parte do tribunal divino: é a este que espera se expressar a respeito da legitimidade do nascimento de Hórus atribuindo, portanto, a ele o trono que foi de Osíris. Como um filho sucede ao pai, o faraó – vivo e guia do país – é identificado com Hórus; isto é, é reconhecido como filho de Osíris[128]. Considerado necessariamente como tal – não importa que ele seja "filho póstumo" ou, melhor ainda, em termos institucionais de descendência dinástica, justamente enquanto "póstumo" – adquire sentido o reconhecimento de filiação neste nível: isto porque um rei não pode ser tal se não depois da morte de seu predecessor.

É nessa perspectiva da fundação do princípio da realeza e da legitimação de seu processo dinástico que se torna significativo como o próprio processo de unificação do reino culmina, enfim, na figura do rei único. Para tanto, precisamos prestar atenção às manifestações institucionais que nos devolvem a concepção egípcia da realeza: de fato, ela determina de forma peculiar toda a civilização e, especificamente, a religião do Egito antigo. Isto significa que, muito antes daquele que foi sendo identificado como o "absolutismo monárquico" da modernidade europeia (sobretudo ao redor do modelo constituído pela figura do rei Luís XIV), seria possível dizer que, ainda mais propriamente nesse contexto egípcio antigo, o Estado se identificava com o próprio rei, com o faraó: o Estado era o próprio rei! Enfim e para tanto, o país, em sua totalidade, era considerado propriedade particular do rei: seus habitantes (desde o camponês até os altos funcionários) estavam totalmente subordinados a ele e eram completamente a seu serviço (tanto cultivando quanto administrando sua terra); é ainda

---

128. Cf. O'CONNOR, D. *Abydos: Egypt's First Pharaohs and the Cult of Osiris*. Londres: Thames & Hudson, 2009. • GRIFFITHS, G. F. *The Origins of Osiris and His Cult*. Leiden: E.J. Brill, 1980.

o rei que coordenava e administrava o comércio com os outros países; e era ainda ele que ganhava as guerras etc. Finalmente, o rei representava a síntese simbólica da unidade do Egito. Desse modo, segundo o célebre egiptólogo Jan Assmann: "a divindade do soberano assegura a ligação entre o mundo divino e a sociedade humana" e sendo que "a ideia egípcia de culto [...] diz respeito [...] à relação dos deuses entre si [não dos homens com os deuses] [...] quem quer que seja qualificado para ativar poderes cosmogônicos deve desenvolver a função de um deus e agir como um seu representante. Este sistema de representação se baseia na convicção que o rei seja um deus incarnado e seja em condição de delegar aspectos de sua divindade a oficiantes que agem por sua conta ou em seu nome. A realeza sacra é uma ideia muito difundida, mas o conceito egípcio de faraó como deus sobre a terra e filho do mais poderoso dos deuses leva ao extremo grau a ênfase que ele põe sobre a divindade do reinante"[129].

Dizíamos então que o rei representava a síntese simbólica da unidade do Egito: e esta síntese se refletia também, enfim, em sua consorte real que, por sua vez, justamente, carregava um título como "Aquela que une os Dois Senhores", ou também, "Aquela que vê Hórus e Seth". Não se pode esquecer, enfim, que é justamente à consorte do rei que será confiada a resolução técnica e institucional

---

129. ASSMANN, J. *From Akhenaton to Moses... Op. cit.* [Ed. it. Bolonha: Il Mulino, 2018, p. 20]. E sempre nessa direção, portanto: "Isto significa que no Egito 'reinar' é inserido no interior das ações sacras. Reinar é uma outra maneira de ativar energias cosmogônicas. É a continuação da criação nas condições de existência do mundo. O aspecto mais importante da ação de governo e a função primária do soberano consistem em estabelecer e em manter contatos com o mundo divino. Na execução desta função oficial ele mesmo é um deus [...], mas ele delega esta função aos sacerdotes das várias divindades e de seus cultos locais. Conforme especificado em um texto importante [...] sua função consiste em estabelecer *ma'at* – ordem, harmonia, justiça – sobre a terra, 'julgando a humanidade e dando satisfação aos deuses'" (*Ibid.*, p. 21. E nessa direção e com essa acentuação, Assmann se opõe, finalmente, à perspectiva lançada pelo trabalho de Georges Posener, na medida em que esse último alerta contra o risco de sublinhar de modo excessivo a divindade do faraó. Cf. POSENER, G. *De la divinité du Pharaon*. Paris: Imprimerie Nationale, 1960.

da sucessão dinástica, vindo ela a assumir, finalmente, um papel determinante na transmissão do poder[130]. Portanto, quando pensamos em termos institucionais os aspectos de toda a religião e da civilização egípcia precisamos ficar atentos ao condicionamento exercido pelo conceito de uma realeza divina, de um "deus-rei" (mesmo que por vezes seja concebido apenas como o filho de Rá): que, como dizíamos, tem a propriedade do país inteiro e de seus habitantes, os quais, de fato, configuravam-se como o "rebanho de deus" e dos quais o rei era considerado o "pastor". Por mais que agisse por intermédio de seus delegados, era o rei quem trocava as dádivas ou quem sacrificava para os deuses.

Com isso, portanto, também a religião em seus aspectos públicos e institucionais se configurava como um negócio exclusivo do rei: era ele que – mesmo que teoricamente – administrava o culto. Dissemos "teoricamente" porque, na realidade e na impossibilidade de estar presente junto a cada templo do país, todo dia, praticamente ele delegava pessoas especializadas, os sacerdotes, que agiam de forma explícita em nome dele. É esta posição suprema e exclusiva que distinguia o rei de qualquer outro mortal, e se expressava, também, no caráter divino que lhe era atribuído. Mesmo que o rei dependesse em tudo e por tudo dos deuses e que, ainda, fosse exaltado como filho de um deus (principalmente do deus-sol Rá); mesmo que estivesse sido amamentado por uma deusa e que sua descendência de Rá não excluísse ainda que pudesse ser considerado também filho de outros deuses ou, às vezes, considerado como uma encarnação terrestre do deus Hórus (incarnado nos diversos reis que se sucediam ao trono), filho de Osíris, o deus morto, mesmo assim, do ponto de vista da ideologia da realeza egípcia, enfim, muitas vezes o rei egípcio era explicitamente definido como deus, resultando totalmente coerente o fato de que, enquanto única pessoa que pudesse celebrar

---

130. Conforme vimos nos mitos de Osíris, Hórus e Seth com relação ao destino do faraó.

um culto (único mediador entre mundo humano e mundo divino, como destacamos), ele mesmo adorasse sua própria imagem que era identificada como imagem divina[131].

O mecanismo institucional da sucessão egípcia

A teologia da realeza egípcia, assim como o sistema institucional da sucessão não podem ser compreendidos sem o conhecimento do mito de Osíris e de Hórus. Significativo o fato de que este último nome aparece sempre associado na frente do nome pessoal do faraó: e isso desde o período pré-dinástico (i. é, do Egito ainda não unificado). Ainda ao longo de toda a história egípcia, a complexa titulação oficial do rei compreendia, também, um "nome de Hórus" do rei. Desde as inscrições das pirâmides que remontam à época da 5ª e 6ª dinastias (2480-ca. 2190), o mito de Osíris aparece já formado: e se os textos egípcios antigos só fazem inumeráveis alusões a ele[132], ao que tudo indica, em suas líneas fundamentais não parece ter sido muito diferente de como o apresentava Plutarco em sua narração construída de forma coerente[133]: tudo isso, enquanto os antigos textos egipcianos apresentam sim inumeráveis alusões, mas sem nunca narrar o mito por extenso. As linhas fundamentais do mito assim apresentado são, enfim, aquelas que traçamos mais acima, justamente descrevendo as relações entre Osíris, Hórus, Seth e, não por último, a irmã-esposa de Osíris, Ísis:

---

131. Para a perspectiva geral e alguns dos aspectos tratados neste item, cf. sempre as sínteses propostas em: SCARPI, P. *Le religioni del mondo antico* *Op. cit.*, p. 44-46, • BRELICH, A. *Introduzione alla storia delle religioni. Op. cit.*, p. 173-176.

132. DONADONI, F. S. *La religione dell'Antico Egitto*. Roma-Bari: Laterza, 1959 [Textos recolhidos e traduzidos]. • DONADONI, F. S. *Testi religiosi egizi*. Turim: Utet, 1970. • DONADONI, F. S. La religione egiziana. *In*: FILORAMO, G. (org.). *Storia delle religioni – I: Le religioni antiche*. Roma-Bari: Laterza, 1994, p. 61-114. • LALOUETTE, C. *Textes sacrés et textes profanes de l'ancienne Égypte*: Mythes, Contes et Poésie. 2 v. Paris: Gallimard, 1984, 1987.

133. PLUTARCO. *De Iside et Osiride*. Cf. tb. *Plutarch's de Iside et Osiride*. [S.l.]: University of Wales Press, 1970.

cujo nome significa, de fato, "trono". E, como dissemos, se esta fundação mítica estabelece a legitimidade dinástica e, com ela, o destino do faraó, a partir desse momento, Hórus será o novo rei, enquanto Osíris reinará sobre os mortos. Nessa perspectiva mítica e referencial, por consequência, do ponto de vista da teologia da realeza resultava importante que todo rei morto fosse identificado com Osíris, enquanto cada novo rei sucedia ao seu predecessor, como Hórus a seu próprio pai. Fundava-se assim (mais uma vez, a força fundadora do mito) o direito dinástico egípcio, fortalecendo, juntamente, o princípio de legítima descendência dinástica.

Esse mecanismo mítico e institucional da sucessão dinástica se inscreve, portanto, naquele que é conhecido como o "ciclo osírico" que, por seu lado, representa um *corpus* mitológico em si no contexto mítico e ritual egípcio. Mas, finalmente, os cultos e os mitos que se referem a Osíris parecem ter entrado nesse contexto em um segundo momento da história do Egito: mesmo que esse momento fosse ainda anterior aos textos das pirâmides. O que não impede, todavia, de verificar como as raízes da posição de Osíris como antigo rei, fundador de instituições, sua morte por matança e despedaçamento (junto com a destacada relação entre esse deus e o trigo e, logo, com a fertilidade) sejam bastante antigas. Tudo isso parece demonstrar, enfim, como o "ciclo osírico" tenha se constituído, progressivamente, como instrumento e base privilegiada para o afinamento do mecanismo da *continuidade* da instituição monárquica; isto é, não somente a fim de expressar *simbolicamente* a unidade do país, mas a fim de promover a ascensão de um princípio dinástico que garantisse a sucessão ao trono e perpetuasse em termos rituais e institucionais (além daqueles simbólicos) a manutenção da unidade do Egito. Todavia, conforme acenamos mais acima, na primeira parte do livro, na realidade histórica a sucessão dinástica não foi, inicialmente, um fato adquirido, mas esteve frequentemente no centro de fortes conflitos. É em consequência disso que toda a história do Egito parece ter-se caracterizado por um tenso esforço teológico que se resolvia a justificar e a identificar o caráter divino do soberano[134]. Nesse sentido, como monarca absoluto, o rei (vivo) assumia e conservava sim o "nome de Hórus" (como já destacamos), mas outro dado institucional importante é representado pelo mecanismo da sucessão que era garantido pela rainha de primeiro grau que, às vezes, era chamada, também, de "a Mãe dos Filhos do Rei": e, finalmente, o exercício de seu "poder absoluto" era exercido com o assessoramento do "Chefe dos Segredos dos Decretos", uma espécie de secretário-geral, como diríamos hoje. Finalmente, o rei exercia sua autoridade também sobre os sacerdotes que, de algum modo, representavam os operadores técnicos do culto, os instrumentos operativos do soberano: de um soberano que, todavia, não deixava de representar – teórica e simbolicamente, sim, mas em uma produção ritual que de fato o identificava como deus e o tornava – o único mediador entre mundo humano e extra-humano.

Permanece difícil estabelecer se a associação das noções de realeza e divindade que se verifica no contexto do Egito antigo seja fruto de um percurso próprio e original desse contexto ou não reenvie à continuidade e ao amadurecimento de um percurso mais geral que caracteriza as dinâmicas culturais do Mediterrâneo antigo. Se, em termos gerais, a vizinha Mesopotâmia representou um anterior contexto histórico e uma área da qual o Egito importou numerosos produtos da cultura material, o que verificamos, antes, em relação a esse contexto mesopotâmico, pode permitir pensar que de lá tenha tido início, de algum modo, esse percurso que amadureceu em direção à divinização do rei egípcio. Por outro lado, a provável ligação da realeza com a figura de Hórus já no contexto do pré-dinástico egípcio, assim como a presença (representação) de um rei escorpião, faz pensar, aqui, à especificidade de um mais complexo processo histórico-religioso que identifica a realeza com figuras extra-humanas já em período pré-dinástico.

---

134. Seja que assumisse o "nome de filho de Rá" (não antes da 4ª dinastia) ou que fosse identificado como Hórus.

Portanto, ao estado atual dos estudos, parece configurar-se uma especificidade toda egípcia da associação (peculiar, estreita e única) entre o soberano e a divindade[135] e, quando muito, a herança mesopotâmica sobre o Egito parece limitar-se à característica noção de "divindade": que, finalmente, deve ter contribuído para produzir no contexto egípcio a associação entre seres extra-humanos locais e uma sua conceituação nos novos termos de uma *transcendência*, essa sim, muito provavelmente, produção do mais geral horizonte cultural mesopotâmico.

O Pantheon grego: da poética homérica à instituição da *polis*

O contexto da Grécia antiga mostra como o mito, mesmo em contexto politeísta solidamente constituído, pode persistir e ser plenamente ressignificado[136]. Isto significa que ele vem assumindo funções parcialmente novas: agora "fundando" as figuras extra-humanas, aprofundando de forma inédita a complexidade de seus caracteres, sua diversidade e as relações recíprocas que as distinguem e que, ao mesmo tempo, ajudam a constituir sua própria complexidade e a peculiaridade de seus caracteres. Dizíamos acima que a religião grega nasce ligada, de maneira indissolúvel, ao território e à própria civilização articulando um panteão comum através de suas muitas cidades, cada uma das quais se caracterizava por seu próprio sistema de cultos e um próprio calendário. E, como já vimos, ainda, o passado micênico representa, também, a base sobre a qual os Gregos construíram seu universo mitológico para fundar seu próprio presente. Portanto, herdado da anterior civilização micênica, o Pantheon grego se caracteriza por um politeísmo funcional que, fundado sobre um esquema geracional (modelado sobre a existência humana), resulta, ao mesmo tempo, orgânico e

---

135. Assim acontece, p. ex., com os estudos de Jan ASSMANN, dentre os quais o já citado *From Akhenaton to Moses...*

136. Dentre outros trabalhos que indicaremos a seguir, cf. DETIENNE, M. *L'Invention de la Mythologie*. Paris: Gallimard, 1982.

pessoal e identificável, na documentação mais antiga, a partir da *Ilíada* e da *Odisseia* de Homero e da *Teogonia* de Hesíodo.

Mas além da presença dos deuses, o contexto mitológico grego nos apresenta, também, a copresença de heróis: isto é, de personagens que eram concebidos como tendo vivido e morrido sobre a terra e aos quais eram atribuídas importantes e grandiosas gestas e ações. Os heróis gozavam de um estatuto próprio no contexto do politeísmo grego, situando-se em um espaço intermediário entre os homens e os deuses – com os quais estavam em constante comunicação –, manifestando uma diferença com relação aos próprios deuses, marcada e evidente para a própria consciência grega e, finalmente, manifesta pelas distinções que se encontram, também, no âmbito do culto. Assim, por exemplo, diferentes eram as partes do dia em que se sacrificava para uns e outros, as características e as qualidades das vítimas sacrificiais, a forma e a consumação do sacrifício etc. Mas outra característica importante que diz respeito à especificidade dos heróis é que neles se encontram as conotações dos heróis culturais; isto é, dos protagonistas dos mitos aos quais, com frequência, é atribuído o trabalho de fundação de instituições e de formas da vida material e cultural[137]. Pela massa de narrativas míticas que diz respeito a essas figuras, como quer que seja, torna-se bastante difícil realizar qualquer reconstrução do horizonte heroico. Por um lado, nos mitos que os envolvem encontramos a confluência de temas característicos dos seres extra-humanos puramente míticos; por outro lado, um dos primeiros aspectos (talvez herdado por e transmitido pela cultura grega pré-histórica) de grande parte dos heróis gregos é aquele que os apresenta sob o aspecto de grandes guerreiros de uma época passada (p. ex., lutadores das guerras de Troia e de Tebas). Algumas caracterizações que encontramos na literatura grega não resolvem o problema, mas ajudam a fixar alguns caracteres clássicos. Assim, por exemplo,

---

137. BRELICH, A. *Gli eroi greci: un problema storico-religioso*. Roma: Edizioni dell'Ateneo, 1958.

verificamos como, segundo Hesíodo (In: *As obras e os dias*, 156-160), os heróis eram considerados semideuses, sucedidos entre três estirpes (correspondentes a três idades), do ouro, da prata e do bronze, e precederam a aparição do homem sobre a terra, sem que tivessem qualquer relação de parentesco com esse homem. Em Píndaro (*Olimpica*, I 1-2) os heróis aparecem, simplesmente, em sua colocação intermediária, entre os deuses e os homens. Por sua vez, Platão (no *Crátilo*, 397 C-399c) os situava depois dos deuses e dos demônios e imediatamente antes dos homens[138].

Já sob a influência da formação do politeísmo, parece que esses personagens com os caracteres próprios dos heróis culturais – personagens originariamente somente míticos – tenham sido considerados como ativos e poderosos, inclusive após a morte, encontrando consideração e espaço para receber um culto e podendo, assim, serem assimilados, ainda que parcialmente, à figura dos antepassados: mesmo que, todavia, permaneçam distintos por sua personalidade individual e por sua posição no mito. Não por acaso, a diferença importante dos heróis, com relação aos deuses (imortais e sem velhice), era aquela que os caracterizava como destinados a morrer e, portanto, frequentemente, assumindo justamente a função de antepassados míticos. Desse modo, tornavam-se fundadores de numerosas famílias nobres da idade arcaica: famílias que, nessa idade, conservavam funções religiosas justamente em virtude do ato de fundação do herói do qual descendiam.

Nesse sentido, segundo Dario Sabbatucci, tendo em vista que na cultura grega não aparece a definição do homem metafísico ou do homem meta-histórico – e isto porque falta na Grécia antiga um mito pan-helênico que trate da antropogonia –, é no lugar desse último que se encontra uma variedade de mitos que dizem respeito à origem das diferentes etnias ou dos epônimos (com seus diferentes pontos de referência geográfica que orientavam a Grécia em termos espaciais). E são esses mitos que têm

---

138. SCARPI, P. Le religioni del mondo antico. *Op. cit.*, p. 71.

por protagonistas heróis epônimos, fundadores, progenitores (de estirpes). Isto quer dizer que:

> Da "geração" histórica nascem simplesmente filhos [...], enquanto da "geração" mítica nascem povos, estirpes, famílias etc.; ou seja, os elementos de individuação do homem histórico.
>
> Com o objetivo da individuação do homem histórico, ainda, aquelas "gerações" míticas forneciam também a posição social privilegiada no interior de um determinado grupo, assim como todo o grupo privilegiava a si próprio, no exterior, ou seja, em relação a outros grupos, ostentando a própria "genealogia".

Isto quer dizer que a genealogia servia sobretudo para reivindicar direitos de sangue, em sistemas sociopolíticos gentilícios: isto é, em sistemas junto aos quais a fonte do poder era o *genos*. Nesse sentido, portanto:

> o *genos* constituía a solução ao problema da continuidade do poder perante à descontinuidade dos indivíduos que o exerciam historicamente; que era, também, o problema da "imperecibilidade" do poder perante à "perecibilidade" dos dinastas.
>
> Ora, sendo o *genos* o único fator de continuidade e de imperecibilidade no que diz respeito ao exercício do poder, não admira que ele tivesse sido subtraído ao porvir histórico, tivesse sido des-historificado e levado para o nível do mito; de qual coisa ocorre que é possível falar de uma valência mítica de geração[139].

É nessa perspectiva generativa (onde a "geração" é culturalmente escolhida no lugar da "criação") da idade arcaica grega que o mito vem a responder à sua função: nas origens do mundo encontramos, justamente, uma Gaia "geradora" (a Terra-mãe em

---

139. SABBATUCCI, D. *Il Mito, il Rito e la Storia... Op. cit*. As partes citadas se encontram às p. 66-67, mas a perspectiva geral dessa parte da análise deve ser confrontada com todo o cap. III da obra ("Il *genos*: da soluzione a problema"), p. 63-87.

sentido mítico) que produziu a natureza da mesma forma segundo a qual os antepassados produziram os homens, ou os genitores históricos produzem seus filhos. E é desse modo, também, que a figura dos heróis deve ser vista como produtora (eles se tornavam fundadores) de numerosas famílias nobres da idade arcaica. E, também nesse caso, é sempre o mito que delineia para cada herói sua personalidade, distinta e característica: eles resultam claramente distintos entre si, mas também e sobretudo distintos dos deuses. Mesmo que pudessem ter funções análogas a estes – como, por exemplo, aquela de fundar uma instituição ou algumas formas da vida material ou cultural, de fornecer um oráculo, cumprir guarda, fundar um culto ou um costume ritual –, a diferença dos heróis se dá por sua específica relação com a morte. É por isso que o culto que se atribui a eles é um culto de tipo funerário: isto é, celebrado sobre o túmulo que continha o corpo deles. E se, às vezes, pode ser reconhecida uma certa permuta de funções entre deuses e heróis (principalmente em casos de cultos locais), muito raramente um herói é transformado em deus. Uma exceção é representada pela figura de Hércules – aliás, modelo por excelência da figura do herói – que, uma vez concluída sua existência terrena, sobe ao Olimpo onde é transformado em divindade e saudado por Píndaro (*Nemea* III 22) como "herói-deus". Para todos os outros heróis, o destino e o privilégio consistiam em e se limitavam ao fato de serem transportados às Ilhas dos Beatos, onde conduziriam uma vida nova em uma espécie de lugar paradisíaco (Hesíodo. *As obras e os dias*, 166-173).

Mais acima destacamos como o panteão grego foi herdado da anterior civilização micênica, caracterizando-se por um politeísmo funcional fundado sobre um esquema geracional. É dentro dessa herança, enfim, que devemos entender o espaço mítico das empreitadas heroicas: estas últimas nos revelam, frequentemente, o horizonte da Grécia arcaica mais próxima à civilização micênica. A esse respeito, os próprios Gregos colocavam a idade heroica entre os séculos XVI e XIII a.C.; isto é, quando os micênicos se encontravam no auge de sua civilização. E, de resto, a arqueologia tem demonstrado como as tumbas de idade micênica se tornaram lugares para a realização de cultos heroicos por volta do século VIII. Fato é que, para os Gregos, aquele longínquo passado, aquele "tempo dos heróis" – durante o qual a sua vida, na atualidade da Grécia clássica, havia recebido seu fundamento, sua organização e sua estabilidade – representava um passado mítico: isto é, anterior e posto a fundamento de seu tempo presente. Portanto, as empreitadas heroicas (que, aliás, são divididas em ciclos narrativos: dos argonautas, dos tebanos, dos troianos) distinguem os próprios heróis segundo duas gerações: aquela dos "homens-heróis" (como Teseu, Jasão e Hércules, por um lado, e dos heróis do ciclo troiano, por outro) que, segundo Homero (*Odisseia*, XI, 628-631) se extinguiram no tempo passado; e outra geração de heróis, denominada de uma "primeira geração", que vem se configurando, geralmente, como de jovens em busca de uma função e de uma esposa. Desse modo, esta última geração vem representando, simbolicamente, os ritos de passagem dos jovens machos para a idade adulta, realizados no plano ritual, também nas lutas ($\alpha\gamma\omega\nu$ – $\alpha\gamma\dot{\omega}\nu\epsilon\varsigma$): uma agonística grega na qual encontramos, justamente, os traços mais evidentes dessa primeira geração heroica e os ritos iniciáticos a ela conexos. E aqui encontramos novamente a peculiar ligação com a morte que (diferentemente dos deuses) caracteriza os heróis e seu culto de tipo funerário. Nos ritos de passagem dos jovens para a idade adulta – isto é, lá onde adquire um papel decisivo a morte simbólica do iniciado – reencontramos, enfim, a conexão entre o herói, a morte e a agonística[140].

Mas, segundo os termos próprios das manifestações institucionais do mundo grego, representando um passado mítico (mesmo que a fundamento de seu presente) fortemente distinto da Grécia clássica e entendendo-os como antepassados míticos e fundadores

---

140. SCARPI, P. Le religioni del mondo antico. *Op. cit.*, p. 72.

de numerosas famílias aristocráticas da idade arcaica (famílias que, como dizíamos, naquela idade conservavam funções religiosas em virtude do ato de fundação do herói do qual descendiam), os heróis e seu tempo ("tempo dos heróis"), distinto do presente, representavam também uma distinção e uma contraposição em relação ao rearranjo democrático assumido pelas cidades gregas: e isso em um processo de absorção das antigas funções heroicas no interior da nova estrutura democrática da cidade (não por acaso, nesse contexto, a tumba do herói é colocada no centro da estrutura urbana, perto da *ágora*, esperando sempre por sua proteção)[141].

Na mitologia grega encontramos todos os principais tipos de mitos: cosmogônicos, antropogônicos, das origens de estirpes, lugares, instituições etc. Todavia, em muitos casos a originária função de "fundação" do mito ou não aparece ou permanece somente no pano de fundo, enquanto aparecem uma série de episódios que servem para plasmar as figuras divinas[142]. Nesse sentido e desse modo, os nomes herdados da anterior época micênica já a partir dos poemas homéricos resultam correspondendo a figuras bem-determinadas em seus aspectos antropomórficos e diferenciados, caracterizando-se perfeitamente através dos episódios míticos enquanto figuras pessoais que absorvem precisas funções e ocupam esferas de ação bem circunscritas e determinadas. Portanto, com relação às figuras divinas do Oriente Próximo – que resultam caracterizadas de modo esquemático e com certa rigidez hierática (através do culto quotidiano no qual elas – ou seja, suas estátuas – são vestidas, ornadas e alimentadas) –, as divindades gregas resultam muito mais claramente definidas, destacando-se e aparecendo, através dos numerosos episódios dos mitos, em sua ação e sendo dotadas de caracteres complexos e nuançados

---

141. Todavia, histórias de heróis como Teseu ou Hércules ou Édipo mostram como essas figuras dificilmente seriam reduzidas à igualdade democrática das cidades, mesmo que, contudo, permaneçam funcionais a elas.

142. KERÉNYI, K. *Die Mythologie der Griechen*. Zurique: Rhein, 1951 [Trad. it.: *Gli Dei e gli Eroi della Grecia*. 2 v. Milão: il Saggiatore, 1963].

como aqueles de uma pessoa humana. Nesse sentido, seria possível dizer que, no contexto grego, o antropomorfismo das divindades é levado ao máximo grau[143].

A função cosmológica do mundo – isto é, que contribui a dar forma ao universo e a estruturá-lo – no contexto grego, já é delineada na *Ilíada* (XV, 189-193), onde, em termos gerais, o cosmo aparece repartido entre Zeus, que domina o céu, Hades, que domina os Infernos, e Poseidon, dominando o mar. A partir dessa cosmologia se desprende um núcleo constante do panteão grego, mais frequentemente composto por: Zeus, Hera, Poseidon, Ártemis, Apolo, Atenas e Hermes, aos quais se unem, com ênfase diferente para cada cidade, Deméter, Ares, Afrodite, Hefesto e Héstia. E, então, segundo a narrativa mitológica proposta por Hesíodo, já se destaca a característica de um mundo divino produzido por via geracional e modelado na base da existência humana: isto é, com as peculiares características do mundo grego que já apontamos mais acima. De fato, segundo o conto mitológico de Hesíodo, essas divindades, por um lado são caracterizadas enquanto nascem de outras figuras divinas (por geração), e por outro não gozam da eternidade (logo da imortalidade).

Assim vem se configurando, em termos gerais e sintéticos, a cosmologia do mundo grego, ao mesmo tempo em que se define a genealogia e, com essa, as funções e a caracterização das divindades dando vida à estrutura do panteão grego. Nos termos oferecidos por Paolo Scarpi:

> A narrativa teogônica coloca no início Gaia, a terra, Chaos, o vazio não melhor definível, Eros, que é o próprio princípio gerativo, e Tártaro, que é propriamente um lugar, destinado a ser o ponto mais profundo dos Infernos, onde se colhem as sombras e sucessivamente as almas de quantos se macularam com assombrosos delitos. Gaia produz o universo

---

143. Com relação a esses aspectos, cf. BRELICH, A. *Introduzione alla storia delle religioni. Op. cit.*, p. 208-209.

todo, os mares, os montes, os rios e depois, unindo-se a Urano, o céu, um dos filhos por ela gerado, dá vida à primeira geração divina, constituída pelos Titãs. O mais jovem deles, Cronos, castra o pai Urano e assume o poder. Unindo-se então com a irmã Rea, faz nascer os deuses da segunda geração, Héstia, Deméter, Hera, Hades, Poseidon e Zeus. No temor de perder o poder, Cronos engole um a um de seus filhos, com exceção de Zeus, mantido a salvo por Rea. Este último consegue ao fim tirar o trono do pai depois de um longo conflito e dá início à organização definitiva do cosmo, atuada por intermédio de uma série de relações das quais nascem outras figuras divinas que prolongam a ação de Zeus sobre o mundo. São esses os deuses da terceira geração, como Ártemis e Apolo, filhos de Zeus e de Latona, uma divindade titânica da primeira geração[144].

Como se pode constatar, é evidente que este modelo geracional se acompanha a um esquema de tipo dinástico. Como já vimos, além de remeter à típica estrutura das famílias da nobreza de época arcaica, que era fundada sobre a descendência dinástica, esse esquema remete, também e provavelmente, aos anteriores modelos micênicos. Em termos gerais, enfim, esse modelo geracional ressente dos influxos provenientes da área vizinho-oriental. Mas, no contexto grego, esse esquema acabará se contrapondo à organização democrática que as cidades, particularmente Atenas, irão assumir a partir do final do VI século a.C. e, sobretudo, no decorrer do V.

De qualquer modo, todavia, na mitologia grega não encontramos algum tipo de antropogonia: apenas em algumas tradições locais aparece Zeus que – além de configurar-se como guardião da ordem e da justiça – é apontado como "pai dos deuses e dos homens". Conservando o antigo papel urânico de um poder exercido sobre fulgores ou sobre o tempo meteórico, ele controla,

---

144. SCARPI, P. Le religioni del mondo antico. *Op. cit.*, p. 69.

enfim, o espaço no interior do qual os outros deuses atuavam nos limites das suas próprias esferas de competência, ao mesmo tempo que em suas específicas relações e relativamente às diversas fases da vida social dos diferentes sexos. É o caso da irmã e esposa de Zeus, Hera, que traduzindo o papel da esposa, tem a seu lado Deméter, incarnando o papel de mãe e, ao mesmo tempo, da deusa que ensina aos homens o uso dos cereais. Já caracterizada na *Ilíada* como deusa do amor e da sedução erótica, Ártemis não pode ser separada das primeiras duas, representando, enquanto virgem por excelência, o espaço feminino da sexualidade e tornando-se destinatária das ofertas das jovens moças saindo da adolescência ou das jovens esposas antes de ingressar na casa do marido. Finalmente, uma vez entradas nesse último estágio, as jovens esposas encontram Atenas como guardiã das atividades típicas do mundo feminino doméstico (como a produção de tecidos e de pão). No contexto do mundo masculino, por sua vez, Apolo ocupa o espaço dos jovens no limiar da idade adulta e que se encaminham na inserção da sociedade; de algum modo, representa a divindade à qual se recorre em momentos de crises (tanto individuais quanto coletivas)[145], e por isso é uma divindade guardiã da poesia e da divinação: isto é, dos dois polos fundamentais para a civilização grega, na medida em que a primeira transmite o patrimônio mitológico e a segunda serve de guia para realizar as escolhas a serem tomadas. Nessa direção, também, o deus é ligado à arte da cura (iátrica), sendo responsável por combater a doença (fruto de transgressão) e de integrar o homem na ordem (cósmica). Mas, dependendo da pluralidade dos contextos das diferentes cidades gregas, essa função da adivinhação (mântica) e da cura (iátrica) de Apolo

---

145. Em relação ao conceito de "crise" no interior da cultura grega e das diferentes soluções mitológicas (entendendo a mitologia como *sistema*) cf., entre outros, o trabalho relativo aos mitos da presença de Dionísio entre os homens (como "estrangeiro" ou como hóspede): MASSENZIO, M. *Cultura e crisi permanente: la "xenia" dionisiaca*. Roma: Edizioni dell'Ateneo, 1970.

é compartilhada, também, por outras divindades. Assim, por exemplo, ao lado do famoso oráculo de Apolo em Delfos, encontramos aquele de Zeus em Dodona, ou de Deméter em Patre, em Acaia, que revelam algumas características iátricas. Mas, por além dessas relações definidas pela mitologia grega, na especificidade das funções de cada divindade, encontramos finalmente duas figuras divinas que operam com exclusividade em setores não consentidos a outros deuses; são essas: Hermes, filho de Zeus e da ninfa Maia, e Dionísio, também filho de Zeus e da mortal Sêmele. Hermes é, por excelência, o deus da transgressão, da quebra dos tabus: não por acaso é ele que assume, inclusive, a função de mensageiro dos deuses, em contínuo movimento entre o céu, a terra e os Infernos. Por seu lado, igualmente ligado à transgressão, Dionísio ("estrangeiro") é o deus da transformação, da qual dependem, inclusive, as trocas sociais e culturais. Essas características o tornavam objeto de um culto estático e, ainda, faziam com que encarnasse a máscara adotada pelos autores nas representações teatrais que eram parte do complexo festivo a ele dedicado[146].

Mas, como dissemos acima, este esquema geracional dos deuses que se desprende da mitologia grega arcaica e que ressentia dos influxos provenientes da área vizinho-oriental, não só irá se contrapondo à organização democrática que as cidades assumirão entre os séculos VI e V a.C., mas, de qualquer modo, com a afirmação dessas cidades, também os deuses entram no espaço urbano, hospedados nos templos. Desse modo, tornam-se cocidadãos dos próprios homens, compartilhando o destino deles e, com eles, concorrendo a manter os equilíbrios da própria cidade[147].

---

146. MASSENZIO, M. *Dionisio e il teatro di Atene: interpretazioni e prospettive critiche*. Roma: NIS, 1995.

147. BRELICH, A. *I Greci e gli Dèi*. Nápoles: Liguori, 1985.

Cidades-Estado da Grécia antiga: pluralidade e unidade da organização politeísta e institucional

Como destacamos até aqui, a partir de uma primeira definição cosmológica, o mundo grego nos apresenta um núcleo constante de seu panteão. Mas, a esse respeito, devemos enfatizar, ainda, como cada cidade integra a e se integra na construção desse panteão comum acrescentando uma especificidade de divindades e uma sua ênfase diferenciada com relação a elas. Com vista a essa característica, portanto, deveríamos salientar como, rigorosamente falando, não poderíamos falar de uma *religião grega*. Tão caracteristicamente própria do mundo antigo, a centralidade institucional da cidade-Estado apresenta, também no contexto do mundo grego, uma diferenciação e uma especificidade da preferência data a determinadas divindades (ou a alguns de seus específicos aspectos) no interior do panteão, ou, ainda, das características do culto de divindades ou heróis exclusivamente locais e, finalmente e em termos gerais, no destaque dado à organização institucional – de cultos, ordenamentos festivos, sacerdócios etc. – e, até mesmo, nas próprias tradições míticas. O que quer dizer, enfim, que cultos, mitos, ênfases em determinadas figuras extra-humanas, com suas específicas funções, diferenciavam-se profundamente em cada cidade-Estado com relação àqueles de qualquer outra. O que, ainda e *a priori*, permitiria reconhecer que, rigorosamente, na Grécia antiga havia tantas "religiões" quantas eram as cidades-Estado.

Todavia, apesar dessa importante diferenciação, em um sentido um pouco menos rigoroso – mas também tendo em vista, entre outros aspectos, o fato de que, segundo a própria narrativa mitológica proposta por Hesíodo, como já dissemos, no contexto grego emerge a característica comum de um mundo divino produzido por via geracional e modelado na base da existência humana –, devemos reconhecer uma unidade do horizonte cultural e religioso desse mundo. Isto quer dizer que, mesmo que seja diferente o ordenamento festivo de cada cidade-Estado (inclusive na particularidade da celebração de seus rituais) ou que se destaque a especificidade de mitos ou tradições mitológicas locais, tanto as festas, os cultos e rituais ou, ainda, os mitos locais são sempre inseridos em um mais amplo reconhecimento ou em uma mitologia, de modo que, em grande parte, resultam válidos por cada cidade. E além desse pano de fundo comum – por cima do qual se afirma a originalidade de cada única peculiaridade local –, encontramos também outros fatores que, em determinadas épocas históricas, manifestam uma clara tendência à unificação.

Alguns são fatores gerais que, enquanto tais, nunca permanecem ligados à peculiaridade de qualquer cidade. Um exemplo disso é representado pela poesia e pela arte e pode ser constatado, no seu mais alto grau, na obra de Homero (menos o improvável indivíduo e mais a tradição que esse nome representa): trata-se, nesse caso, de uma tradição que representa todo o mundo grego, assim como representa todo qualquer outro grande poeta e artista: em suas obras, as figuras divinas e a inteira concepção politeísta do mundo adquirem altíssimo valor e significação, esplendor e grandiosidade que acabam se impondo, inclusive, bem além dos limites geográficos e estatais, a todas as consciências das massas helênicas.

Mas por além de fatores mais gerais, a estreita integração dos numerosos e pequenos estados permitia que acontecesse que determinados cultos locais se tornassem particularmente célebres bem além das fronteiras da cidade-Estado à qual pertenciam. O exemplo cronologicamente mais antigo é representado por uma localidade de Élide – uma região relativamente periférica da Grécia, onde em época arcaica não existiam nem mesmo cidades-Estado – e pelo seu culto: aquele de Olímpia. O próprio nome não designava uma área habitada, mas justa e somente um lugar de culto: aquele no qual se celebrava o grandioso culto a Zeus, junto àquele de Hera e do herói Pelops, e no interior do qual, a cada quatro anos, acontecia uma disputa ritual de corrida entre os jovens. Em volta de poucos decênios, a fama desse culto e dessa agonística (αγων - αγώνες) se difundiu em todo o mundo grego, inclusive quando à simples corrida ritual foram acrescentadas outras disputas atléticas, dando vida aos agônes (ἀγώνες) de Olímpia que, segundo a tradição, foram abertos a todos os Gregos desde 776, tornando-se o fenômeno cultual (e agonístico) pan-helênico mais importante.

Parecido é o caso que se verifica na região grega da Fócida: que diz respeito ao culto oracular do Apolo de Delfos. Lugar de culto bastante modesto, conforme demonstraram as escavações arqueológicas, esse culto oracular começou a adquirir fama pan--helênica talvez desde o VIII século e, em volta de um ou dois séculos, tornou-se o oráculo por excelência junto ao qual, não somente se dirigiam os indivíduos particulares, mas até mesmo os estados gregos, individualmente: e não somente gregos, como aconteceu, por exemplo, com Creso. E todos eles se dirigiam a esse oráculo antes de empreender ações importantes[148].

Por tendência à unificação e sucessiva generalização, historicamente realizada, para o mais amplo contexto do mundo grego, outro importante culto que pode ser comparado aos dois anteriores é aquele que viu crescer seu prestígio e ascensão ao redor do culto particular de uma pequena localidade da Ática, Elêusis. Muitíssimas cidades e localidades gregas possuíam seus próprios cultos de tipo particular, definidos *teleté*, que representavam um tipo de "iniciações" e que se desenvolviam ao redor de rituais estritamente ligados ao segredo, condicionando a participação ao culto através de um específico rito de admissão. Um culto de Deméter – muitas vezes unido àquele de sua filha, a Kore (Perséfone) – era difundido em toda a Grécia e representava um culto estreitamente ligado à agricultura e ao sexo feminino (da festa, *Thesmophoria*, difundida em todo o mundo grego, eram rigorosamente excluídos os homens).

---

148. PARKE, H.; WORMELL, D. *The Delphic Oracle – V. 1: The History; V. 2: The Oracular Responses*. Oxford: Blackwell, 1956. • ROUX, G. *Delphes – Son oracle et ses dieux*. Paris: Les Belles Lettres, 1976. • FONTENROSE, J. *The Delphic Oracle – Its Responses and Operations With a Catalogue of Responses*. Berkeley/Los Angeles/Londres: University of California Press, 1978.

Mas, finalmente, em Elêusis o culto local, propriamente "iniciático", era destinado justamente a Deméter e a Perséfone (consideradas em conjunto "as duas divindades"), sem que dele fossem excluídos os homens: seu notável prestígio é documentado pelo assim chamado "hino homérico a Deméter" que culmina justamente no mito de fundação dos mistérios eleusinos. Mas, o prestígio desse culto, enfim, torna-se real e universalmente importante para todo o mundo grego quando, no princípio do VI século, é incorporado ao Estado de Atenas e, por consequência, torna-se um culto público ateniense, aberto a todos os Gregos[149].

Finalmente, no interior do tema dessa parte do livro – isto é, das "manifestações institucionais" da religião nas cidades-Estado da Grécia antiga – devemos prestar atenção para a característica interdependência entre pluralidade e unidade da organização politeísta e institucional do mundo grego. Assim – para ficarmos com os exemplos de que tratamos até aqui –, se temos apontado que as tumbas de idade micênica se tornaram lugares para a realização de cultos heroicos por volta do século VIII, e se levamos em consideração o fato de que os heróis haviam se tornado, naquele longínquo passado da idade arcaica, fundadores de numerosas famílias nobres que conservaram funções religiosas em virtude do ato de fundação do herói do qual descendiam, entenderemos então como este horizonte histórico se tornou, para os Gregos, um passado mítico identificado enquanto "tempo dos heróis", um passado durante o qual, enfim, a vida na atualidade da Grécia clássica havia recebido seu fundamento, sua organização e sua estabilidade. Conforme

---

149. Por todos esses aspectos relativos às diferentes peculiaridades citadinas e à unidade de horizonte da "religião" grega, cf. BRELICH, A. *Introduzione alla storia delle religioni*. *Op. cit.*, p. 213-215. E, no interior desses aspectos, no que diz respeito aos mistérios eleusinos, cf. PETTAZZONI, R. *I misteri – Saggio di una teoria storico-religiosa*. Bolonha: Zanichelli, 1924. • MYLONAS, G. E. *Eleusis and the Eleusinian Mysteries*. Princeton: Princeton University Press, 1961 (1962). • BIANCHI, U. *The Greek Mysteries (Iconography of Religion*, XVII/3), Leiden: Brill, 1976. • BURKERT, W. *Ancient Mistery Cults*. Harvard: Harvard University Press, 1987.

vimos em termos gerais para o mundo antigo, a narração mítica se caracterizava propriamente por seu aspecto fundante: isto é, contava com uma série de eventos (propostos segundo ciclos míticos, no contexto do mundo grego) através dos quais, na diversidade característica daquele passado distante e daqueles seus protagonistas, teria tido origem algo de importante para a civilização e suas manifestações institucionais que se estruturavam, justamente, através de seus mitos. Esta fundação civilizacional e institucional, enfim, era identificada na diferença marcada pelo mito: ela teria se constituído através de uma importante transformação em relação a algo que antes era diferente no que diz respeito à organização do mundo e da sociedade na sua atualidade.

É analisando, justamente, a alternativa mítico-lógica na cultura ateniense que, a esse respeito, torna-se significativo outro importante mecanismo institucional que levará aos peculiares resultados da Grécia "clássica" e à sua nova relação com a tradição mitológica da tradição arcaica. Resulta incisiva e clara, a esse respeito, a análise levada a cabo por Sabbatucci contrapondo a função do mito àquela da tragédia:

> A função de um mito é de fundar uma realidade que se apresenta, ou se quer, como "dada": o dado natural no qual, mas não *sobre* o qual, operam os homens. Ao contrário, a tragédia funda a realidade político-social ateniense que, segundo as capacidades do poeta, é colhida e representada como "desejada": a conquista cultural que os Atenienses são chamados a defender, ou a reconquistar à consciência, toda vez que esta é problematizada. E a tragédia é, de fato, a problematização ritual da conquista democrática que, por ser ritual, contém em si ou até mesmo expressa os termos da "reconquista"; de onde a problematização resulta em uma pura ficção cênica, e, como quer que seja, não em [não se configura como] um mito em sentido técnico.

Nesse sentido, torna-se importante destacar que:

> O valor e, logo, a função de uma tragédia, depende não tanto da "composição poética" em si quanto do

> *julgamento* do público ateniense; e não tanto do gosto ateniense, mas do verdadeiro e próprio julgamento dado em uma única e irrepetível ocasião, ou repetível somente depois de um ano, o concurso trágico que havia lugar na festa intitulada a Dionísio.
>
> [...]
>
> [...Enfim], aqui a distância entre uma função mítica e uma função trágica parece intransponível, a tragédia operava na plena atualidade histórica, operava na *contingência*. E a unidade de medida era sempre diferente, mesmo que sempre "democrática", a cada representação: podia depender da opinião pública do momento, mas por isso era "democrática"[150].

E a Grécia clássica – "clássica" porque nela identificamos suas peculiaridades culturais, civilizacionais e institucionais: a tragédia, a filosofia, a democracia etc. – é, portanto, o resultado histórico da afirmação das cidades em contraposição aos antigos privilégios da aristocracia. É *contra* esses antigos privilégios que vai se firmando a noção de "cidadão" que luta e quase parece prevalecer, finalmente, sobre a comum identidade étnica e cultural: mesmo que essa última esteja sempre pronta a reerguer-se nos momentos de conflito com o mundo dos bárbaros, representados no caso pela Pérsia. É a partir dessa noção de cidadão como base institucional da Grécia clássica que se manifesta, então, uma nova e inédita ligação com o território que vem ultrapassando o velho vínculo familiar. Por consequência, nessa direção o próprio mundo dos deuses e dos heróis vem sofrendo uma importante transformação e, poderíamos dizer, acomodação para ser assentado em um novo sentido político e cívico. Como demonstra Massenzio a respeito, Aristóteles, ao mesmo tempo em que procura dessacralizar a tragédia ou de tirá-la de seu contexto religioso (i. é, ao culto de Dionísio), nos explica, também, sua religiosidade e, sobretudo, de que forma essa

---

150. SABBATUCCI, D. *Il Mito, il Rito e la Storia. Op. cit.*, p. 156-158. Mas para o problema em sua completude, cf. todo o cap. VI: "L'alternativa mitico-logica nella cultura ateniense, p. 143-169.

religiosidade se explica em função social. Isto significa que, por um lado, no novo contexto da cidade, para Aristóteles não há mais Dionísio, mas o poeta; e, todavia, por outro lado, a ideia que o filósofo tem ou atribui ao "poético" vem respondendo exatamente à ideia que a religião grega demonstra ter do "dionisíaco"[151]. Isto se verifica com a introdução dos deuses na cidade, onde eles vêm integrando, dividindo e compartilhando o espaço urbano com os outros cidadãos. E nesse caso, a própria complexa unidade do panteão – como observamos, com sua característica interdependência entre pluralidade e unidade da organização politeísta e institucional do mundo grego – se sobrepõe e vem reproduzindo a unidade do espaço urbano, na necessidade de realizar a unidade da sociedade. É dessa forma e nesse contexto que a dimensão do indivíduo vem coincidindo, então, com aquela da cidade: e ele vem se reconhecendo como cidadão na medida em que reconhece nela a única fonte em condição de responder às suas necessidades. Por consequência, as hierarquias, as divisões e as articulações da cidade vêm se refletindo na – ou seria melhor dizer, vêm sendo fundadas e legitimadas pela – hierarquia e pela estrutura do panteão e pela especialização de cada sua divindade. Logo, com a integração dos deuses por dentro dela, na Grécia clássica é a cidade que vem se configurando, ao mesmo tempo, como mediadora entre o mundo divino e aquele humano, atribuindo e legitimando as funções dos indivíduos – que então se tornam cidadãos – na base de competências e limites estabelecidos pelas ações dos deuses: e cada situação ou circunstância socialmente importante não era nunca deixada ao domínio de uma única divindade. E, portanto,

---

151. MASSENZIO, M. La poesia come fine: la desacralizzazione della tragedia – Considerazioni sulla "Poetica" di Aristotele. *Religioni e Civiltà*, I, p. 285-318, 1972. Com relação à associação de Dionísio (entendido como deus "estrangeiro" ou como hóspede) e à sua associação ao conceito de "crise" no interior da cidade grega (e, logo, das diferentes soluções do *sistema* mitológico), cf. MASSENZIO, M. *Cultura e crisi permanente: la "xenia" dionisiaca. Op. cit.* E com relação ao tema e à função do teatro junto à cultura ateniense, cf. MASSENZIO, M. *Dioniso e il teatro di Atene: interpretazioni e prospettive critiche.* Roma: NIS, 1995.

era sempre e mais uma vez à cidade que competia o controle do calendário, das celebrações periódicas de cultos e festas e das narrativas míticas: um controle e um poder – veja-se bem – exercido por intermédio dos magistrados, na medida em que se tratava de um poder propriamente civil.

Outra característica comum no interior do panorama do mundo antigo que analisamos até aqui é que cada cidade gozava de uma sua própria autonomia política e religiosa: nesse sentido falamos de cidades-Estado. Cada cidade, portanto, tinha cultos próprios e sua própria divindade tutelar. De forma peculiar, todavia, em relação aos contextos analisados precedentemente, naquele grego encontramos uma maior e mais geral convergência, integração das divindades e, finalmente, um maior recíproco reconhecimento dos cultos: podemos verificar isso tendo em vista, muitas vezes, a coincidência significativa dos nomes das festas, o reconhecimento das mesmas divindades (reciprocamente reconhecidas pelas diferentes cidades) e, não por último, tendo em vista o fato de que cada cidade enviava sempre uma sua própria delegação para assistir às manifestações cultuais e religiosas das outras. Verificamos assim como, também na Grécia, manifesta-se o caráter originariamente étnico da religião, como acontece em todo o mundo antigo, mas com a peculiar e inovadora perspectiva própria do mundo helênico: aquela de uma característica autonomia religiosa dos diferentes centros urbanos que, fazendo coincidir a dimensão do indivíduo com aquela da cidade – é dessa articulação que se produz o cidadão! –, encaminhava cada vez mais a articulação entre pluralidade e unidade da organização politeísta e institucional em direção a um novo sentido cívico. E esta novidade pode ser colhida no fato de que são os magistrados que, além de incumbidos da organização das festas periódicas e das celebrações dos cultos, presidiam também a esses importantes eventos políticos-religiosos. E, veja-se bem, o papel sacerdotal, então, não é – nunca, ou quase nunca – uma escolha de vida, mas é frequentemente um cargo público. No final das contas, o sacerdote é um funcionário do Estado eleito ou nomeado pelos cidadãos, que se configura como garantia do relacionamento entre a comunidade humana e o mundo dos deuses, que pode presidir os sacrifícios públicos, mas não é o seu executor material. Portanto, cada celebração tornava-se pública e cívica, e a complexidade e articulação do sistema de culto tornava-se expressão e instrumento de consolidação da união cívica dos cidadãos. Por quanto seja possível inferir uma anterior autonomia dos ritos, da agonística trágica ou dos mistérios de Atenas no interior de algum anterior culto gentílico, o espaço cênico público do teatro da *polis* veio replasmando-os e reintroduzindo-os no centro da cidade onde uma eventual crise – provisória e periodicamente introduzida – era encenada com a representação dos dramas das famílias heroicas (o tempo do mito) nos quais se procurava a proposta de uma resolução periódica da crise (no tempo presente da *polis*). O teatro assumia, então, a função de renovar as escolhas públicas que formavam ou confirmavam a identidade cívica dos cidadãos. Através do pano de fundo dos acontecimentos heroicos (da época do mito), esse teatro delineava e talhava a ordem do espaço cívico e as possíveis respostas e as consequentes escolhas por parte do cidadão para as necessidades de seu presente[152].

O problema do mito em Roma, rituais e sacerdócios

Com relação a Roma e tendo em vista sua especificidade, na primeira parte deste trabalho ("Origem e expansão") apontávamos uma característica "ausência": aquela de mitos relativos às divindades originariamente romanas. Daqui o "problema" preanunciado pelo título desse item e, logo, a necessidade de nos debruçarmos sobre esse peculiar aspecto da cultura da Roma antiga. A seu tempo e relativamente a essa ausência, Georg Wissowa trouxe a curiosa

---

152. A respeito do contexto urbano e da transformação da função mítica e gentílica do contexto arcaico, em direção à "alternativa mítico-lógica na cultura ateniense", cf. o cap. VI (que leva, justamente, aquele título) de SABBATUCCI, D. *Il Mito, il Rito e la Storia. Op. cit*. Cf. tb. o cap. V ("La religione della città") de SCARPI, P. Le religioni del mondo antico. *Op. cit*., p. 78-80.

(para dizer o mínimo) dedução de que no caráter primitivo e prático dos antigos Romanos não encontrava espaço a fantasia e o ócio necessários para criar contos desse tipo![153] De Wissowa até os nossos dias – passando pela rica contribuição da Antropologia do século XX e principalmente pela "mitológica" lévi-straussiana[154] –, finalmente aprendemos que, mesmo junto aos povos "primitivos" (caçadores, coletores ou dedicados ainda às mais rudimentares formas de pequena agricultura; isto é, que, no final das contas lutam continuamente por sua subsistência), a mitologia nunca representa um produto gratuito da fantasia, mas talvez, o produto simbólico mais importante de sua economia cultural.

De qualquer modo, no que diz respeito à Roma arcaica, não se trata propriamente de uma ausência ou de um vazio. Primeiramente porque, por exemplo, através dos estudos de Georges Dumézil e de uma sua aprofundada análise (de fontes indo-europeias) de textos, inscrições e, não por último, da arqueologia dos lugares sagrados romanos, ficamos sabendo da formação da religião romana através do desenvolvimento de ritos e crenças da república romana. O filólogo e historiador francês nos descreve, portanto, uma religião romana influenciada de forma complexa por outras religiões da Antiguidade, com as quais ela entrou em contato, mas também de sua peculiar formação que influenciou estas últimas, na realização do esforço para distinguir uma nação da outra: através da *interpretatio romana*, por exemplo, conforme já apontamos. Nessa direção, o historiador detecta importantes processos de continuidade (a constituição de uma "tradição") de uma religião para a qual o culto de certos deuses encontrava uma preocupação especial junto a algumas partes da sociedade

---

153. WISSOWA, G. *Religion und Kultus der Römer... Op. cit.*
154. LÉVI-STRAUSS, C. Os quatro livros de *Mythologiques*, já citados: *I: Le Cru et le cuit.* • *II: Du Miel aux cendres.* • *III: L'Origine des manières de table.* • *IV: L'Homme nu.*

romana[155]: todas partes, essas, que necessitavam de atenção para assegurar o sucesso de Roma na guerra, na administração civil e na produção de alimentos e de bens. E, ainda nessa direção e além disso, Dumézil veio constatando a presença de uma mitologia latina, logo romana, como herança direta daquela indo-europeia (assim como daquela védica ou daquela escandinava) que, sucessivamente, entrando em contato com a cultura religiosa e mitológica grega, teria feito esquecer aos Romanos esses seus contos míticos, baseados sobre uma transmissão oral[156].

Em segundo lugar, não se trata de uma ausência de uma mitologia porque, antes de sua helenização, até mesmo junto aos mais antigos Romanos, encontramos contos tradicionais que, podemos dizer, têm pelo menos uma aparência de mitos: com a única e importante diferença que se trata de contos construídos não ao redor de divindades, mas de personagens que são consideradas "históricas". Assim se configuram os reis romanos, particularmente Rômulo, Numa, Sérvio Túlio e outros, junto com uma outra série de personagens: como Muzio Scevola, Horácio Cóclite etc. Tendo em vista estes fatos, muito provavelmente teremos que procurar a explicação da falta de mitos relativos às divindades em outra direção. A esse respeito, em 1937, Carl Koch propôs a teoria segundo a qual os Romanos teriam deliberadamente "demitizado" a própria religião[157]. Essa teoria seja, talvez, mais aceitável, mas, todavia e de qualquer maneira, provavelmente, precisaríamos levar em consideração outros fatos importantes a esse respeito.

---

155. Mais para frente detectaremos algumas dessas funções e significados junto a seu corpo sacerdotal em sua complexa articulação, no interior do *ius divinum* (mas também da tradição jurídico-administrativa) e em sua estreita relação com o controle e a conservação da tradição, da redação dos diferentes registros, do controle das ações rituais.

156. DUMÉZIL, G. *La religion romaine archaïque... Op. cit.*

157. KOCH, C. *Der römische Juppiter* ("Frankfurter Studien zur Religion und Kultur der Antike, herausgegeben von Walter F. Otto", XIV). Frankfurt am Main: Klostermann, 1937.

Ora, conforme já vimos a respeito, em um contexto politeísta o mito se constitui sem dúvida como um poderoso instrumento e um meio importante para plasmar a individualidade de deuses e, ao mesmo tempo, das ações e relações entre si que resultam serem fatores necessários para a constituição de um panteão orgânico: isto é, propriamente politeísta. Mas, por um lado nos defrontamos com o fato de que a helenização de Roma transmitiu praticamente todos os mitos contidos na poesia, na literatura e na arte romana: os mitos que encontramos nesses contextos narram, enfim, mitos gregos, narram de divindades que são constituídas no interior desses mitos e, finalmente, as divindades romanas são consideradas apenas como idênticas àquelas gregas. Por outro lado, ainda, levando em consideração o período anterior à helenização romana, devemos considerar como, apesar do fato de todas as religiões politeístas (e não somente elas) apresentarem mitos, em si e por si a instituição do politeísmo não precisa de mitos, tendo em vista o fato de que, nesse contexto, o que garante a realidade e oferece a ela um sentido não são tanto os acontecimentos primordiais (*fundadores* da realidade, como já destacamos), mas a presença dos deuses no presente (do culto e, logo, do espaço *operativo* humano). E a esse último propósito verifica-se, de fato, que, na falta de mitos, a cultura romana impulsiona e potencializa outros meios à sua disposição para alcançar os mesmos objetivos: e esses são, justa e propriamente, aqueles do culto.

E um dos principais instrumentos de direção do culto é representado pela relação entre este e o calendário romano: como veremos melhor e mais apropriadamente na terceira parte do trabalho. Em termos gerais, aqui, podemos identificar essa peculiaridade tendo em vista analogias de percursos e associações que se destacam entre Roma e Grécia antigas, juntamente às peculiaridades romanas e à especial função e utilização de seu calendário nesse processo associativo de culto e divindades[158]. A

---

158. DELLA CORTE, F. *L'antico calendario dei Romani*. Gênova: Bozzi, 1969. Cf. tb., a esse respeito, SABBATUCCI, D. *La religione di Roma antica: dal calendario festivo all'ordine cosmico*. Milão: Il Saggiatore, 1988.

esse respeito, um dos exemplos mais interessantes é aquele que emerge da religião pública romana: nela, diferentemente dos mitos gregos, onde Zeus e Hera representam um casal, Júpiter e Juno não são "esposos". Mesmo assim – por além de qualquer diferença, no caso específico, entre as divindades romanas e aquelas gregas –, a atribuição de cada *idus* (em teoria o plenilúnio) a Júpiter e de cada *kalendae* a Juno faz com que, partindo da organização calendarial, esse casal divino domine todas as outras divindades. Isso porque, desse modo, as duas divindades eram celebradas todos os meses e se encontravam estreitamente relacionadas e no mesmo plano, em sua inextricável complementariedade: mesmo que em profundo contraste (através da atribuição das noites luminosas a Júpiter e daquelas obscuras a Juno). E esta complementariedade e contraste, enfim, eram aqueles que caracterizavam, também, os dois sexos. O exemplo, portanto, torna evidente de que modo a cultura romana impulsiona e potencializa outros meios à sua disposição, e entre esses o culto – em relação àqueles do mito no contexto grego –, para alcançar os mesmos objetivos. Quais sejam: caracterizar, ou se quisermos produzir, as divindades. É nessa direção que o calendário romano torna-se funcional ao pôr em estreita relação as celebrações de suas festas com determinadas estações, determinadas fases solares ou, de forma fictícia, lunares e agrárias, criando também particulares relações entre elas: às vezes através da contiguidade das festas, outras através da identidade de datas festivas em diferentes meses (a ordem das celebrações das divindades correspondia à posição calendarial de suas festas). Mas, conforme já indicado, verificaremos e aprofundaremos melhor esse problema no sucessivo capítulo "Doutrinas e práticas fundantes"; é neste que analisaremos, justamente, a relação entre o calendário romano e o culto.

E, finalmente, a outra específica modalidade segundo a qual a cultura romana impulsiona e potencializa meios próprios à sua disposição – que não aqueles próprios do mito no contexto grego – para alcançar o objetivo de caracterizar as divindades, diz respeito à enorme variedade e à função das ações rituais e, com essas, ao arranjo e à composição de seus lugares de culto (não só segundo as características físicas e naturais desses lugares, mas também segundo os caracteres particulares e a estruturação dos bairros romanos) e da consequente constituição da contiguidade desses lugares de culto: dito de outro modo, a inscrição no tempo do calendário e no espaço das relações dos cultos e dos ritos de cada divindade determinava e caracterizava cada divindade (no presente operativo do culto, não no passado mítico), sancionando e definindo, ao mesmo tempo, também as relações entre mais divindades. Tudo isso, enfim, sem levar em consideração aqui, ainda, o quanto essa operação fosse complementada pela função e pela especificidade dos sacerdotes atribuídos a cada específica divindade (a exemplo das vestais e dos flâmines): questão que também retomaremos no sucessivo capítulo "Doutrinas e práticas fundantes", no que se refere à e lá onde trataremos da Teologia e Pantheon romanos[159].

A sobrevalorização (operativa) do rito e a historicização romana

Apontamos e analisamos até aqui o problema do mito em Roma – melhor, da "ausência" de mitos relativos às divindades originariamente romanas – e, por outro lado, as características funções assumidas, nesse contexto, pelos cultos, pelos rituais e, finalmente, sua original distribuição calendarial e a atribuição de específicos operadores rituais (sacerdotais) para as específicas divindades. Nessa base, chegou o momento de analisarmos, portanto, a especificidade da sobrevalorização operativa do rito como característica da cultura romana e a anexa abertura e peculiaridade em direção ao inédito processo de historicização realizado no interior dessa perspectiva e do consequente percurso cultural.

---

159. Para uma síntese significativa desses aspectos – da ausência de mitos à peculiar função do culto e de sua organização calendarial na Roma antiga – cf. BRELICH, A. *Introduzione alla storia delle religioni*. *Op. cit.*, p. 225-228.

A análise, portanto, permitirá apontar como o problema que encontramos inicialmente se abre em direção aos peculiares resultados históricos que, no contexto romano, desembocam na estreita relação entre demitização e historicização. Não contemplando a figura dos poetas gregos – "mestres de verdade" cuja função teria sido análoga àquela dos "teólogos" – e não tendo a consequente produção de uma orientação cosmológica, nem mesmo por parte de adivinhos ou profetas[160], como dissemos, Roma não parece conhecer uma mitologia e, portanto, não conhecia nem uma cosmogonia, nem uma teogonia e, finalmente, nem uma antropogonia[161]. A esse respeito, no capítulo "Origem e expansão", já dissemos como, no VII século – quando ainda era desprovida de artes plásticas e de poesia que podiam oferecer, eventualmente, os instrumentos para fixar seus próprios mitos –, por um lado Roma realizou uma brusca passagem para a civilização urbana e, por outro lado, realizou esta passagem encontrando-se inserida em e permeada por um clima cultural dominado pela civilização grega e etrusca: clima fortemente incisivo sobre sua nova formação urbana. De resto, os próprios antigos já eram conscientes dessa ausência de mitos e, consequentemente, de uma mitologia da cidade destinada a dominar o mundo. Significativa a esse respeito a testemunha de Dionísio de Halicarnasso que, além disso, sugere uma (sua) interessante razão histórica. Em sua *História da Roma antiga* (II 18) ele atribui esta ausência a uma escolha deliberada de Rômulo para que dos deuses "não se pensasse e não se dissesse se não o melhor". Nessa justificativa do historiador e crítico literário grego da Ásia Menor, grande admirador de Roma, já encontramos um primeiro indício com relação ao que referimos anteriormente. Face à ausência de

---

160. A figura do *vate* (termo de origem céltica) conservou, pelo menos até o século III a.C., conotação depreciativa.

161. Esse aspecto, a partir da constatação de uma demitização propriamente romana, foi evidenciado, inicialmente, no importante e brilhante estudo de Angelo Brelich: *Tre variazioni romane sul tema delle origini*. Roma: Edizioni dell'Ateneo, 1955.

mitos – e de um sucessivo aparecimento dessas narrativas apenas como resultado do processo de helenização –, narrativas com funções análogas, mais ou menos "fantásticas", encontram-se no patrimônio tradicional romano tendo como protagonistas personagens (presumivelmente) "históricos" dessa tradição: é aqui o caso de Rômulo, segundo a testemunha de Dionísio. Desse modo já entrevemos como, diferentemente do contexto grego, naquele romano é à própria história que são atribuídas (na história são inscritas) essas mesmas narrativas. Ao que tudo indica, portanto, parece bem possível que Roma tenha realizado intencionalmente um processo de "demitização" do próprio patrimônio mítico, assim como parece possível que isso tenha se verificado em coincidência com a expansão do culto de Júpiter Ótimo e Máximo que, finalmente, acabou produzindo uma verdadeira e profunda eclipse do passado mítico da cidade.

Narrativas de estrutura mítica inscritas em âmbitos históricos. Os traços dessas tipologias peculiares e características da Roma antiga podem ser verificados já em relação às histórias que dizem respeito aos primeiros reis. E aqui encontramos o determinar-se da ligação de Rômulo – como filho de Marte e rei de Roma, por vontade de Júpiter – com o mundo divino; ou encontramos ainda a definição do relacionamento de Numa com o próprio Júpiter. De qualquer modo, quais sejam as condições históricas determinantes na realização de sua brusca passagem para a civilização urbana em suas origens, no VII século, ou em vista dessa ausência de articulação e estruturação por meio do mito, substituída por essas narrativas históricas mitificadas, o que se torna evidente é que Roma não encontrou (ou não optou por sua) expressão ou realização através dos mitos, mas, finalmente, foi se orientando pelo sentido e em direção à atualidade histórica. E nessa direção, o exemplo e a contribuição mais significativos dessa perspectiva se encontra, justamente, na atividade analística (da redação dos *Anais*) dos pontífices que, em sua função, constituíam-se como a memória viva da cidade: foram eles que, entre os séculos IV e III a.C., deram sistematização e definição ao patrimônio de Roma[162]. Foi só sucessivamente à função dos pontífices e à produção da analística que sua inicial orientação, com a relativa imposição da tradição, foi confiada aos e apropriada pelos poetas e analistas que a reuniram e continuaram a perpetuá-la. É esta orientação cultural que realiza aquele processo de "demitização" de que falamos: isto é, a transformação do patrimônio mítico do passado (que era "demitizado") em termos de consignação e reorientação para o presente ("historicizando", portanto, aquele patrimônio mítico). Realizava-se, assim, uma reorientação ético-comportamental que, descendendo de algum modo daquele passado, confluía agora no modelo ético do *mos maiorum*: o modelo referencial dos costumes dos antepassados. Parece que, por fim e dessa forma, a escolha cultural romana se abrisse decididamente em direção de uma sua própria característica "teologia cívica"[163].

A função estruturante e fundadora (no passado) do mito e da mitologia nos revela (conforme vimos mais acima) a peculiaridade da cultura grega: não por acaso o próprio termo *mythos* é de origem grega e, como já apontamos, revela uma sua história e ressemantização por dentro do próprio mundo grego (e, depois, daquele ocidental). Mas, por seu lado, também a função estruturante e operativa (no presente) do rito nos revela, por sua vez, a

---

162. BOUCHÉ-LECLERQ, A. *Les Pontifes de l'ancienne Rome... Op. cit.*

163. Isso se, pelo menos, pudéssemos ou devêssemos ler no nosso presente o processo de historificação do patrimônio mítico em Roma, segundo a estrutura proposta por Marco Varrão (segundo o quê nos transmitiu Agostinho em sua *A Cidade de Deus*, IV 27, VI 5), que distinguia três gêneros de teologia: um mítico, governado pelos poetas, um físico, do qual cuidavam os filósofos, e um cívico e político, que fixava o papel dos cidadãos e dos sacerdotes no Estado e ainda estabelecia quais deuses e de que maneira deveriam ser venerados para vantagem do Estado. A respeito de toda essa problemática relativa à demitização e à historicização na Roma antiga, além do trabalho de BRELICH, A. *Tre variazioni romane sul tema delle origini*, cit., cf. a emblemática síntese de SCARPI, P. Le religioni del mondo antico. *Op. cit.*, p. 116-117, na parte intitulada "Demitizzazione e storificazione".

significativa peculiaridade da cultura romana, a sua maneira de organizar-se e de construir, antes, seu mundo e, sucessivamente, *o mundo*. E, nessa esteira, torna-se emblemático o fato de que, por sua vez, o próprio termo *ritus* é de origem latina. Apontamos como, neste último contexto, à falta e à ausência de uma verdadeira e própria mitologia, vem correspondendo em termos de oposição uma centralização ou uma supervalorização operativa do rito[164]. O termo é latino, mas não deixa de ser significativo o fato de que ele está conectado etimologicamente com o termo védico *rta*. O conceito védico de *rta* representa, antes de tudo, "a justa ordem das coisas"; todavia, esta ordem não é concebida na cultura hindu nem como ordem estabelecida uma vez por todas (aquilo que em nossa cultura ocidental identificamos como *kosmos*), nem como equilíbrio de forças opostas: diferentemente dessas duas concepções, o *rta* védico representa o "desenvolvimento dinâmico da existência em seu justo caminho". Nessa direção, não podemos absolutamente entender o *rta* como uma norma, um controle, um enrijecimento, mas, ao contrário, devemos entendê-lo como algo que "amplia, distende, faz crescer e prosperar o existente, e [logo] o justo comportamento não consiste em 'dobrar-se' a normas prescritas [e prescritivas], mas é aquele pelo qual 'por meio do *rta* multiplica o *rta*'"[165]. E é justamente essa característica centralidade,

---

164. À nota 27, na *Introdução ao mundo antigo*, apontamos como, segundo a análise conduzida por Dario Sabbatucci (*Il Mito, il Rito e la Storia*, sobretudo à p. 84), o rito no mundo grego indica um "fazer" contraposto ao "dizer" mítico, um "fazer" que leva o sujeito de uma condição (uma realidade "dada") para uma outra (uma realidade "feita"). Ainda às p. 236-237 de sua obra, então, Sabbatucci destaca o resultado teórico da fórmula *mito: rito = imutável: mutável*; o imutável quando não é passível de intervenção (humana), e o mutável quando é passível dessa intervenção. I. é, em uma cultura, o que for objeto de mito é incluído na zona do imutável e subtraído à intervenção humana (ou seja, *se quer* que seja subtraído a ela); ao contrário, aquilo que não *se quer* que seja subtraído à intervenção humana torna-se objeto de rito.

165. Remetemos às citações de Angelo Brelich, que depreende sua análise e interpretação histórico-religiosa das definições oferecidas pelos *Veda*. Cf. BRELICH, A. *Introduzione alla storia delle religioni. Op. cit.*, III parte, cap. 5: "L'India vedica", p. 197-198.

nos textos, do conceito de *rta* que nos leva a destacar juntamente com ele a centralidade do "ritualismo" da cultura hindu (da Índia antiga) e, com esse, daquele "ritualismo sacrificial" destacado por um brilhante estudo de um especialista[166].

Ora, conectado etimologicamente com o termo da Índia antiga, o temo latino *ritus* indica, sobretudo, um "rigoroso escrúpulo operativo e de execução", significa própria e explicitamente "um operar (um culto, um rito, uma cerimônia) de forma exata e correta, respeitando um modelo tradicional rigorosamente fixado": enfim, diz respeito às *"formas* rituais de execução". Significativo a esse respeito que a definição latina do termo se dá, propriamente, em relação a seus opostos: o adjetivo *in-ritus*, que indica o "não fixado", ou seja, vão, sem eficácia; e o advérbio *in-rite*, indicando o quanto se configura como inútil, sem eficácia. Logo, além de indicar a necessidade do escrúpulo da execução, do rigor dos procedimentos, a atenção para com a forma operativa, o rito se destaca, também (em vista de todas as exigências e os pré-requisitos apontados), como a operatividade para a obtenção de uma *ação eficaz*. Em contraposição à orientação mítica – que, conforme verificamos até aqui, condiciona e estrutura as civilizações da Antiguidade em termos gerais –, essa nova centralidade e estruturação da civilização romana ao redor de um novo sentido da história e da ação (formalizada em modo rigoroso, escrupuloso e, logo, eficaz) do homem abre uma nova perspectiva operativa para que ela – na base de uma poderosa gramática simbólica fundada sobre signos, ações, objetos e espaços –, por meio da nova centralidade do

---

166. MALAMOUD, C. *Cuire le monde... Op. cit.* Tratamos desse aspecto em um estudo mais amplo relativo à cultura indiana e à sua relação com o texto dos *Vedas*: cf. AGNOLIN, A. *O amplexo político dos costumes de um jesuíta brâmane na Índia – A acomodação de Roberto de' Nobili em Madurai e a polêmica do Malabar (século XVII)*. Rio de Janeiro/São Paulo: EdUFF/Fapesp, 2021, sobretudo p. 434-436.

instrumento ritual, venha assumindo uma posição privilegiada em termos operativos, na e com a história[167].

Esse novo sentido da história e da ação do homem (ritualmente formalizada em modo rigoroso, escrupuloso e, logo, eficaz), que emerge em modo distinto junto à civilização romana, se por um lado abre uma nova perspectiva operativa[168], por outro lado nos ilumina sobre o fato que Roma tenha criado um sistema ritual controlado por um complexo e articulado corpo sacerdotal público (mesmo que não encontremos aí uma classe sacerdotal fechada), em cujo vértice se colocava o colégio dos pontífices. Deste colégio faziam parte também o rei sacral e o rei sacrifículo (*rex sacrorum* ou *rex sacrificulus*), os quinze flâmines e, finalmente, as seis vestais. Ao colégio pontifical cabia fornecer, todavia e unicamente, as coordenadas gerais da ação ritual. Por seu turno, a outros corpos sacerdotais cabia a tarefa de atuar essa ação e, ainda, a outros cabia a manutenção da ordem implicada pelo rito, intervindo apenas em momentos particulares da vida religiosa[169].

Para uma visão de conjunto dessa complexa articulação do corpo sacerdotal da Roma antiga e de sua estreita relação com o controle e a conservação da tradição, da redação dos diferentes registros, do controle das ações rituais, da esfera de ação ao redor do *ius divinum*, mas também da tradição jurídico-administrativa, podemos propor, a seguir, a síntese – rigorosa e eficaz, em sua formulação – realizada por Scarpi.

---

167. Inclusive no âmbito de uma nova função operativa e eficaz que, na ritualidade do próprio direito (a outra importante dimensão do *fazer ritual* da cultura romana), forjará uma nova maneira de conceber e construir o mundo.

168. Porque ela, por meio da nova centralidade do instrumento ritual, venha assumindo uma posição privilegiada em termos operativos, na e com a história.

169. Sobre todos esses aspectos relativos à supervalorização/superestimação do rito na Roma antiga e as diretrizes desses aspectos aqui apontados, além do (mais uma vez) importante estudo de A. Brelich (*Tre variazioni romane sul tema delle origini... Op. cit.*), cf. a síntese de P. Scarpi (*Le religioni del mondo antico. Op. cit.*, p. 117).

Os pontífices

Os pontífices – de início cinco, tornaram-se nove, quinze e por fim dezesseis com a expansão de Roma e o acréscimo de funções – eram tais por cooptação e não por eleição pública. À frente do colégio se encontrava o Pontífice Máximo, cujo cargo era vitalício. Subordinado ao rei sacral e ao *flamen dialis* (i. é, de Júpiter) do ponto de vista da hierarquia religiosa, era superior a eles sob o aspecto das prerrogativas jurídicas e jurisdicionais. Era escoltado pelos lictores, elegia o rei sacral, os flâmines e as vestais.

Aquele pontifical, todavia, não era um corpo sacerdotal no sentido estrito do termo; suas tarefas eram circunscritas ao sistema normativo, à lei, mais do que se resolver na execução material das ações religiosas. A eles competia a conservação da tradição. Aquela religiosa era sintetizada no elenco dos deuses, nos livros dos sacerdotes (*libri sacerdotum*), nos livros pontificais (*pontificum libri*), nos livros sacros. Aquela jurídico-normativa devia ser registrada nos *Commentarii* dos pontífices. A tradição histórica, por sua vez, realizava-se na redação dos *Annali Massimi* ["Anais Máximos"], nos quais eram fixados os eventos ocorridos em Roma ano após ano. Ao lado dos *Annali*, eles redigiam também os *Fasti*, nos quais eram registrados os magistrados eleitos anualmente, exercendo assim um controle sobre o tempo que se endereçava na redação do calendário. Neste sentido, então, os pontífices eram a memória viva de Roma e aos seus registros se dirigiram todos os historiadores posteriores. O raio de ação dos pontífices permanecia confinado, em todo caso, dentro da esfera do *sagrado* e, como depositários do saber tradicional, a eles era confiada a função de fornecer uma minuciosa e detalhada informação em todo campo das ações religiosas, seja no mais amplo sentido cultural, seja no mais restrito do ritual. Supremos controladores de cada ação ritual, a sua esfera de competência se fechava por isso em torno do *ius divinum*, o direito divino. Em termos mais simples, deles era esperada a definição de "o que fosse sagrado, o que profano, o que santo, o que religioso" (Macrobio. *Saturnalia* III 3, 1).

Rei sacral e flâmines

Subordinados ao Pontífice Máximo estavam o rei sacral e o flâmine de Júpiter, que podem aparecer como uma dupla recíproca. O rei sacral é, talvez, o que sobrou do instituto da realeza, cuja crise era simbolicamente e ritualmente renovada no *regifugium* ou fuga do rei, celebrada em 24 de fevereiro, portanto, no final do calendário arcaico. O seu cargo era vitalício e era subordinado ao fato de ele ser casado solenemente por *confarreatio* (nome dado ao matrimônio solene, que não admitia o divórcio, celebrado pelo Pontífice Máximo diante de seis testemunhas). As tarefas do rei sacral e da sua esposa, que levava o título de *rainha*, eram exclusivamente religiosas. Se a *rainha*, ao início de cada mês, sacrifica a Juno, no mesmo dia o rei sacral sacrifica a Janus, e, nos *Agonalia* de 9 de janeiro, abria o ano com o sacrifício de um áries. Ele aparece desta maneira como o paralelo humano de Janus: como Janus é o deus dos inícios no plano cósmico, ao rei competem os inícios no plano humano e, portanto, da história. O flâmine de Júpiter, por sua vez, segundo a tradição romana, é o fruto de uma renúncia intencional do rei a parte de suas funções. Também este cargo era vitalício, subordinado ao fato que o pré-escolhido fosse solenemente unido por *confarreatio*. A investidura não podia ser refutada e essa passividade caracteriza toda a vida do flâmine, condicionada por um grande número de interdições que configuram seu agir como um "não fazer". Ele encarna a personalidade divina do rei, que no plano meta-histórico é Júpiter, o único e autêntico rei de Roma depois do advento da república, e que no plano da história é despojado das suas funções regais políticas. Com os flâmines de Marte e de Quirino, o flâmine de Júpiter reproduzia, ainda, no nível da ação cultual e ritual a tríade pré-capitolina. Eles davam vida aos três flâmines maiores, aos quais seguiam em posição subalterna os doze flâmines menores, cada um explicitamente dedicado ao culto de uma divindade[170].

---

170. SCARPI, P. Le religioni del mondo antico. *Op. cit.*, p. 118-120.

Torna-se importante, a esse último respeito, um nosso breve complemento de análise. Em primeiro lugar, vimos que o flâmine de Júpiter encarna a personalidade divina do rei (correspondente a Júpiter) que, todavia, no plano da história é despojado das suas funções regais em sentido político (não em sentido sagrado). Com os flâmines de Marte e de Quirino. Assim, junto com os flâmines de Marte e de Quirino, o flâmine de Júpiter reproduzia, ainda, no nível da ação cultual e ritual a tríade pré-capitolina. Nesse sentido, partindo da análise de uma *originária e fundamental identidade* entre Rômulo e Quirino constatada em um anterior estudo de Brelich[171], Sabbatucci se confronta com a relativa problemática da "demitização" da(s) figura(s) Rômulo-Quirino. E a esse respeito constata e comprova como se trata de uma "ideia religiosa" da Roma republicana que rompe, inclusive, com uma realidade anterior, ainda unida ao modelo da realeza constituído pela figura egípcia de Osíris. Nessa direção, o historiador italiano aponta para a evidência de uma "dissociação" romana daquilo que no Egito parece "associado". Esta última associação, conforme vimos anteriormente, é aquela exigida pelo instituto da realeza em vista do qual os Egípcios associaram o conceito de divindade (mutuado da Mesopotâmia) e aquele de soberania (que se formou junto ao Egito antigo, em resposta às suas próprias exigências históricas). Ora, todavia, no contexto da tríade pré-capitolina, segundo Sabbatucci, será justamente Júpiter (aquele que detém a soberania universal) a fazer luz sobre a conexão entre Marte e Quirino: conexão que não é apenas genealógica, mas, sobretudo, é tal em função da produção no plano divino da *idela de realeza romana eliminada no plano humano*[172]. Nesse sentido, "ao deus que exerce a soberania sobre o mundo [Júpiter] [...] se juntam Marte e Quirino, os quais, juntos, exercem a soberania sobre Roma depois que não houver aí mais reis para exercê-la. A partir

---

171. BRELICH, A. *Tre variazioni romane sul tema delle origini. Op. cit.*, p. 103.
172. O destaque é nosso.

da função "soberana" da tríade se explica, também, por que os *flamines Dialis* (de Júpiter), *Martialis* (de Marte) e *Quirinales* (de Quirino) sejam *maiores*"[173]. No final das contas, a figura egípcia de Osíris torna-se importante, comparativamente, porque coloca em cena as circunstâncias (sintetizadas no instituto da realeza) que produziram a "personagem": e, justamente, essas circunstâncias são importantes e funcionais na medida em que marcam esse instituto da realeza, mesmo quando fosse para ser rejeitado (ou, talvez, justamente por isso)[174]. E dentro desse percurso e dessa perspectiva, portanto, devemos inserir e podemos entender as funções institucionais, tanto do Rei sacral quanto dos flâmines.

Áugures

Orientando-se no sentido da história, Roma havia excluído do seu horizonte toda previsão de futuro, mas deixou grande espaço à necessidade de sondar a vontade divina e em particular de Júpiter, que sancionava o presente "histórico" e ritual da cidade. Para este escopo foi criado um colégio de áugures (de *augeo*, acrescentar), desvinculados da autoridade do pontífice, que tinham elaborado uma específica técnica divinatória, a disciplina augural, além do mais compartilhada com as outras populações itálicas. Já que os acontecimentos da cidade eram fundados e dependiam da enunciação da vontade de Júpiter – o *fatum* que era a "voz de Júpiter" –, a interpretação daquele enunciado tornava-se

---

173. SABBATUCCI, D. *Da Osiride a Quirino*. "Corso di Storia delle Religioni 1983-1984". Roma: Università degli Studi di Roma/Il Bagatto, 1984, p. 31. Além da pontual referência, todavia, a problemática é analisada de forma significativa ao longo de todo o pequeno, mas intenso, volume. No que diz respeito à associação e relação entre Júpiter, Marte e Quirino, cf., também, DUMÉZIL, G. *Jupiter, Mars, Quirinus – Essai sur la conception indo-europennes de la société et sur les origines de Rome*. Paris: Gallimard, 1941. • DUMÉZIL, G. *Naissance de Rome: Jupiter, Mars, Quirinus II*. Paris: Gallimard, 1944 • DUMÉZIL, G. *Naissance d'archanges, Jupiter, Mars, Quirinus III – Essai sur la formation de la theologie zoroastrienne*. Paris: Gallimard, 1945.

174. Em síntese, esta é uma das significativas conclusões propostas pelo trabalho de Sabbatucci, à p. 52.

insubstituível para a própria existência de Roma. Não era, todavia, uma predição do futuro, quanto uma autorização a proceder em direção a uma ação já programada, ou seja, representava uma sua negativa.

A auspicação [do verbo *auspicare*], como as outras formas divinatórias das quais Roma se apropriou, sobretudo a *Etrusca disciplina*, da qual eram depositários os arúspices e que se fundava n[os sistemas de divinação d]a estispicina e da hepatoscopia, traduzia-se em uma "escrita" representada pelos signos dos pássaros e pelos signos com os quais o áugure delimitava o seu campo de visão dentro do qual ele deveria ler o voo dos pássaros [*aves inspicere*; isto é, observar os pássaros]; uma escrita que se colocava como complemento do fazer história por intermédio da redação dos *Annali* e dos *Fasti* por parte dos pontífices[175].

Maias, Astecas e Incas: preâmbulo

No capítulo "Origem e expansão" vimos como a civilização maia conseguiu seu momento de máximo esplendor entre os séculos III e IX d.C. E, no final deste último século, de repente, seus principais centros de culto resultam abandonados. Por séculos, os Maias conduziram uma vida pacífica, em relativo isolamento, constituindo uma pluralidade de formas de organizações políticas de ordem teocrática. Somente no tardio período dos séculos XIII-XV, finalmente, reuniram-se um uma organização política única, com capital Mayapán, antes que sucessivas guerras civis arruinassem sua civilização[176]. Mas, as formas rituais e cultuais maias não desapareceram. mesmo sofrendo profundas transformações, em vista da realização de um necessário rearranjo cultural, essas modificações parecem ter-se imposto por efeito das – e ter alguma relação com as – migrações toltecas. E deve-se destacar, ainda, que aquela maia se

---

175. SCARPI, P. Le religioni del mondo antico. *Op. cit*. (Item: La sopravvalutazione del rito), p. 120-21.

176. RIVERA DORADO, M. *La religión maya*. *Op. cit*. • SCHELE, L.; FREIDEL, D. *A Forest of Kings... Op. cit*. • MORRIS, W. F. *Presencia maya*. *Op. cit*.

configura como uma civilização que, desde suas fases mais antigas, distingue-se por conquistas culturais excepcionais: tendo elaborado uma complexa escrita hieroglífica, alcançado uma grande perfeição no cálculo aritmético, junto à invenção-criação da noção-conceito do zero, e realizado, ainda, significativas conquistas no âmbito da astronomia. De fato, tratava-se de uma astronomia decorrente das observações dos sacerdotes – que indica a necessidade de exercer um controle do tempo –, realizadas junto às altas torres erigidas no interior dos grandes complexos cultuais: verdadeiras cidades-templo onde surgiram as pirâmides em degraus com o templo ao vértice (um edifício maciço erguido sobre pedestais) que eram espaços destinados ao jogo da bola. A organização espacial do território ao redor das cidades templárias, enfim, nos apresenta uma sociedade repartida entre agricultores, de um lado, e aristocracia e sacerdotes de outro. Finalmente, destacamos como essa sociedade se transforma profundamente depois do século IX, quando o Yucatán é invadido por tribos guerreiras de língua *nahuatl*: é então que as classes dominantes vêm se constituindo com a prevalência de uma aristocracia guerreira, talvez de origem tolteca, proveniente dos vales mexicanos[177].

Os Astecas ou Méxicas chegaram no vale do México Central por volta do século XIII[178], última sucessão de numerosos povos indígenas que a pesquisa arqueológica e paleontológica permitiu fazer remontar até o paleolítico. Dissemos que, enquanto, no curso do I milênio d.C., na península do Yucatán, os Maias conseguem seu máximo esplendor, o México vê emergir então algumas grandes culturas, como aquela dos Zapotecas, de El Tajín, na atual Veracruz, e aquela de Teotihuacán no altiplano central: esta última, florescida entre o 400 e o 700 d.C., apresentava-se como centro de irradiação cultural, constituindo-se como uma espécie de cidade templar

---

177. Cf. SCARPI, P. *Le religioni del mondo antico*. *Op. cit.*, p. 146.
178. DAVIES. N. *The Aztecs... Op. cit.*

ao redor da qual se juntavam uma série de cidades-Estado. Teotihuacán, portanto, tornava-se expressão de uma civilização teocrática e sacerdotal: mesmo que, ainda, sem a atribuição de alguma importante função aos guerreiros. Vimos, também, como a prática de sacrifícios humanos e o jogo ritual da bola representam outros dois elementos culturais que encontramos, naquele contexto, junto a outros centros do mesmo período "clássico", como aqueles de Monte Albán e de El Tajín. Monte Albán, destacando-se na peculiaridade de suas grandiosas construções sepulcrais subterrâneas e com seus monumentos atribuídos aos Zapotecas, revela influxos maia, mas, ao que parece, tendo sofrido também parte importante de influxos por parte dos Mixtecas[179]. Por seu turno, também El Tajín parece ter sofrido influxos dos Totonacas que, todavia, faziam fronteira com o grupo maia dos Uaxtecas: e aqui adquirem particular importância certos aspectos sangrentos de determinadas práticas rituais que, mais tarde, se tornarão comuns (mas específicas em suas modalidades) a todas as práticas rituais mesoamericanas. Finalmente, salientamos como em todos os centros clássicos dessas civilizações as pirâmides eram periódica e fisicamente renovadas, indicando a existência de grandes ciclos calendariais. É no decorrer do curso do século IX que se afirmou a civilização tolteca (com o mais importante centro arqueológico de Tula: capital fundada em meados do século), que falava um dialeto do ramo *nahuatl*, como os sucessivos astecas. A importância histórica dessa civilização se deve à ampla gama de influxos que exerceram e que envolveram os Maias do Yucatán[180]: região na qual teria se transferido o grande rei-sacerdote de Tula que levava o nome de seu deus, Quetzalcoatl[181]. Por cerca de um século, os Toltecas conviveram pacificamente com os habitantes da região de Tula, talvez accitando a hegemonia dos sacerdotes

---

179. A respeito da realeza mixteca, cf. ANDERS, F.; JANSEN, M. E. R. G. N.; PÉREZ-MARTÍNEZ, G. A. *Origen e historia de los reyes mixtecos*. *Op. cit.*

180. BRELICH, A. *Introduzione alla storia delle religioni*. *Op. cit.*, p. 250-251.

181. TAUBE, K. A. *The Major Gods of Ancient Yucatan*. Washington: Dumbarton Oaks, 1992.

de Teotihuacán que começou a ser contrastada, junto à paz estabelecida, pelas sucessivas e novas ondas migratórias toltecas que introduziram a ideia de uma guerra cósmica, uma religião astral, o culto da Estrela da Manhã, o sacrifício humano e o canibalismo, e, finalmente, uma organização social do tipo militar. Finalmente, na segunda metade do século XII, a capital tolteca caiu sob o assalto de algumas populações "bárbaras": sucessivas ondas migratórias culminaram, portanto, com a chegada dos Astecas e, com eles, da língua *nahuatl*. O último período histórico – isto é, os séculos XIV e XV que são melhor documentados –, diz respeito à hegemonia dos Astecas ou Méxicas (literalmente "povo de Mexitli"; i. é, Huitzilopochtli) que construíram sua própria capital em Tenochtitlán, a atual cidade do México.

No que diz respeito à região dos Andes – da qual falamos, ainda, no capítulo "Origem e expansão", introduzindo os Incas –, vale destacar que todas as culturas do planalto peruano que precederam a expansão inca parecem caracterizadas por alguns elementos culturais e rituais comuns[182], além que pela peculiar atenção para e centralidade da produção agrícola (inclusive o rico e importante sistema hídrico) à qual parecem presidir numerosas figuras extra-humanas e em relação à qual parece impor-se e destinar-se o culto de um ser feminino. Outra peculiaridade cultural característica dessas populações é aquela que aparece como a constante presença de um ser extra-humano teriomorfo e de fortes conotações felinas, por além de uma centralidade – que ainda não é dado saber se devida às interpretações missionárias da época da conquista e colonização[183] – de uma figura de Ser supremo celeste que, todavia,

---

182. MORRIS, C.; VON HAGEN, A. *The Inka Empire and its Andean Origins. Op. cit.*

183. Para um interessante e rico confronto sobre esse tema/problema na primeira Idade Moderna, cf. HOSNE, A. C. *Dios, Dio, Viracocha, Tianzhu*: "Finding" and "Translating" the Christian God in the Overseas Jesuit Missions (16th-18th Centuries). *In*: ZUPANOV, I. G.; FABRE, P. A. (orgs.). *The Rites Controversies in the Early Modern World*. Leiden/Boston: Brill, 2018, cap. 12, p. 322-341.

mantinha fortes caracteres próprios do herói cultural: trata-se da figura de Viracocha[184]. Destaca-se, mais uma vez, aqui também, o oferecimento de um culto ao Sol e à Lua, com seus respectivos templos: as *Huaca del sol* e *Huaca de la Luna* conforme são interpretadas, por consequência, as duas pirâmides dos Mochica. As *huacas* representam, também, um aspecto peculiar, distintivo e significativo das culturas andinas[185]: trata-se de um termo em língua *quéchua*, língua falada pelos Incas, que significa algo como "santuário" ou de recolhimento dos *sacra* (em termos latinos da antiga cultura romana). Referia-se tanto a lugares como a objetos ou produtos do homem, nos quais se reconhecia uma potência cujos favores eram procurados por intermédio das práticas cultuais e, logo, essas *huacas* eram destinatárias de um culto, de oferendas propiciatórias, projetando-se nelas funções que nós (ocidentais) definiríamos como sacras, de fato. Entre todas, as *huaca* mais importantes para os agricultores eram as grandes pedras anicônicas erigidas no centro dos campos cultivados e às quais era atribuída a qualidade e a função de "guardiães dos campos". Mas – e esse é outro dado importante para entender a centralidade da soberania incaica – é preciso destacar como eram consideradas *huaca*, também, as próprias múmias dos soberanos incas. Finalmente, as práticas cultuais envolviam tanto o sacrifício de animais quanto aquele de seres humanos, que deveriam se dar por decapitação: esse fato é claramente documentado na obsessiva recorrência das "cabeças troféus". E, finalmente, a centralidade da sociedade aristocrática ao redor da peculiar função sagrada do soberano inca é demonstrada pela mumificação (além do próprio Inca) dos

---

184. PEASE, G. Y. F. *El Dios creador andino*. Lima: QillqaMayu, 1973. • DEMAREST, A. A. *Viracocha – The Nature and Antiquity of the Andean High God*. Harvard: Harvard University Press, 1981.

185. No que diz respeito a este aspecto específico, mas posto em relação, em termos gerais, à importante associação entre religiões e línguas indígenas, cf. DUVIOLS, P. (org.). *Religions des Andes et langues indigènes:* Équateur, Pérou, Bolivie, avant et après la conquête espagnole. Marselha: Aix Marseille Université, 1993.

cadáveres dessa classe social e dos ricos mobiliários fúnebres que os acompanha[186]: e não por último, tudo isso é testemunhado pela presença de um culto dos mortos[187].

Preocupação com o tempo e obsessão de seu controle calendarial no contexto mesoamericano

Uma enorme preocupação com o tempo e seu transcorrer e, logo, um esforço complexo e obsessivo para criar um sistema de medidas e de controle do mesmo parece se constituir como uma característica peculiar e própria das civilizações mesoamericanas. Tanto as significativas conquistas no âmbito da astronomia maia – com seu alcance da perfeição no cálculo aritmético e a descoberta/criação da noção-conceito do zero – quanto o sistema compartilhado, por Maias e Astecas, das cidades templárias, chegando às comuns estruturas e funções das pirâmides (periódica e fisicamente renovadas) demonstram o horizonte comum dessa preocupação, desse controle e sua interligação com a existência de grandes ciclos calendariais[188]. Trata-se, como vimos, de um complexo sistema, de medidas e controle, que era de competência do clero: fundamentada, justamente, na comum estrutura das cidades templárias que, no caso maia, projeta uma sociedade repartida entre agricultores, de um lado, e aristocracia e sacerdotes, de outro; ou talvez mais precisamente expressa nas características de uma civilização teocrática e sacerdotal, em Teotihuacán, antes e a fundamento da sociedade asteca; ou sublinhada, ainda, pela atenção que recebe o culto ao Sol e à Lua, mais uma vez com

---

186. ZUIDEMA, R. T. *The Ceque System of Cuzco... Op. cit.*

187. Para todos esses aspectos gerais, propostos pelas respectivas sínteses, cf. BRELICH, A. *Introduzione alla storia delle religioni. Op. cit.*, p. 255-257. • SCARPI, P. Le religioni del mondo antico. *Op. cit.*, p. 149-151.

188. BRODA DE CASAS, J. *The Mexican calendar as compared to other Mesoamerican systems*. Viena: Engelbert Stiglmayr, 1969. • BRUNDAGE, B. C. *The Fifth Sun – Aztec Gods, Aztec World*. Austin: Texas Pan American Series, 1979. • AVENI, A. F. *Observadores del cielo en el México antiguo. Op. cit.*

seus respectivos templos-pirâmides (as *Huaca del Sol, Huaca de la Luna*) no contexto incaico[189].

O calendário mesoamericano mantém traços comuns a todos os povos da Mesoamérica. Resulta ser fruto da consolidação de tradições diversas, mas o esforço de sistematização calendarial nesse contexto mesoamericano parece ter encontrado junto aos Maias um impulso e resultados significativos na elaboração de um sistema bastante complexo. Mantendo uma estreita relação e dependência com a complexidade da escrita hieroglífica, da perfeição no cálculo aritmético (a partir da noção-conceito do zero), e com a observação do céu e o cálculo dos movimentos astrais próprios dessa civilização, o calendário pôde determinar e fixar as fases e os eclipses da lua, o solstício, a revolução do planeta Vênus, a duração do ano etc. Em termos gerais, junto à civilização maia podemos salientar como, em primeiro lugar, toda datação é determinada através de uma pluralidade de referências cronológicas: isto é, o sistema do calendário foi fundado prevalentemente sobre dois ciclos temporais de grandeza diversa, calculados sobre a base de um sistema vigesimal[190]. Em primeiro lugar, há o ano de 365 dias – *haab* entre os Maias, sucessivamente denominado de *xiuhuitl* entre os Astecas – que resulta dividido em "meses" de 20 dias (o número 20 constitui-se como a base do sistema numérico maia); portanto, há 18 desses meses cuja duração total são acrescentados 5 dias, a fim de assimilar este ano com aquele solar. Este calendário fixava e estabelecia as atividades de trabalho. Mas, paralelamente a esse, existia um calendário divinatório (*tzolkin* entre os Maias) de 260 dias, fruto da combinação de vinte nomes e treze números, desvinculado dos ritmos naturais e sem uma relação de origem com o ciclo agrário, mas igualmente cíclico. Com esse calendário, portanto, o ano resultava dividido em 20 "meses" de 13 dias cada

---

189. ZIÓLKOWSKY, M. S.; SADOWSKY, R. M. (orgs.). *Time and Calendars in the Inca Empire.* Oxford: BAR, 1989.

190. BRODA DE CASAS, J. *The Mexican calendar as compared to other Mesoamerican systems... Op. cit.*

um. Configurando-se, inicial e possivelmente, como não cíclico (não conexo com o período dos trabalhos agrícolas e dos ritos agrários), o que torna característico esse calendário no interior do sistema maia é o fato de que ele, enfim, tenha se tornado cíclico, mesmo tendo sido subtraído à sua ligação com as recorrências naturais: o que aponta, enfim, como ele tenha sido autonomizado e "culturalizado". Nessa primeira perspectiva, portanto, verifica-se que, contemporaneamente, cada dia tem uma sua posição no ano solar (como um dos dias de um dos "meses" de 20 dias) e, ao mesmo tempo, no *tzolkin* (como um dos dias de um dos "meses" de 13 dias).

Mas isso não basta porque, em segundo lugar, o ano não é, absolutamente e de nenhum modo, a maior unidade de tempo para os Maias assim como não será para as civilizações mesoamericanas em geral. Além do complexo entrecruzar-se dos dois calendários apontados, de fato, os Maias distinguiam ciclos de 20 anos e, ainda, de outros tantos ciclos a partir dessa base do sistema numérico elevado a várias potências. Assim se podia conhecer o ciclo com o curso do qual um dia se encontraria novamente na mesma posição: tanto no ano solar quanto no *tzolkin*. Finalmente, o desenrolar paralelo de dois ciclos fazia que só depois de 52 anos do calendário solar e depois de 73 anos do calendário divinatório a mesma cifra e o mesmo nome coincidissem novamente. Este arco de tempo era considerado o ciclo do mundo e, por exemplo, no contexto asteca, ao fim de cada ciclo acendia-se o Novo Fogo, durante a cerimônia chamada *xiuhmolpilli*[191], que constituía, de fato, uma outra unidade de tempo, bem maior que aquela do ano, reconhecida como "ligação dos anos". Ainda, além de tudo isso, os Maias apontavam para uma era estabelecida como "ano 0": veja-se bem, anterior de milênios à sua existência histórica, logo totalmente artificial. O que faz com que cada dia pudesse

---

191. GRAULICH, M. *Mitos y rituales del Mexico antiguo*. Madri: Alcaná, 1990.

ser situado no interior de uma imensa rede cronológica que se estendia sobre a inteira existência cósmica.

Mas há mais um terceiro aspecto, mais uma complexidade, que caracteriza o sistema calendarial maia e mesoamericano em geral, porque cada uma das unidades temporais – os dias das 2 dezenas (dos 20 dias dos meses), as 2 dezenas do ano (dos 18 meses do ano), os 13 dias do *tzolkin*, mas também os vinte anos de um ciclo de 360 anos – encontrava, cada uma, uma sua própria referencialidade em uma figura extra-humana que podemos definir de "patrona". É desse modo que o tempo definido calendarialmente adquire, também, uma sua bem-definida fisionomia cultural ("religiosa") ou, se preferirmos, esta última constitui-se como base cultural e legitimadora de uma definição e de um controle ritual do tempo. Esta última característica cultural do controle do tempo pode ser verificada, ainda, pela elaboração do calendário divinatório cuja interpretação, veja-se bem, era reservada exclusivamente aos sacerdotes especializados. E desse calendário e de sua interpretação sacerdotal descendia, enfim, a necessidade de "conhecer" através dos astros o destino rigidamente predeterminado que governava o mundo e cada indivíduo. Evidentemente, portanto, o instrumento calendarial, junto com a função interpretativa dos sacerdotes especialistas da divinação, tornava-se indispensável para perscrutar e dirigir a cada momento a vida dos homens nos contextos americanos. E, finalmente, conforme vimos, a unidade de tempo não era representada tão somente pelo ano, mas, sobretudo, pelos ciclos: de 52 anos, de vinte anos e de múltiplos de vinte anos. Ciclos determinados e destinados a se repetirem pela coincidência do número e do símbolo, resultados de uma evidente construção artificial que permitia um registro contínuo dos anos: fazendo decolar o cálculo do tempo, como vimos, de um ano 0, coincidente com o 3113 a.C., no qual se pode entrever, finalmente, uma espécie de fundação mítica do tempo[192].

---

192. Para todos esses aspectos sobre o sistema calendarial do contexto mesoamericano, remetemos novamente às sínteses de: BRELICH, A. *Introduzione alla storia delle religioni. Op. cit.*, p. 254-255. • SCARPI, P. Le religioni del mondo antico. *Op. cit.*, p. 143.

Inserida na perspectiva geral dos calendários maias e mesoamericanos, uma peculiaridade do calendário dos Astecas era constituída pelo seu entrecruzar a divisão do espaço: isto é, representar (fundar) sua cosmografia[193]. Isso significa que, junto aos Méxicas, cada ano podia começar apenas em correspondência de quatro símbolos, que designavam também os pontos cardeais. De qualquer modo, todavia, a possibilidade de situar cada dia no interior de uma imensa rede cronológica estendida sobre a inteira existência cósmica, na base do sistema maia, encontra também seu paralelo na definição por parte dos Astecas do ciclo de 52 anos e da perspectiva cósmica e ritual sobre a qual e no interior da qual se erguia esse sistema. De fato, em ocasião da cerimônia *xiuhmolpilli*, que significa justamente "ligação dos anos", com a finalidade de afastar a ameaça do esgotamento do mundo (no final desse ciclo de 52 anos), os Astecas acendiam o Novo Fogo, cerimônia selada pelo sacrifício de um prisioneiro. Desse modo reaparece a estratégia cultural de um tempo sujeito a degeneração e representado ciclicamente, como forma de controle ritual (i. é, eficaz) destinada a exercitar um controle sobre ele. E, também, essa operação ritual era realizada por intermédio de um sistema festivo que cobria 1 ano de 18 meses, um dos quais, *Panquetzaliztli*, era caracterizado por solenes hecatombes humanas[194]. Um tempo sujeito a degeneração, enfim, impunha uma forma ritual

---

193. Com relação à especificidade do sistema calendarial nahua – detendo-se sobre detalhes nos quais não nos podemos deter aqui – e, também, à sua relação com a divisão do espaço (cosmografia) daquele contexto cultural, cf. o estudo de Eduardo Natalino DOS SANTOS: *Tempo, espaço e passado na Mesoamérica... Op. cit.* Sobretudo, para o sistema calendarial, todo o cap. II e principalmente p. 128-142; e, para a divisão do espaço (a constituição de uma cosmografia), o cap. III, principalmente p. 228-254.

194. LITVAK KING, J.; CASTILLO TEJERO, N. (orgs.). *Religión en Mesoamérica*. México: La Sociedad, 1972. • LÓPEZ AUSTIN, A. La religione della Mesoamerica. *Op. cit.*, p. 5-75. • BRODA DE CASAS, J. *The Mexican calendar as compared to other Mesoamerican systems... Op. cit.* • AVENI, A. F. *Observadores del cielo en el México Antiguo. Op. cit.* • NÁJERA CORONADO, M. I. *El don de la sangre en el equilibrio cósmico... Op. cit.* • LÓPEZ LUJÁN, L. *Las ofrendas del Templo Mayor de Tenochtitlan*. México: Instituto Nacional de Antropología e Historia, 1993.

para realimentá-lo: e essa ritualidade também se inscreve no plano característico da cosmologia asteca, estreitamente conexa com o sacrifício ritual[195].

Ciclos solares e sua relação com a soberania no contexto Inca

Com relação ao contexto incaico, também verificamos como esse manifestava uma atenção peculiar aos ciclos solares, caracterizada pelo oferecimento de um culto ao Sol e à Lua: com as *Huaca del Sol* e as *Huaca de la Luna*[196]. E em relação a isso precisamos

---

195. Sacrifício precedido, segundo a cosmologia dos Astecas (mas, na realidade, herdada por eles, visto que se trata de um mito que apresenta numerosas variantes), por outros quatro universos, os Quatro Sóis, que haviam se estinguido [trata-se, respectivamente, dos seguintes. O primeiro, *naui-ocelotl* (*naui*: quatro), Quatro Jaguares, porque os jaguares haviam devorado os homens; o segundo, Quatro Ventos, por intervenção de Quetzalcoatl, que tinha transformado todos os homens em símios; o terceiro *nauiquiauitl*, Quatro Chuvas, quando Tlaloc, deus da chuva e do raio, o havia submerso com uma chuva de fogo; o quarto, *naui-atl*, Quatro Águas, terminado com um dilúvio durante 52 anos, que é o ciclo de renovação do mundo]. Por fim, também este mundo, o quinto sol – *naui-ollin*, Quatro Terremotos –, era destinado a exaurir-se, aniquilado por um grande terremoto. Situado no centro do universo e fonte da existência do mundo, o sol perdia uma parte de si em cada criatura e, porque continuasse a existir e não se extinguisse, o homem deveria fornecer-lhe a nutrição por intermédio do sacrifício e da oferta do coração da vítima, que era uma porção da luz solar. O sacrifício primordial e perpétuo do Sol, que desmembrado e dividido entre os homens garantia a existência por um ciclo de 52 anos, correspondia ao sacrifício dos homens, com o fim de reintegrar a unidade originária do Sol, que a cada levantar-se perdia com a luz uma parte de si. Diante da alternativa entre o massacre dos homens e o fim do Sol, o Estado autoritário asteca optou pela carnificina. Amplamente difundida entre as outras populações da Mesoamerica, esta prática sacrificial foi um instrumento nas mãos dos soberanos para controlar e ter subjugados os seus súditos, mesmo que, preferivelmente, as vítimas fossem prisioneiros de guerra, mortos apenas depois de ter passado por um combate ritual do tipo gladiatório com os seus vencedores diante de toda a cidade. Então era extraído o seu coração, que "nutria o sol", os corpos esfolados e desmembrados, e as partes distribuídas e consumidas ritualmente, enquanto a pele era destinada a alguns homens, que se recobriam e imitavam os combates. Os sintéticos esclarecimentos da nota (a título de exemplo) são tirados de: SCARPI, P. Le religioni del mondo antico. *Op. cit.*, p. 142.

196. ZIÓLKOWSKY, M. S.; SADOWSKY, R. M. (orgs.). *Time and Calendars in the Inca Empire.* Oxford: B.A.R. – British Archaeological Reports Oxford,

prestar atenção à conexão desse culto com a centralidade atribuída à soberania incaica que, não por acaso, destaca-se pela cura prestada à mumificação dos soberanos, considerados e cultuados, também, como *huaca*. Conquistado pelos espanhóis sob a chefia de Fernando Pizarro em 1532, o reino incaico era a última das civilizações que se sucederam na região andina[197]. E a forma de civilização que os espanhóis encontraram no planalto peruviano, como bem entenderam esses últimos, era caracterizada por uma poderosa forma de soberania, com feições monárquicas. Fato é que essa soberania resultava fortemente entrelaçada com uma dimensão cultual ("religiosa") e extra-humana. O Inca, enfim, era considerado filho e representante na terra de Inti, um ser extra-humano solar, enquanto sua esposa principal era considerada em uma estreita e análoga relação com uma entidade lunar. Nesse sentido, originariamente, Inca era um título que pertencia por direito ao soberano[198], com função dinástica: enquanto tal, era conferido também aos membros da sua família e, ainda, às linhagens aparentadas com ela. O que torna evidente o fato de que, enquanto tal, o título absorvia a uma função dinástica, como determinativo de uma linhagem[199].

Em conformidade com a tradição recolhida na época da conquista, também junto aos Incas encontramos uma atenção e uma perspectiva cósmica relativa ao tempo que, de algum modo, delimitava ciclos temporais: mas com uma peculiaridade toda própria a essa civilização e, justamente, a um sistema e à sua

---

1989.

197. Os Incas falavam a língua *quéchua* (foram os missionários que, com esse vocábulo, indicaram a *runasimi*, a "língua dos homens", falada pelas populações dos altos vales andinos), e suas origens são obscuras; apenas narradas por tradições em parte lendárias, em parte míticas. A partir de uma área relativamente limitada, no século XIII deram início à sua expansão que, no curso do século XV, culminou com a realização do famoso "império" que se estendeu até mesmo para além das fronteiras do Peru.

198. Além dos outros estudos já indicados, cf.: MÉTRAUX, A. *Les Incas*. Paris: Le Seuil, 1962.

199. BRELICH, A. *Introduzione alla storia delle religioni. Op. cit.*, p. 256.

específica relação com a soberania em sua dimensão, ao mesmo tempo, centralizadora e extra-humana[200]. Isto significa que os Incas dividiam a história do mundo em cinco períodos, cada período (com duração de mil anos) correspondente – e essa resulta ser a importante peculiaridade inca – a um Sol e funcionando como "recipiente" dinástico: isto é, em cada Sol/período anterior eram reagrupados os soberanos que haviam precedido aqueles (da geração/do Sol) do presente. Este último era o quinto Sol e era, sobretudo, o Sol da dinastia inca. Trata-se, portanto, de uma espécie de ciclos míticos que pretendem definir a gênese e as transformações pelas quais passou a civilização incaica. A articulação desses ciclos define, então, um primeiro Sol identificado como aquele dos homens de Viracocha (*Vari-Viracocha-runa*) que, entre guerras e pestes, encerrou-se com uma subversão da ordem; um segundo Sol é identificado como aquele dos homens sagrados (*Vari-runa*) e teria se esgotado quando o Sol parou de fornecer sua luz aos homens; o terceiro Sol é aquele dos selvagens (*Purún-runa*) e teve fim com um dilúvio (fase cosmológica que podemos imaginar o quanto tenha cutucado as fantasias dos missionários!); o quarto é o Sol dos guerreiros (*Auca-runa*) e se concluiu com uma inversão de ordem (respectivamente, em relação à época anterior e, opondo-se antiteticamente, à sucessiva e última do presente inca!) que envolveu a assunção do homossexualismo e de costumes afeminados por parte dos homens. Finalmente, é no quinto Sol que encontramos a figura do fundador da dinastia inca, Manco Capac: representado como filho do Sol que, uma vez chegado no vale de Cuzco e erguida uma cabana no lugar onde surgiria o templo do Sol, assumiu a função de regenerar os homens e de ensinar a eles as formas da vida associada[201]. A fixação

---

200. ZIÓLKOWSKY, M. S.; SADOWSKY, R. M. (orgs.). *Time and Calendars in the Inca Empire. Op. cit.*

201. PEASE GARCÍA-YRIGOYEN, F. *El Dios criador andino.* Lima: Quilla Mayu, 1973. • DEMAREST, A. A. *Viracocha – The Nature and Antiquity of the Andean High God. Op. cit.* • KRICKEBERG, W. *Mitos y leyendas de los*

mítica dessa figura para a civilização inca, enfim, assume a função de estabelecer, com ela, a imutabilidade dessa última conquista cultural e desse resultado de transformações e de ciclos na base da gênese e da articulação dos respectivos Sóis/ciclos: a garantia dessa imutabilidade, portanto, realiza-se no final de sua trajetória pela transformação de Manco Capac em estátua e, logo, por seu tornar-se objeto de culto[202].

Com relação a essa última figura costuma-se qualificar ela como "mítica", mas talvez seja mais apropriado falar de uma figura de antepassado mítico que, em termos histórico-religiosos, vem se configurando como um herói cultural do qual descendem tanto a linhagem, quanto o princípio de sucessão dinástica dos soberanos incas. Eis portanto, a propósito, a estreita relação da organização dos ciclos temporais incas, e da consequente organização cósmica, com o sistema da forte e peculiar perspectiva do centralismo do soberano. É o Sol, Inti, o fundador da dinastia celeste e enquanto filho do Sol o Inca (cujo protótipo cultural é fundado por Manco Capac) é quem libera os homens de sua condição de embruteci-mento. Portanto, o fundamento da realeza terrena dos senhores de Cuzco era o Sol, referência extra-humana principal do Império inca que, através de seus soberanos e da instituição dinástica de seu poder, não podia deixar de introduzir seu culto junto a todas as províncias conquistadas. E, como dissemos antes, se o soberano era a encarnação terrena do Sol, sua esposa representava a contra-partida feminina de Inti, Mama Quilla, a Lua. Chamada de *qoya*, a partir da época de Topa Inca, filho de Pachacuti (o verdadeiro artífice do Império), deveria ser a irmã do soberano. A síntese mais emblemática e visível desse sistema inca era constituída pelo templo do Sol (o *Coriancha*, "recinto de ouro"), em Cuzco, que – mais

---

aztecas, incas, mayas y muiscas. México: Fondo de Cultura Económica, 1985.
• KEATINGUE, R. W. (org.). *Peruvian Prehistory... Op. cit.*
202. GAREIS, I. Religioni delle culture superiori andine. *In*: FILORAMO, G. (org.). *Storia delle religioni – Vol. V: Religioni dell'America precolombiana e dei popoli indigeni*. Roma-Bari: Laterza, 1997, p. 77-104.

uma vez, como no caso da estátua de Manco Capac, materializada para o culto ao antepassado mítico, mas também como no caso do culto às múmias dos soberanos incas – hospedava as estátuas em ouro dos soberanos. Finalmente, em acordo com a fortemente e bem-definida hierarquia da sociedade incaica, as figuras do panteão também eram estruturadas em forma rigidamente hierárquica[203]. Abaixo do Sol e da Lua (como vimos, os princípios e os fundamentos da soberania) se encontrava Illapa, o Trovão, que com seu estilingue atingia a chuva do rio celeste, ou seja, a Via Láctea; e se encontravam, ainda, Pacha Mama, a Terra Mãe, que, diferentemente do que podemos pensar, era caracterizada por aspectos ctônios e "infernais", e, ainda, a sua contrapartida masculina, Pachacamac, por vezes sobreposto a Viracocha[204], ao qual era reservado um culto de tipo oracular e divinatório, sobretudo ao longo da costa central do Peru. Isto, além de outras figuras que, ainda, gozavam de cultos locais[205].

Finalmente, outra importante intersecção/relação com os ciclos solares (e desses com a soberania) diz respeito às manifestações institucionais (de que tratamos neste capítulo) no contexto incaico, sendo aquela que estrutura, dirige e administra a organização do espaço: trata-se da distribuição do poder soberano. Obviamente, a esse respeito, o exemplo mais emblemático e significativo é aquele

---

203. ZUIDEMA, R. T. *The Ceque System of Cuzco… Op. cit.* • GAREIS, I. Religioni delle culture superiori andine. *Op. cit.*, p. 77-104.

204. Conforme já apontamos em nota anterior, em relação à figura de Viracocha – e, às vezes, a certa sobreposição/confusão com aquela de Pachacama –, vale a pena confrontar a problemática histórico-comparativa apresentada neste rico trabalho: HOSNE, A. C. *Dios, Dio, Viracocha, Tianzhu*: "Finding" and "Translating" the Christian God in the Overseas Jesuit Missions (16th-18th Centuries). *In*: ZUPANOV, I. G.; FABRE P.-A. *The rites controversies in the Early Modern World*. *Op. cit.*

205. Com relação a alguns dos temas e das problemáticas históricas e histórico-religiosas dos últimos dois parágrafos, cf. SCARPI, P. Le religioni del mondo antico. *Op. cit.*, p. 152-153.

que se refere, sobretudo, à capital do reino inca[206]. De fato, Cuzco era dividida em quatro setores que serviam de base e se projetavam na organização da entidade da organização política do território e do Império: um território, esse, que por sua vez se dividia em outros tantos quadrantes. Desse modo, não só a figura do soberano inca (como já vimos), mas, paralelamente, também a organização política do território se configurava (e, logo, estruturava-se) como projeção cosmológica da capital incaica que, por seu lado e paralelamente ao soberano, vinha assumindo a representatividade e a função de um centro do mundo. O paralelo está dado: a mesma perspectiva "teológica" que servira a legitimar o poder do soberano ecoa, também, na legitimação do poder político do território e isso se realiza por meio de uma perspectiva cosmológica que gera, estrutura, organiza e legitima ambos os poderes. E, evidentemente, da definição dos espaços surgia o princípio que determinava o sistema político e social[207]. Desse modo, a estrutura e a organização cosmológica incaica *produzia* – com função característica das cosmologias e das mitologias – o mundo que, tanto no tempo quanto no espaço, configurava-se enquanto controlado pelo soberano: não por acaso considerado descendente de Inti e denominado de *sapa inca*; isto é o supremo inca. E mais uma vez, como vimos até aqui, no interior de um horizonte comum aos politeísmos do mundo antigo, esse controle do soberano era realizado e efetivado por intermédio de seus funcionários e seus sacerdotes. Portanto, neste contexto e neste complexo sistema hierárquico os sacerdotes

---

206. ZUIDEMA, R. T. *The Ceque System of Cuzco… Op. cit.* • CONRAD, G. W.; DEMAREST, A. A. *Religión e imperio – Dinámica del expansionismo azteca e inca.* Madri: Alianza, 1988.

207. Os quatro quadrantes do Império e os quatro bairros de Cuzco, por sua vez subdivididos em complexos subsistemas numerais do tipo binário, ternário e decimal, eram os eixos cósmicos em que se apoiava a ordem do mundo. Esta organização do espaço, que encontrava um fundamento cosmológico nos quatro períodos que precederam a terra inca, ressentia também da necessidade de controlar os recursos hídricos e os sistemas de irrigação, sem os quais a economia andina seria destinada ao colapso. Cf. SCARPI, P. *Le religioni del mondo antico. Op. cit.*, p. 154.

assumem, mais uma vez, um papel central e determinante[208]: e isso, ainda que dependessem, como sempre, do soberano – que assumia a função de sumo sacerdote, *villac-omo* – e que (mais uma vez em um horizonte comum e que já conhecemos), quanto menos os sacerdotes dos templos mais importantes, pertencessem à família real. Além disso, obviamente, cada província do vasto Império, cada cidade e cada vila tinha seu próprio pessoal, que se dedicava ao culto das principais divindades[209].

---

208. O seu número era altíssimo. Calculou-se que só no templo do Sol agiam, em várias funções, mais de 4 mil incumbidos, e, ainda, que um terço dos recursos do Império era destinado a sustentar a complexa, mas evidentemente importante, organização religiosa.

209. Para a síntese apresentada neste último parágrafo, cf. SCARPI, P. Le religioni del mondo antico. *Op. cit.*, p. 143-154.

Doutrinas e práticas fundantes

Introdutoriamente a este livro, dizíamos que, quando se fala em "religiões antigas", é preciso entender, antes de tudo, a estreita associação entre mundo antigo, o contexto étnico e as características de seus politeísmos.

Por esse motivo, além da inversão dos itens com relação à organização dessa coleção – isto é, a antecipação, acima proposta, das "manifestações institucionais", em relação à análise das "doutrinas e práticas fundantes", que abordamos a seguir –, devemos salientar, também, como em determinadas manifestações das "doutrinas" e das "práticas" desse mundo antigo esses dois aspectos se manifestam em formas próprias e peculiares que muito forçosamente podemos identificar segundo esses termos, mesmo que de algum modo absolvam a essas funções características da nossa identificação ocidental e cristã.

Seria possível dizer, então, que no interior do mundo antigo, muitas vezes no lugar e com as funções das "doutrinas", encontramos os "mitos": esses sim absolvendo à função de fundação de determinada cultura étnica (inclusive de uma própria delimitação/ construção da etnicidade); e no lugar daquilo que nós identificamos como "práticas" encontramos os "ritos" e os "cultos" realizando algo específico e diferencial com relação a uma operação de fundação, como veremos a seguir.

Preâmbulo: mitos e ritos

Primeiramente, devemos destacar como no contexto das civilizações antigas não doutrinárias também encontramos "histórias sagradas": isto é, histórias que absorvem uma função de fundação de uma dada realidade, de uma dada visão de mundo ou, finalmente, no interior da perspectiva própria a essa cultura, da própria fundação e organização do mundo. Fixadas ou menos em tradições escritas, essas histórias são reconhecidas enquanto "mitos". O termo é grego e, de fato, no contexto homérico, por exemplo, o termo significava simplesmente "discurso" ou "narração". Nesse específico caso, a conotação negativa do termo não esperou pela revolucionária perspectiva (de revisitação da categoria, assim como do próprio mundo antigo) cristã, mas se produziu e cresceu no interior do próprio mundo grego: isto é, quando com os filósofos gregos se começou a utilizar o termo para indicar um "discurso fantástico" ou "falso" em contraposição, evidentemente, ao termo grego *logos* que, às antípodas do primeiro, se tornaria o "discurso verdadeiro" dos filósofos. No mundo grego, *logos* significava tanto "prosa" quanto "razão". Portanto representava a língua falada, em contraposição à língua literária: e a prosa tornou-se literatura, na Grécia, muito mais tarde do que a poesia: talvez ao redor de 550 a.C. e provavelmente em Mileto. Podemos dizer, então, que se tratava da língua centrada em um objeto "prosaico"; isto é, a vida de todo dia, a vida de relação. Era, enfim, a vida na qual se discutia, se fazia política, se pedia "razão". Finalmente, este *logos* no mundo grego não emerge em função crítica dos mitos, mas em função crítica de um equilíbrio político e social orientado por aqueles mitos: segundo Sabbatucci, portanto, trata-se de uma convulsão que acabou produzindo o fim da monarquia[210]. Se quisermos, enfim, por um lado podemos

---

210. SABBATUCCI, D. *Il Mito, il Rito e la Storia. Op. cit.*, p. 173 e, sobretudo, todo o cap. VII: "Sotto il segno del *logos*: storiografia come tragediografia". Inclusive, os resultados da historicização proposta por Sabbatucci foram expostos, também, em VERNANT, J.-P. *Mythe et pensée chez les Grecs – Études de psychologie historique*. Paris: Maspero, 1965, principalmente ao longo do 7º ensaio, que trata da passagem do mito à razão e, logo, da formação do pensamento positivo na Grécia antiga.

dizer que o mito não compartilha, segundo os filósofos gregos, da "racionalidade" que eles atribuem ao próprio *logos*, mas, por outro, que este *logos* não pode configurar-se absolutamente com algo que possamos identificar enquanto "pensamento positivo".

De qualquer modo, todavia, em sociedades etnológicas o mito consiste em uma tradição oral da sociedade, transmitido por narradores "especializados" e por eles narrado em determinadas ocasiões rituais. E a característica principal do mito é aquela que diz respeito à qualidade do tempo em que ocorrem as ações, assim como a qualidade daquelas ações: trata-se de um tempo "outro", colocado em um passado não definível, que envolve ações "outras", determinando o estatuto do presente no qual deve se desenvolver a vida humana. E, como já vimos anteriormente (quando falamos das figuras extra-humanas dos deuses, dos heróis, dos antepassados etc.), diferentes ou "outras" são aquelas personagens que agem naquele tempo: elas têm a função de definir e delimitar o espaço da "alteridade" e aquele da humanidade e, portanto, do real, tirando e distanciando o homem de qualquer possível promiscuidade com o sacro, com a natureza, com o mundo animal, domesticando e tornando vivível o mundo[211]. Finalmente, quando o encontramos junto às sociedades "superiores" ou complexas – isto é, que possuem a escrita –, o mito assume formas que, por um lado, o veiculam no interior de contextos litúrgicos e, sucessivamente, em obras poéticas que podem ser atinentes ou próximas a esses contextos ou, também, transcendê-los. Nesta sua configuração escrita, enfim, precisamos observar que o mito se enrijece, mesmo que o conjunto mitológico de determinadas civilizações possa conservar diferentes variações do mesmo mito.

De qualquer modo, a narração mítica se caracteriza propriamente por seu aspecto fundante, de fundação: isto é, conta com uma série de eventos, propostos segundo ciclos míticos, através

---

211. SCARPI, P. *Si fa presto a dire Dio – Riflessioni per un multiculturalismo religioso*. *Op. cit.*, p. 54. Cf., a respeito, todo o cap. 4: "La costruzione del sacro, il mito e il rito".

dos quais, na diversidade característica daquele passado distante e daqueles seus protagonistas, teria tido origem algo de importante para a civilização que se estrutura através de seus mitos, ou teria sofrido uma importante transformação algo que antes era diferente em relação à organização do mundo e da sociedade na sua atualidade. Finalmente, um último ponto importante a ser levado em consideração é representado pelo fato de que a mitologia de uma civilização não representa um simples acúmulo ou conjunto de seus mitos, mas constitui um conjunto orgânico que, aliás, unicamente pode nos permitir de entender um mito somente se o levarmos em consideração no interior do conjunto mitológico do qual faz parte[212].

Dizíamos, então, que o mito absorve, propriamente, a uma função de fundação. Neste sentido, torna-se significativa a definição que Angelo Brelich nos oferece relativamente a esse seu aspecto central e peculiar. Assim, o mito:

> Trazendo os fatores fundamentais da sua efetiva existência de volta aos tempos das origens nos quais, em decorrência a um evento prodigioso e não mais repetível, esses teriam se constituído, a sociedade *dá um sentido* às próprias condições e formas de existência: [nesse sentido] os mitos *fundam* as coisas que não são somente como são, mas *devem* ser como são porque assim tornaram-se naquele tempo longínquo no qual tudo foi decidido; o mito torna aceitável aquilo que é necessário aceitar (p. ex., a mortalidade, as doenças, o trabalho, a submissão hierárquica etc.) e garante estabilidade às instituições; provê, ainda, a fornecer modelos de comportamento [...][213].

---

212. Dentre outros numerosos trabalhos a respeito e para o mundo grego, cf. KERÉNYI, K. *Die Mythologie der Griechen*. Zurique: Rhein, 1951 [Trad. it.: *Gli Dei e gli eroi della Grécia*. 2 v. Milão, 1963]. Mas, em termos gerais e com relação a esse aspecto, deve-se destacar, sempre e sobretudo, a obra de Claude Lévi-Strauss: por inteiro, a bem dizer a verdade, mas principalmente os quatro volumes de: "Mitológicas" (*Mythologiques*), já citados.

213. BRELICH, A. *Introduzione alla storia delle religioni. Op. cit.*, p. 11.

A partir dessas características gerais, enfim, podemos considerar acertadas, de algum modo, as considerações dos filósofos gregos, relativamente às características do mito, mesmo que tenhamos que levar em consideração como não se trata de questão que diga a respeito de uma sua desqualificação relativamente ao crivo de "verdadeiro/falso". Isto porque, de fato, o mito não tem mesmo a pretensão de *explicar* as coisas (pretensão intelectual dos filósofos, de algum modo), mas sim de fundá-las; isto é, de atribuir valor a elas.

Em consequência do que apontamos a respeito, portanto, no contexto das civilizações da Antiguidade, não falaremos de "doutrina e práticas fundantes", mas trataremos dos mitos (e da mitologia) como tendo em vista sua função enquanto propriamente fundadora e, sucessivamente, falaremos de ritos ou de práticas rituais, como veremos mais adiante, por uma outra, correlativa e distinta função que absorvem nesses contextos.

Mesopotâmia: mitologia e mitos

Por enquanto, tratando dos mitos, vamos à especificidade do contexto mesopotâmico. Com relação a esse contexto, conforme vimos no capítulo "Manifestações institucionais", destacamos como a concepção do mundo e da natureza se configurava aí de modo inseparável da elaboração cultural que, entre o V e o IV milênios a.C., acompanhou a criação de uma sociedade sedentária, organizada e complexa: ao longo daquela que se configura como uma verdadeira e própria aventura tecnológica, social e intelectual representada pela última fase do período neolítico. No próprio momento em que se apropriavam fisicamente da realidade ao próprio redor, naquelas bases e premissas e a fim de descrever ideologicamente esta realidade, os Sumérios produziram, enfim, uma específica concepção do cosmo com a finalidade de dar razão da função do homem no contexto da criação. Como destacamos ainda, sempre naquele lugar e em relação a tudo isso, o homem sumério concebeu então a si mesmo enquanto o único ser da criação em condição de compreender a unidade que esta realidade – aparente e inicialmente se configurando como caótica – representava e, logo, em condição de interpretar o cosmo como uma entidade racional.

É a partir desses pressupostos que podemos entrever o surgimento da concepção religiosa dos Sumérios. Desse modo, "eles identificaram no mundo uma complexa rede de vontades sobre-humanas que plasmam a realidade e o homem e que instauraram com este último uma relação privilegiada, dando um sentido à sua presença sobre a Terra e, ao mesmo tempo, à sua capacidade de intervir sobre a própria realidade e modificá-la. A presença na natureza dessas entidades superiores, chamadas 'deuses', representa o fundamento psicológico que permitiu ao homem de realizar a passagem de espectador inerte a ator ativo e consciente do seu mundo. E a criação é o lugar em que tanto o homem quanto aquelas vontades sobre-humanas compartilham o espaço físico e no interior do qual os deuses expressam seu querer para indicar ao homem o comportamento a ser seguido e guiá-lo à procura da função que lhe compete no complexo equilíbrio da natureza: esses últimos, de fato, exprimem a si mesmos e a sua vontade justamente na aparência física da natureza. [...] O homem é o único ser em condição de compreender os ditames daquelas vontades e de cumprir o querer dos deuses, [por outro lado] o mundo divino é absolutamente imanente à realidade; isto é, a sua existência não deve ser nem demonstrada nem revelada. Consequentemente, não existe na tradição mesopotâmica uma 'teologia' ao modo ocidental, entendida como discurso sobre a natureza e a finalidade de deus"[214].

Como dizíamos, o mito absorve, propriamente, a uma função de fundação. E é essa fundação e perspectiva cosmogônica, teogônica e antropogônica que é aberta e lançada pelos mitos (pela mitologia) da antiga Mesopotâmia. Os primeiros mitos sumérios que conhecemos contam como os grandes deuses criaram o

---

214. Cf. D'AGOSTINO, F. *I Sumeri. Op. cit.*, sobretudo p. 142-143.

homem: com uma especificação bastante significativa para nossa cultura cristã e ocidental, isto é, amassando-o com argila, mesmo que, sucessivamente, tenham lhe dado vida através do sacrifício de alguma divindade. Depois disso, contam como as divindades tenham fornecido ao homem o necessário para sua existência, destacando-se, nesse caso, o importante cultivo dos cereais e os instrumentos necessários para isso: até mesmo as instituições das cidades. Assim, por exemplo, ainda no *Enūma eliš* – apesar de sua específica formulação inspirada a uma consciente propaganda teológico-política – encontramos os vestígios de um grande e autêntico tema cosmogônico que conta a origem do cosmo ordenado por meio de uma guerra na qual os deuses superam, em uma áspera luta, divindades apresentadas como mais antigas – e que representam uma realidade pré-cósmica ou caótica e, portanto – que se configuram como monstruosas (a concepção do *apsu*, na Mesopotâmia, conforme vimos mais acima, a propósito do Pantheon mesopotâmico, considera os seres de caráter aquático, encabeçados pela monstruosa Tiamat). Mas, além desses temas "clássicos" do mundo antigo, o *Enūma eliš* preserva no seu interior, ainda, outros temas míticos clássicos de uma fundação/definição do mundo: é o caso do motivo arcaico da separação entre céu e terra que, no específico contexto dessa teologia política, é reapresentado em forma nova. Forma segundo a qual Marduk corta em dois pedaços o corpo do monstro feminino vencido e levanta uma de suas partes, destinada a constituir a abóbada celestial. E esta preservação de temas clássicos e arcaicos é confirmada, finalmente, por esquemas estruturais ou analogias temáticas que são reiteradas, inclusive, na *Epopeia de Gilgamesh*[215]. É esse o primeiro poema épico do mundo que fala de um lendário rei de Uruk cujo nome, todavia, carrega consigo um determinativo divino: e, de fato, Gilgamesh é definido no próprio poema como sendo "por dois terços deus, por um terço homem", recebendo também cultos próprios. Nesse

---

215. Cf. PETTINATO, G. *La saga de Gilgamesh*. Milão: Rusconi, 1992.

poema, enfim, também encontramos motivos míticos, como, por exemplo, aquele bem conhecido pela etnologia no qual a serpente (concebida por numerosos povos etnológicos como imortal pelo fato de que muda anualmente de pele e, logo, "rejuvenesce") rouba ao homem a imortalidade[216].

Se, *a priori,* o mito se configura como conto (poético, ritual e "literário") oral, em uma sociedade complexa e com escritura (cuneiforme), como aquela dos Sumérios, encontram-se textos escritos que têm a função de descrever a realidade divina: substancialmente, de apresentar o modo segundo o qual foram imaginados o nascimento e as peculiaridades desses seres extra-humanos. Nesses textos (geralmente definidos de "mitológicos"), os deuses agem em primeira pessoa apresentando sua natureza e personalidade. E se, no interior desses textos, lá onde se encontra um elemento humano (especialmente quando se encontra uma figura ligada à realeza) se fala de "épica", esse termo não corresponde a uma identificação unitária por parte dos Sumérios: justamente a *Epopeia de Gilgamesh* representa um exemplo entre os mais significativos desse aspecto.

Ainda, o *corpus* de textos que podemos confrontar a respeito é sim rico, mas com certeza não nos apresenta o quadro completo da tradição religiosa suméria. Em primeiro lugar porque são muito poucos os textos literários colocados por escrito no III milênio a.C. e que chegaram até nós. De fato, a grande maioria da mitologia em sumério nos vem de tabletes redigidos no II e I milênios a.C. no interior da tradição escriba dos Babilônicos e dos Assírios: uma tradição que, mesmo tenha incorporado na própria formação intelectual aquela suméria (assim que pôde ser definida de "sumério-acadiana"), corre o risco de nos impedir de apreciar a diferença entre as duas culturas. Assim, temos conhecimento de específicas elaborações da tradição babilônica, mas não resulta

---

216. Para uma síntese dos temas deste parágrafo, cf. BRELICH, A. *Introduzione alla storia delle religioni. Op. cit.*, p. 169-170.

claro qual tenha sido seu impacto sobre a transmissão da tradição mitológica suméria. Ainda e por outro lado, no contexto dos estudos mitológicos dos Sumérios, a falta de um quadro completo de sua tradição religiosa/mitológica é completada e inferida por dados que, além da mitologia, inspira-se em uma série de textos de natureza diferente: hinos, rezas, listas divinas ou, também, simples e distintos epítetos em diferentes contextos que nem sempre deixam de produzir um quadro muitas vezes confuso e contraditório.

Apesar de todos esses limites, todavia, na tradição sumério-acadiana se encontra uma precisa definição da razão última da existência do homem sobre a terra: ele representa uma criatura desejada expressamente pelos deuses para manter em ordem o mundo. "Em suma, toda a série de capacidades culturais e práticas que permitem o desenvolvimento regular das atividades fundamentais da vida humana civilizada, como a agricultura e o comércio, a escrita e o poder, a ritualidade e o comportamento ético e moral e outras ainda, derivaram ao homem diretamente como dádiva dos deuses. Esses aspectos são denominados em sumério *me*, homônimo do verbo 'ser' que serve de cópula, termo que pode ser traduzido com 'essência (divina), poder (divino)': ele representa a valência fundante de um aspecto da realidade humana e natural que, graças à potencialidade ínsita que lhe foi atribuída pelos deuses, pode ser 'colocado em movimento' pelo homem para acompanhá-lo em sua atividade quotidiana. Essas realidades aparentemente abstratas são simbolicamente imaginadas como objetos físicos que os deuses podem segurar na mão ou com os quais podem se adornar, e que até mesmo podem ser roubados, como é o caso de Inana em relação a um embriagado Enki no mito *Inana e Enki...*"[217].

Ainda e finalmente, no contexto dos estudos mitológicos dos Sumérios e perante a falta de um seu quadro completo que os obriga a inferir uma difícil unidade mitológica por meio de vários outros dados a que acenamos, sempre tendo em vista as

---

217. D'AGOSTINO, F. *I Sumeri. Op. cit.*, sobretudo p. 148-149.

diferentes referências espalhadas nos vários textos, inclusive indo ao encontro da tradição sumério-acadiana, podemos sintetizar um quadro narrativo comum às várias tradições sumérias. É aquele que diz respeito à concepção de dois elementos, aquele masculino e aquele feminino, que em origem se unem para produzir a criação, incluindo os outros deuses. O Céu (*an*) representa o elemento masculino, enquanto a Terra (*ki*) ou a deusa *Nammu* (provavelmente o oceano subterrâneo, correspondente ao *abzu*, que apontamos no capítulo "Manifestações institucionais", e que representaria, ainda, o elemento caótico-aquático que precedia a formação do cosmo) representam aquele feminino. É da união sexual de Céu e Terra, ou de sua separação através do ar (o deus Enlil: para o qual vejam-se, também, as outras características traçadas ainda e sempre no capítulo "Manifestações institucionais") que se entrepõe entre eles, que se produz a criação e os deuses: veja-se bem, ao mesmo tempo que os Submundos (Infernos). E é, finalmente, a essa altura que as divindades tomam possessão de suas sés ou localidades terrenas[218].

Preâmbulo: rituais e cultos

Mais acima, dizíamos – e confrontamos nas últimas páginas de que modo no contexto sumério e, depois, da Mesopotâmia antiga, isto se constituía – que no interior do mundo antigo (no lugar e com as funções das "doutrinas") encontramos os "mitos", absorvendo a função de fundação de determinada cultura e, de algum modo, de uma sua própria delimitação/construção de "etnicidade". Finalmente, aqui e por outro lado (naquilo que nós identificamos como "práticas"), encontramos os "ritos" e os "cultos": absorvendo uma sua função específica e diferencial com relação a uma operação de fundação.

---

218. A respeito do significado e da função desse "assentamento" das divindades sumérias, além do capítulo "Origem e expansão" deste livro (lá onde falamos de "'Religiões politeístas' nas cidades-Estado da Mesopotâmia antiga"), cf., ainda e sobretudo, o capítulo "Manifestações institucionais", itens "A Mesopotâmia das cidades templárias" e "O Pantheon mesopotâmico".

Se o termo "mito", como vimos, deriva da língua grega (e, também, apresenta suas profundas transformações semânticas já no interior daquele mundo antigo), o termo "culto" deriva da língua latina *cultus, colere* e, substancialmente, já no mundo romano antigo, destacava como as próprias divindades eram consideradas, literalmente, "cultivadas". Isto significa que a conotação linguística revelava como desde o mundo antigo o protagonista do culto possuía um vislumbre de consciência de que, para que as divindades pudessem existir, era preciso praticar uma operação, um trabalho (ritual) de cultivo. De outro modo, uma vez não cultuados, cultivados, os deuses podiam correr o risco de desaparecer...[219]

Dissemos "operações rituais", mas a respeito é preciso propor alguns esclarecimentos a mais. Fato é que as operações de culto podem ser distintas segundo que apareçam em momentos ocasionais, periódicos e habituais. Todas essas ocasiões aparecem associadas, na maior parte dos casos, a diferentes situações de crise: no primeiro caso trata-se de crises individuais (fome, doença, catástrofes) que não resultam em poder do homem; no segundo caso as "crises" recorrentes têm a ver com os momentos significativos de "passagem" do tempo (os momentos significativos do ano, o início ou fim da atividade produtiva ou alguns de seus momentos relevantes, momentos importantes dentro da medida temporal do mês, como o da lua nova ou da lua cheia, mas também de ou do próprio dia, seus momentos peculiares: manhã ou noite, em relação às refeições etc.). E, finalmente, sobretudo no contexto das religiões teístas encontram-se, também, cultos que se configuram como mais desinteressados: tanto de agradecimento, naqueles momentos e ocasiões que aparecem como reconhecimento de soluções de crises, quanto nos momentos que se manifestam como pura expressão de exaltação (culto, de fato) da divindade

---

219. Aprofundando esses aspectos, cf., na "Introdução" desta obra, o item "Culto, rito, sacrifício e mito".

e que, como já destacamos, acabam plasmando e fortalecendo a própria figura do ser extra-humano[220].

Em vista de tudo isso, primeiramente precisamos levar em consideração o fato de que a característica do rito (ou do rito cultual) é aquela de repropor e repetir as condições e as situações do tempo do mito, *como se fossem atuais*, mas – e isso é bastante importante – somente de forma provisória, em situações e momentos contidos no interior do espaço temporal e físico da cerimônia. Dito de outro modo, assim como o mito, o rito renova sempre o sentido da existência humana, refundando-a periodicamente *como se* a subtraísse provisória e periodicamente ao fluir do tempo. Ação eficaz no presente – em contraposição ao mito enquanto ação fundadora *in illo tempore* –, a ação ritual representa um instrumento através da qual a sociedade confirma e legitima periodicamente valores e regras. Lá onde o mito representa a *palavra* fundadora, portanto, o rito (qualquer que seja) se configura como *ação* (o rito é substancialmente ação!) que controla o porvir[221].

Mesopotâmia: rituais e cultos

Acabamos de constatar como, no contexto antigo geral, e especificamente naquele (mitológico) mesopotâmico, é mais através dos símbolos e dos epítetos que se destaca a variedade das divindades, assim como, ainda, são os específicos hinos cultuais

---

220. A esse respeito, cf. BRELICH, A. *Introduzione alla storia delle religioni. Op. cit.*, p. 42. E na esteira dessa problemática, às p. 43-54 da mesma obra encontramos a diferenciação do culto realizado através dos sacrifícios: quais sejam, a oferta das primícias, o sacrifício dádiva, a comunhão. A esse respeito, remetemos novamente ao item "Culto, rito, sacrifício e mito", na "Introdução" desta obra.

221. Cf. SCARPI, P. *Si fa presto a dire Dio... Op. cit.*, p. 57. Além dessa perspectiva geral, necessária à introdução do assunto, para uma problematização e uma análise mais completa do rito, de suas funções, significações e formas, cf., ainda e mais uma vez, a introdução desta obra, no item "Culto, rito, sacrifício e mito".

destinados a elas que nos revelam a particularidade dos caracteres e das funções. Tudo isso torna evidente o fato de que a caracterização, identificação e peculiaridade das divindades se encontram presentes mais naqueles "documentos" do que, propriamente, nas formas do culto. Isto, de resto, é decorrência do fato de que a cada divindade era destinado exatamente o mesmo tipo de culto diário. Portanto, se, conforme vimos a propósito dos mitos, uma das tarefas, miticamente estabelecida pelos deuses, era a de que os homens dessem a eles morada estável e digna; logo, no templo, onde era hospedada a divindade, sua estátua era, regularmente, vestida e ornada todas as manhãs e, no decorrer do dia, a ela eram servidas as habituais quatro refeições diárias próprias do homem babilônico, com grande riqueza e variedade de alimentos e bebidas. Apesar de existirem casos de sacrifícios particulares (como sacrifícios purificatórios, ou do tipo "bode expiatório", ou de "comunhão" com a divindade etc.), o culto (sacrifício) babilônico se manifestava principalmente como refeição da divindade. E com relação a essa uniformidade geral dos cultos, estes se diferenciavam por suas particularidades relativamente às festas anuais das divindades individuais, próprias a cada cidade-Estado. Sabe-se, de fato, que determinados ritos eram celebrados especificamente em homenagem a determinadas divindades.

Mas, enfim, reencontramos a uniformidade de culto característica da Mesopotâmia antiga em relação à festa mais importante que era celebrada em cada cidade-Estado e da qual possuímos a maior documentação com relação a todas as outras festas anuais das diferentes cidades. Trata-se do famoso *akitu*, a grande Festa de Ano-novo, que na cidade de Babel era celebrada em homenagem a Marduk, assim como nas outras cidades era destinada a celebrar as respectivas divindades políades. No contexto da cidade de Babel, o *akitu* babilônico durava ao longo dos primeiros 11 dias do primeiro mês do ano calendarial: isto é, na primavera, depois da colheita. É nesse período e em ocasião dessa festa ritual que se recitava o *Enūma eliš*, o "Poema da criação", e nessa ocasião ritual se realizava, como já vimos, a ierogamia[222]: isto é, o rito das núpcias sagradas. Como acabamos de destacar, sendo que a ação ritual, suspendendo provisoriamente o fluxo do tempo, propunha-se como ação eficaz no presente para confirmar e legitimar periodicamente valores e regras, por sua vez a ação ritual do *akitu* procedia e representava uma forma de reintegração do rei no interior de suas funções, depois de um rito de purificação. Obviamente, precisamos prestar atenção ao fato de que partimos desse rito e dessa representação em época babilônica: somente daí podendo remontar, de algum modo, à fase suméria pré-dinástica. Contudo, mesmo com essa ressalva, parece bastante provável e podemos inferir com certa segurança que esse rito, também, já tivesse oferecido uma abertura e uma possibilidade antecipada de acolher o processo de divinação do rei: que, todavia e de fato, se afirmará sucessivamente. Logo, tendo em vista que a função desse rito era aquela de verificar e renovar, periodicamente, o favor divino em relação ao exercício do poder por parte do rei, a renovação periódica e ritual do poder deste parece abrir-se e predispor-se, com o *akitu*, à função de renovação de uma legitimidade que, de qualquer modo, devia sempre e constantemente ser garantida pelas divindades[223].

Como vimos quando tratamos das características cidades templárias mesopotâmicas (a propósito das manifestações institucionais), a fim de hospedar a divindade havia a característica *ziqqurat*[224], esta representava o templo da divindade políade de cada cidade. Além desse, havia também uma espécie de santuário, colocado fora da cidade, que era denominado de "casa do *akitu*", que representava a meta da procissão da Festa de Ano-novo. É neste último templo que se desenvolvia uma curiosa, complexa e

---

222. Para mais detalhes sobre esta função institucional, cf., nesta obra, o item "O rei e as núpcias sacras", no capítulo "Manifestações institucionais".

223. BIDMEAD, J. *The Akitu Festival – Religious Continuity and Royal Legitimation in Mesopotamia*. Piscataway: Gorgias Press, 2004. • PALLIS, S. A. *The Babylonian Akitu Festival*. Copenhagne: A.F. Host, 1926.

224. A "torre", construção de terraços sobrepostos e interligados por rampas de escadas, uma espécie de pirâmide tronca que, no final das contas, tornou-se o protótipo da famosa "torre de Babel" do conto bíblico.

interessante cerimônia. Essa começava com um rito de purificação do templo, que consistia em carregar ritualmente sobre dois pequenos ídolos, constituídos para isso, o quanto de impuro ou nefasto havia se acumulado ao longo do ano. E um dos momentos mais importantes que caracterizava esta festa de fim de ano era constituído pela introdução do rei no templo por parte do sacerdote. Na ocasião, este último privava o rei de suas insígnias reais, o esbofeteava e o obrigava a uma confissão de suas faltas (i. é, o rito consistia em uma espécie de purificação também da personalização do poder!): só depois disso o sacerdote reintegrava o rei em sua posição, devolvendo-lhe as insígnias. Outro momento da celebração é representado pela recitação solene do "Poema da criação", o *Enūma eliš*, momento durante o qual, como vimos, se realizava a hierogamia. Este momento também reenviava, ano por ano, às condições caóticas das quais se gestou e surgiu a existência ordenada. Esses dois ritos – aquele do esbofeteamento do rei por parte do sacerdote e a recitação do "Poema da criação" – são, portanto, os exemplos mais significativos do sentido do rito da celebração do Ano-novo: trata-se de expressar a intenção de um recomeçar do zero a existência ordenada, depois que uma sua momentânea abolição ritual a tivesse zerado, para purificá-la de qualquer imperfeição que, no entanto, tivesse intercorrido. E este sentido da Festa de Ano-novo – como recomeço *ab imis* da ordem – se torna ainda mais significativo se levarmos em consideração que é nesse momento e paralelamente a esses rituais que a divindade políade celebrava as assim chamadas "núpcias sagradas" com sua esposa: o que, também, expressava como, com o novo ano, era reinstaurada, a cada vez, reiteradamente, a ordem que se revela, ao mesmo tempo, enquanto ordem divina, cósmica e social[225].

Tendo em vista essas ações rituais, portanto, precisamos prestar atenção, também, para o fato de que, por sua vez, os operadores

---

225. SACHS, A. Akkadian rituals. *In*: PRITCHARD, J. B (org.). *Ancient Near Eastern Texts Relating to the Old Testament with Supplement*. 3. ed. Princeton: Princeton University Press, 1969, p. 331-345.

rituais – isto é, as figuras sacerdotais mesopotâmicas – se caracterizavam por uma ampla variedade em relação às suas diferentes especializações. Estas últimas, todavia, não resultavam de alguma relação com as variedades das figuras divinas: de fato, as distinções eram ligadas a funções, títulos, atributos, e não às peculiaridades das divindades servidas pelos sacerdotes. Há, todavia, o que parece se configurar como uma única distinção sacerdotal ligada diretamente a uma específica divindade: trata-se da figura sacerdotal (faziam mesmo parte do pessoal sacerdotal!) das "prostitutas sacras" ligadas ao serviço de Ishtar. Portanto e em termos gerais, o sacerdócio mesopotâmico era constituído por um sumo sacerdote para cada cidade templária: ao que tudo indica, muito provavelmente, continuador das funções do originário rei-sacerdote, desde quando o verdadeiro e próprio rei reinava na cidade "profana"; havia também o grande sacerdote do próprio templo e, no interior desse, distinguiam-se, sucessivamente, segundo a especificidade de suas funções e encargos, os sacerdotes purificadores, adivinhos, cantores etc.: enfim, eram considerados como "sacerdotes" todos aqueles que desenvolviam algum tipo de atividade dedicada ao templo, inclusive os artesões (p. ex., aqueles mesmos que fabricavam os pequenos ídolos expiadores para o *akitu*), os funcionários da limpeza da decoração sagrada do templo. E, finalmente, nessa instituição eram contempladas, também, sacerdotisas: sempre igualmente caracterizadas por funções particulares[226].

Cosmogonias, teogonias e o panteão egípcio

Em 1967, Siegfried Morenz, especialista da antiga religião egípcia, publica *A estrutura da religião egípcia*[227]. Ele colocava essa

---

226. Para uma síntese – sempre referencial – desses cultos e vários dos aspectos aqui tratados, além das referências já citadas, cf., ainda, BRELICH, A. *Introduzione alla storia delle religioni. Op. cit.*, p. 170-172.

227. MORENZ, S. *Ägyptischer Totenglaube im Rahmen der Struktur ägyptischer Religion. Eranos Jahrbuch: Form als Aufgabe des Geistes, 1965*, v. 34, p. 399-446, 1967. Cf. tb. a obra precursora: *Ägyptische Religion – Die Religionen der Menschheit*. Stuttgart: Kohlhammer, 1960. MORENZ, S. *Gott und Mensch im alten Ägypten*. Leipzig: Koehler/Amelang, 1964, p. 19ss.

religião em relação a três pares de oposições: tratava-se de uma religião nacional e não mundial, de uma religião do culto e não do livro, de uma religião com um desenvolvimento histórico e não como fundada. No final das contas, as caracterizações propostas pelo autor evidenciam, antes de tudo, as específicas problemáticas da identificação da "religião" no mundo antigo, conforme vimos e apontamos em nossa "Introdução ao mundo antigo". Neste sentido, Morenz vinha recorrendo à distinção proposta pelo teólogo alemão Theo Sundermeier, fazendo com que a religião egípcia fosse identificada como "primária", em contraposição às "religiões secundárias": todas, estas últimas, *eo ipso*, religiões do livro e universais[228]. Como quer que seja, aquela proposta por Morenz é uma definição da antiga religião egípcia bastante genérica, na medida em que a coloca junto às outras religiões primárias sem identificar, no interior desse vasto âmbito, nenhum de seus traços específicos, além de deixar de lado e sem definição outra importante questão, para a qual já chamamos a atenção em várias oportunidades: isto é, a noção geral de "religião".

Para tanto, antes de tudo precisaríamos começar por nos perguntar e esclarecer melhor o problema do que é uma religião! E, a respeito da religião egípcia, o famoso egiptólogo Jan Assmann começa a identificar esta última ao redor de três âmbitos: culto, teologia e estilo de vida. A partir desses três âmbitos, portanto, o autor analisa como esta: 1) apresenta um posto central e proeminente para o culto (diferentemente de outras, como o cristianismo, que têm seu fulcro na teologia, ou como o hebraísmo ou o budismo que se atêm mais a questões relativas ao estilo de vida); 2) mesmo

---

228. Em relação a uma crítica desta distinção, cf. WAGNER, A. (org.). *Primäre und sekundäre Religion als Kategorie der Religionsgeschichte des Alten Testaments*. Berlim/Nova York: De Gruyter, 2006. E, finalmente, com relação à específica classificação da religião do antigo Egito como "religião primária", cf. ASSMANN, J. Kulte und Religionen: Merkmale primärer und sekundärer Religion (serfahrung) im alten Ägypten. *In*: WAGNER, A. (org.). *Primäre und sekundäre Religion als Kategorie der Religionsgeschichte des Alten Testaments*. *Op. cit.*, p. 269.

assim, segundo o egiptólogo alemão, nela encontram expressões todas e três as dimensões ("o antigo Egito mostra uma significativa riqueza tanto de textos e outros fenômenos relativos à teologia e ao estilo de vida quanto daquilo que diz respeito à esfera de culto, o verdadeiro e próprio centro de sua religião")[229].

Retomaremos as questões e a perspectiva de Assmann sucessivamente, problematizando-a com relação à primeira questão posta pelo autor e importante, também, na nossa perspectiva: isto é, "o que é religião". Mas antes, vamos tentar seguir os passos – difíceis e complexos para as religiões do mundo antigo, na medida em que se estendem entre pré-história, ou dimensão mítica, e história –, procurar os vestígios e, logo e necessariamente, as próprias representações no que diz respeito à origem da religião do Egito antigo, para a qual, evidentemente e conforme já apontamos, só em mínimo grau poderemos falar de "expansão": entendendo esta última como influência de determinados cultos em outros contextos do Mediterrâneo antigo.

O mito de Osíris – que, como vimos acima, se constituía como o mecanismo institucional da sucessão egípcia – em época anterior às inscrições das pirâmides foi inserido no interior de um sistema cosmogônico em relação ao qual, originariamente, aparecia independente. Tratava-se do sistema da assim chamada "teologia heliopolitana", centrada ao redor do deus de Heliópolis, Aton, logo identificado com o deus-sol Ra. Mas antes dessa sistematização – e apesar de quanto já observamos no capítulo "Manifestações institucionais" deste livro (no item: "O mecanismo institucional da sucessão egípcia"); isto é, de uma possível importação do conceito de transcendência do anterior contexto mesopotâmico –, as figuras extra-humanas que encontramos no antigo Egito são, sobretudo, figuras constantemente presentes no mundo, que afetam profundamente sua realidade quando não a personificam.

---

229. ASSMANN, J. *From Akhenaton to Moses... Op. cit.*, questões, essas, apontadas no livro, no início do 1º capítulo "Estrutura e mudança na antiga religião egípcia".

Trata-se de forças cósmicas ou de elementos da natureza: como a dupla Shu e Tefnut (ou Num), interpretados, respectivamente, como "aria" ou "vazio", o primeiro, e "elemento úmido" ou "água primordial", o segundo (um "elemento úmido, portanto, que, como no contexto mesopotâmico, mantém as conotações cosmogônicas e cosmológicas); o céu Nut (que, veja-se bem, no contexto egípcio é feminino) e Geb, a terra (que, por sua vez, apresenta sua peculiaridade de ser um princípio masculino), Rá, o sol, Iah, a lua, Hapy, ao mesmo tempo deus do Nilo e da inundação... Esta cosmologia – com a representação de seus seres extra-humanos, anteriormente independente, como dizíamos – depois da unificação do país sofreu uma sua organização em sistema: este, portanto, resulta ser fruto de um evidente esforço teológico que o organiza ao redor de duas Enéadas[230], uma maior e outra menor[231]. A primeira, a grande Enéada, representa justamente a sistematização teológica de Heliópolis que passa a ser centrada ao redor do deus local, Aton, e que a partir dele compreende e associa entre si nove divindades através de um esquema genealógico. Primeiramente, essa teologia realiza logo a identificação de Aton com o deus-sol Rá: dessa forma Aton-Rá viriam a indicar o círculo solar que, por autogeração, procria o primeiro casal, Shu (ar) e Tefnut (elemento úmido). Desses elementos cosmogônicos, então, nasciam Geb (terra, masculino) e Nut (céu, feminino) que, finalmente e por sua vez, são indicados como genitores de Osíris, Ísis, Seth e Néftis (irmã-esposa de Seth): justamente os protagonistas do "ciclo osírico" que analisamos mais acima. O que se destaca nessa sistematização teológica, portanto, é que a configuração de um cenário cósmico único se propõe superar o sistema fragmentado das divindades locais em direção a um sentido universal que, por

---

230. Agrupamento de nove divindades, geralmente ligadas por laços familiares.
231. DUNAND, F; ZIVIE-COCHE, C. *Gods and Men in Egypt*. Ithaca: Cornell University Press, 2004. • WIEDEMANN, A. *Religion of the Ancient Egyptians*. Chelmsford: Courier, 2012.

seu turno, descende da necessidade de justificar e legitimar a unidade e, com essa, a unificação do país[232].

Todavia, apesar desse esforço teológico de sistematização, a cosmogonia egípcia conservava, e nos testemunha, lado a lado, as mais variadas tradições. Um primeiro, indiscutível, problema é aquele que diz respeito à tentativa de compreender a peculiaridade do politeísmo egípcio: em primeiro lugar, partindo da e segundo a *interpretatio graeca*: de Plutarco a Apolodoro. Fato é que ao lado das figuras extra-humanas indicadas, na tradição cosmogônica egípcia encontramos – frequentemente com conotações de caráter local e, também, relacionadas em termos de grupos familiares – outras figuras que se caracterizam por um evidente zoomorfismo. Trata-se de seres aos quais são associados animais correspondentes e que nós temos o hábito de chamar de divindades[233]. Assim, entre outros, encontramos: Hórus, destinado a tornar-se a encarnação da realeza, que é o deus falcão, mas por vezes é representado por um sol alado; Hathor, cujo nome significa "a casa de Hórus", designada pela vaca; Anúbis, divindade à qual compete o cuidado com os mortos e que tem um aspecto canino; Apis, o touro; Bastet (interpretada pelos Gregos como Afrodite) é a deusa representada antes como leoa e depois como gata; Sobek é o crocodilo; Thot, o deus da astúcia e senhor da escrita (com a relevante associação que representa entre uma e outra) e que tem o aspecto de um íbis. O culto desses seres, portanto, dava lugar a uma verdadeira e própria zoolatria na qual é possível entrever, para cada animal,

---

232. Para a síntese contextual eficaz e clara da teologia heliopolitana e da organização das *Enéadas*, cf. BRELICH, A. *Introduzione alla storia delle religioni. Op. cit.*, p. 176-177. • SCARPI, P. Le religioni del mondo antico. *Op. cit.*, p. 46-47.

233. HOULIHAN, P. F. *The Animal World of the Pharaons*. Cairo: The American University in Cairo Press, 1995. • ROCCATI, A. Zoomorfismo delle divinità egizie. *In*: BONGIOANNI, A.; COMBA, E. (orgs.). *Bestie o dei?* Turim: Ananke, 1996, p. 97-99. • BONGIOANNI, A. Per un bestiario ideale degli antichi Egizi. *In*: BONGIOANNI, A.; COMBA, E. (orgs.). *Bestie o dei? Op. cit.*, 1996, p. 101-108.

a expressão de uma específica qualidade de cada divindade à qual eram associadas as figuras animais.

Portanto, os seres extra-humanos do mundo egípcio são caracterizados, ao mesmo tempo, por seu antropomorfismo e teriomorfismo. No primeiro caso pelo fato de se comportarem e falarem como pessoas humanas: suas representações em forma de estátuas recebem um tratamento cotidiano como aquele que era destinado às divindades babilônicas (i. é, todos os dias eram vestidas, ornadas e alimentadas). Mas, todavia, no segundo caso, esses seres aparecem na forma completa de um animal: como acabamos de indicar. Junta-se a isso o fato de que, às vezes, a mesma divindade podia ter, contemporaneamente, mais aspectos teriomorfos. Ainda e finalmente, no interior do teriomorfismo, o caráter abstrato do teriocefalismo – junto com a ausência de precisas ligações míticas entre as figuras extra-humanas e os animais a elas associados – leva a pensar a uma função prevalentemente "emblemática" e convencional dos traços animalescos das divindades, sem fornecer ulteriores esclarecimentos sobre a origem. Portanto, como dissemos, os animais parecem expressar uma qualidade específica da figura extra-humana à qual eram associados: mas a distribuição regional do culto atribuído a algumas específicas espécies animais faz pensar que essa associação, em origem, fosse circunscrita apenas a um preciso contexto cultural na base do qual, só sucessivamente, foi se desenvolvendo uma mais difundida consciência que veio dissociando a qualidade "transcendente" da figura extra-humana de sua específica representação. E, ao que tudo indica, esta última generalização pôde ser produzida apenas em época recente, afastando-se da específica distribuição local de culto a alguns animais e divindades correspondentes que aparece conectada, por seu lado, à aparente arcaicidade da prática e da tradição que remonta ao pré-dinástico. Desse modo, a preservação egípcia das mais variadas tradições nos apresenta outras específicas figuras regionais ou de cidades que – por exemplo, como no caso da teologia menfítica, com a figura da divindade políade, da cidade de Menfi, Ptah – absorvem o papel de geradoras ou criadoras: além de Ptah é o caso, ainda, de Khnum, deus carneiro do Egito meridional, ou Nekhbet, deusa com traços de um abutre branco que cuida da realeza e da descendência dinástica, ou ainda da própria Bastet, deusa da sexualidade.

Voltamos a encontrar, a esse respeito, a associação entre a cidade e a divindade tutelar que já verificamos como característica do contexto mesopotâmico. Ao que tudo indica, portanto, de início, no Egito também cada vilarejo e, depois, cada cidade possuía um ser sobre-humano ou uma divindade tutelar que, em muitos casos, possuía uma linha genealógica própria. Logo, uma primeira sistematização das divindades segundo reagrupamentos de tipo familiar acontece no interior de cada cidade. É o caso exemplar, apontado logo acima, da cidade de Menfi, no Baixo Egito, onde Ptah, guardião do artesanato, talvez deus ferreiro, e com traços de deus criador (demiurgo), torna-se a divindade central da teologia menfita: com seu "coração" (pensamento) e sua "língua" (palavra) ele cria qualquer coisa (deuses e homens, cidades, templos e estátuas de culto no interior das quais ele coloca cada divindade, própria e determinada). Ele tem a seu lado uma divindade da terra, Te-tenen, uma deusa leoa, Sekhmet, e um filho, Nefertum.

Finalmente, a peculiaridade desses distintos e numerosos agrupamentos familiares em conformidade com as diferentes cidades vão se confrontar com a unificação política do país sob um único soberano. O que produziu, necessária e contemporaneamente, uma tensão e um esforço de unificação religiosa conduzida, justamente, no âmbito de uma sistematização teológica. Aquela realizada pela teologia de Heliópolis, enfim, é a que acabou prevalecendo e, conforme indicamos acima, dela derivaram uma concepção e uma visão universal do mundo extra-humano cuja organização hierárquica é representada na Grande Enéade estruturada ao redor da figura dominante de Rá, o Sol. Mais acima indicamos a formação e as relações hierárquicas da teologia heliopolitana, mas aquilo que consideramos importante destacar aqui – a respeito da associação entre a cidade e a divindade tutelar – é que, apesar dessa tendência e desse esforço de composição teológica em direção a um processo de universalização, a consequente sistematização do panteão egípcio era *conservadora e não exclusivista* em relação a cada cidade: isto é, apesar do esforço "teocrático" e de assimilação para com as diferentes figuras extra-humanas, deixava a cada cidade as próprias divindades tutelares. É daí que ocorre o fenômeno característico de sobreposição de nomes (e, com eles, de formas e características) dessas figuras que, por exemplo, no contexto da teologia de Heliópolis é significativamente representado pela identificação – e a composição da figura central – de Aton-Rá.

Nesse caso, portanto, deparamo-nos na e constatamos a especificidade do contexto do Egito antigo, correspondente ao estreito ponto de encontro entre sua teologia (o que no presente volume foi denominado de "doutrinas e práticas fundantes") e à estreita imbricação (decorrência e consequência, mas, também, ponto de partida) daquelas que aqui se denominam de "manifestações institucionais". Foi justamente o sucesso em assimilar e reelaborar em uma perspectiva universal as tradições locais, sem reduzi-las e nem sufocá-las, que veio concedendo o sucesso da teologia de Heliópolis e do seu clero local, conseguindo construir e impor um sistemático e orgânico panteão que acolhia, ordenava e estruturava as diferentes figuras extra-humanas locais respeitando e, até mesmo, exaltando e ampliando, as respectivas funções de cada uma[234]. Nessa direção, Assmann destaca como, se nós entendemos por "henoteísmo" um "monoteísmo de perspectiva", nos deparamos com o fato de que "no Egito [antigo] a perspectiva henoteísta da literatura sapiencial e o politeísmo do culto coexistem sem nenhum conflito aparente", surgindo assim "um outro problema teológico; isto é, aquele da relação entre este deus mais importante e a multitude dos outros deuses": e, logo mais para frente, respondendo a esse

---

234. HORNUNG, E. *Der Eine und die Vielen: Altägyptische Götterwelt*. Darmstadt: WBG, 1971. • WATTERSON, B. *The Gods of Ancient Egypt*. Londres: Batsford, 1984.

problema, o egiptólogo destaca justamente como "o discurso da teologia explícita chega à solução do problema de como relacionar deus e deuses; tal solução pode ser sintetizada na fórmula 'todos os deuses são um'"[235].

Finalmente, por além do sucesso dessa reelaboração das tradições locais na base de uma mais ampla perspectiva universal, não pode ser deixado na sombra o fato de que a afirmação da escola teológica de Heliópolis foi, também, o resultado significativo de um fato político: aquele que diz respeito ao que ocorreu, justamente, na antiga cidade sagrada de Heliópolis, junto à qual, por um certo tempo, os faraós legitimaram seu *status* e seu domínio. Desse modo, segundo Sabbatucci, no Egito antigo "devemos distinguir um equilíbrio cósmico (*maat* ou a deusa Maat) 'criação' da presença do faraó [...e isso significa que] é como se o princípio metafísico humano, além daquele divino, se incarnasse no faraó". Enfim, "é a dinastia faraônica o sujeito e o objeto concretos da ênfase generativa". Dito de outro modo, ainda, "no Egito não há distinção entre humanidade e cosmo, mas há distinção entre dinasta (o sujeito) e o cosmo (o objeto), do qual também fazem parte os homens". É por isso que no contexto egípcio se destaca a "origem comum de Amon-Rá e, logo, uma mesma realidade existencial, tanto para os deuses quanto para os homens, a mesma realidade cósmica". E, nesse sentido, naquele contexto, "se podia conceber um vir à existência dos homens anterior àquele dos deuses (também de um Osíris!), menos que a Rá, Shou e Tefnut. Em tal modo, temos a indicação de uma relação entre homens e deuses diferente, não somente daquele grego, mas também daquele que os Egípcios teriam podido adquirir do 'modelo' mesopotâmico. De fato, na

---

235. ASSMANN, J. *From Akhenaton to Moses... Op. cit.* Sempre no interior da análise do 1º capítulo da obra intitulado "Estrutura e mudança na antiga religião egípcia". Onde, aliás, Assmann observa que esta é a característica formal de monoteísmo cosmoteístico e "hipercósmico", que caracteriza a religiosidade helenística e tardo-antiga e que pode ser encontrada, ainda, em textos mesopotâmicos, iranianos e indianos.

Mesopotâmia os homens foram criados *depois* (textos sumérios) e para servir os deuses (desenvolvimento acadiano)". Desse modo, "a presença do faraó anula: a origem do cosmo, enquanto não há mais um cosmo fixado uma vez para sempre, mas há, agora, um equilíbrio cósmico (*maat*) que ele realiza enquanto tal; a origem do homem, enquanto a condição humana não é fixada uma vez para sempre, mas é tal qual a faz cada faraó. O instituto faraônico se apresenta [então] como um instrumento para poder: agir *historicamente* sobre um material que, *a posteriori*, chamaremos de *meta-histórico* (o mundo, os deuses, a humanidade), aos fins da submissão dos deles (ou do mundo) à humanidade". E esta se configura, com certeza, como "uma revolução com relação à concepção mesopotâmica de uma humanidade submetida aos deuses. Concretamente podemos falar da revolução que transformou a relação homem-templo sobre o território templar: não é mais o homem que trabalha para o templo, mas é o templo que existe para o homem; o que pode ser considerado o pressuposto da unificação territorial egípcia que rompe os limites da cidade templária e subtrai o homem à sujeição definida pelo templo"[236].

Nessa direção teológica de tendência universalista, enfim, no antigo Egito encontramos outras tradições: elas surgiram e organizaram peculiarmente seus traços e se confrontaram em termos concorrenciais uma com as outras. É este o caso da escola de Hermópolis que, diferentemente daquela de Heliópolis (organizada ao redor de um grupo de nove deuses), caracteriza-se pela elaboração de um sistema organizado ao redor de oito deuses, divididos em casais: um macho, que é uma serpente, e uma fêmea, que é uma rã. Por seu turno, estes quatro casais expressam qualidades negativas: Nun e Nunet, o oceano ou o líquido primordial; Heh e Hehet, a indefinição dos primórdios; Kuk e Kauket, a escuridão; Amon e Amaunet, o desconhecido intangível do caos. Levando

---

236. Para todos esses aspectos e sua peculiaridade no contexto da "teologia política" (com a qual os faraós legitimaram seu *status* e seu domínio) egípcia, cf. SABBATUCCI, D. *Il Mito, il Rito e la Storia. Op. cit.*, p. 363-367ss.

em consideração essas características, por um lado parece que as duas perspectivas teológicas se colocassem em evidente oposição entre si; por outro lado, todavia, parecem constituir-se como uma integração recíproca: a Ogdóade de Hermópolis expressando os elementos constitutivos da desordem cósmica, a Enéade de Heliópolis, por seu turno, expressando os caminhos de uma ordem cósmica, sucessiva à desordem. Todavia, como dissemos, há peculiaridades diferenciais entre as duas perspectivas: isto porque, por exemplo, se ambas parecem expressar a tensão para a formação de um sistema teológico único e universal, no sistema da Ogdóade de Hermópolis seus seres extra-humanos não parecem poder usufruir, propriamente, do estatuto de deuses. Isso explica por que, nesse sistema e em uma fase sucessiva, Amon, a última figura da Ogdóade, assuma traços de personalidade e antropomórficos, tornando-se uma divindade dinástica. E, finalmente, será em torno dessa específica figura que a teologia de Tebas construirá a importante imagem de uma família: e a teologia tebana, de fato, defenderá que Amon não era um mero membro da Ogdóade, mas também era a força secreta por trás de todas as coisas. Não por último, portanto, o caráter de deus "desconhecido" da figura desse Amon da Ogdóade se constituirá como instrumento privilegiado a fim de permitir ao clero tebano de se afirmar como mediador exclusivo, em contraposição e concorrência com o poder do soberano[237].

Outra tradição teológica que prospectava abrir-se (concorrencialmente) em direção a uma tendência universal, partindo de e ampliando o horizonte de uma tradição local, é aquela de Mênfis que – com o tradicional "conservatorismo", ou não exclusivismo, característico das tradições egípcias –, mesmo não renegando o papel de Aton próprio da Enéada, todavia colocava em primeiro lugar como deus criador a figura de Ptah: deus políade da cidade. Reconduzível à época antiga da história do Egito – a época das

---

237. Conforme vimos no capítulo "Origem e expansão", a respeito de "O Egito antigo dos faraós: o problema das origens", quando tratamos da heresia de Akhenaton e do relativo conflito soberano/clero.

dinastias menfitas, de fato –, esta organização teológica também apresenta fatores de continuidade e interlocução com os outros sistemas de universalização teológica, ao mesmo tempo em que se destaca por suas peculiares elaborações a partir de perspectivas locais lançadas em uma perspectiva universalizante. É assim que o texto documental que nos transmite essa teologia menfita – relativamente tardio, ca. de 700 a.C., mas voltado para a antiga história egípcia, como destacamos – nos apresenta o reconhecimento do sistema de Heliópolis na origem do mundo, fazendo com que, todavia, o ato da criação fosse considerado obra de Ptah e a ordem do mundo resultasse fruto de seu discurso.

Tudo isso está a demonstrar, portanto, como o(s) sistema(s) e as diferentes organizações hierárquicas do politeísmo egípcio se apresentam como um modo – em suas diferentes variantes – de projeção, de representação e de construção do mundo (de seu mundo) utilizando as figuras extra-humanas como formas e instrumentos para fixar relações, segundo um preciso cânone dinástico, entre dimensão humana e extra-humana. Trata-se, portanto, de uma construção da estrutura hierárquica da sociedade egípcia que é determinada pela projeção de um mundo superior no qual o rei – como o antigo Hórus, deus da realeza difuso em mais cidades – assume para si a função de mediação e se torna o garante da ordem cósmica, coincidente com a própria organização da sociedade egípcia. Essa ordem cósmica, finalmente, expressa, também, um princípio ético, o *ma'at* (personificado em Maat, filha de Rá), que aponta "ordem, verdade, justiça"[238]: isto é, absorve, ao mesmo tempo, uma função cósmica que implica um forte reflexo ético e social[239]. E caberá justamente ao faraó a manutenção desse *ma'at* através da execução das cerimônias de culto que têm a função de

---

238. ASSMANN, J. *Maât, l'Égypte pharaonique et l'idée de justice sociale*. Paris: Maison de Vie, 1989.

239. Sobre as diferentes teologias – de Heliópolis, de Hermópolis e de Mênfis – cf., as sínteses de BRELICH, A. *Introduzione alla storia delle religioni*. *Op. cit.*, p. 176-177. • SCARPI, P. Le religioni del mondo antico. *Op. cit.*, p. 49-50.

garantir o mundo e sua própria conservação no mundo. Mas, nessa direção, cada indivíduo também deve atuar em vista da preservação do *ma'at*, visto que essa é a condição fundamental para ele também poder ser admitido no Além e desfrutar da imortalidade[240].

A morte e os elementos da existência

Os primeiros monumentos arquitetônicos, os mais característicos monumentos sepulcrais (as pirâmides), e os mais antigos textos religiosos (inscrições sobre esses monumentos) do Egito são centrados na morte. E isso nas várias épocas de sua história: no Reino Antigo (as inscrições nos monumentos), no Reino Médio (aquelas sobre os sarcófagos) e, finalmente, no Novo Reino (os textos dos papiros colocados nos próprios túmulos: das quais fórmulas, frequente e variamente repetidas, foi reconstruído um inteiro *Livro dos mortos*)[241]. Tudo isso evidencia a enorme importância que a civilização egípcia atribuía à ideia da morte. Mas, veja-se bem, assim como no âmbito das cosmogonias ou da conexa ideologia da realeza, também nesse âmbito não encontramos uma coerente visão egípcia: pelo contrário, nos deparamos com uma pluralidade de concepções diferentes e, às vezes, até mesmo opostas.

De qualquer modo, todavia, essa visão é acomunada pela visão aterrorizante da morte e, logo, é *contra* esta visão – comum à inteira humanidade (mesmo que concebida em suas várias e diferentes formas) – que se desenvolvem a atenção e as reações culturais egípcias perante essa alteridade da vida. E isso, desde o costume testemunhado em época pré-histórica de depor no túmulo objetos de uso comum para o morto, até a oferta alimentar constantemente repetida. Trata-se de uma reação manifestada, ainda, pela estrutura

---

240. JACQ, C. *Le voyage dans l'autre monde selon l'Égypte ancienne: épreuves et métamorphoses du mort d'après les textes des pyramides et les textes des sarcophages*. Le Rocher: Erreur Perimes, 1986.

241. FAULKNER, R. O. *The Ancient Egyptian Book of the Dead*. Austin: University of Texas Press, 1972. • ROSATI, G. *Libro dei morti degli Antichi Egizi: il papiro di Torino*. Bréscia: Edizioni Mediterranee, 1992.

da tumba e o culto peculiar que isso implicava: acima do próprio túmulo era construído um local de culto, separado, no qual a estátua do morto se tornava objeto de um culto análogo àquele destinado nos templos à própria estátua dos deuses (incluindo-se a cerimônia de "abertura da boca" com a qual, todas as manhãs, a divindade era posta em condição de se alimentar, respirar, falar, enfim, de viver). Tratava-se, portanto, de um culto que elevava e aproximava o defunto ao plano divino e que, por consequência, pretendia imortalizá-lo: mecanismo que vai ao encontro da função própria das fórmulas rituais com as quais era explicitamente negada a morte e afirmada a vida perpétua do defunto. E para entender devidamente esses mecanismos de criação cultural próprios do mundo egípcio antigo, precisamos, portanto, levar em consideração sua concepção relativa aos elementos da existência[242].

No Egito antigo, esses elementos, sem os quais não é possível a existência, concorrem a formar o indivíduo e, ao mesmo tempo, permitem definir o *status* dos deuses no antigo Egito. São eles os seguintes: o *nome*, a *sombra*, o *akh*, o *ba* e o *ka*. O *nome*, dado ao indivíduo quando do seu nascimento, está fundamentado na força criadora da palavra e expressa as qualidades e o destino de quem o carrega. A *sombra* representa o duplo imaterial do homem e de todas as formas por ele assumidas na vida. O *akh*, princípio solar indispensável para a passagem ao Além, expressa a força dos deuses e dos mortos, constituindo-se enquanto não um elemento dado, mas que se conquista vivendo com o próprio *ka*, a fim de se adquirir uma personalidade autêntica. O *ba* é um princípio imaterial, veículo da potência de quem o detém, seja ele vivo, morto ou deus. Independente do corpo individual, representa uma espécie de duplo (com quem o homem pode dialogar) que abandona o indivíduo no momento da morte (quando é figurado como um pássaro do vulto humano), mas com o qual volta a se

---

242. Para esses aspectos gerais, cf. BRELICH, A. *Introduzione alla storia delle religioni. Op. cit.*, p. 179.

reunir depois da mumificação[243]. Finalmente e por sua vez, o *ka* (que era ritualmente transferido, também, na estátua funerária), diferentemente do *ba* independente do corpo individual, representa propriamente a força vital de cada ser, estando em condições de se multiplicar em proporção à força do (indivíduo) possessor (ao ponto de Rá ter quatorze deles). E, conforme à própria força individual, para ser eficaz (ou aumentar essa eficácia) o *ka* deve ser constantemente alimentado e, ainda, sua constante manutenção é fundamental porque é justamente esse princípio que determina a continuidade da existência do morto no Além. Finalmente, expresso com a representação de dois braços erguidos, esse princípio é representado como encarnado pelo próprio faraó que, não por acaso e conforme vimos mais acima, é entendido como "um bom *ka* que mantém felizes as Duas Terras e satisfaz as necessidades do país inteiro" (*Amarna* III, 29)[244]. Em consequência de tudo isso, pareceria poder deduzir que os Egípcios distinguiam em cada indivíduo duas espécies de "almas": uma, o *ka*, pessoal, individualizada e ritualmente transferível na própria estátua funerária; outra, o *ba*, independente do corpo e, depois da morte, em condição de subir no céu ou de acompanhar o deus Rá na sua viagem cotidiana através do céu (durante o dia) e nos ínferos (durante a noite): onde, nesse último caso, antes de subir novamente, devia enfrentar a prova de uma luta contra a monstruosa serpente Apofi. Mas, veja-se bem e finalmente, desde os textos das pirâmides aparece como

---

243. Função específica própria dos deuses e dos mortos – e que deveria, em suas origens, designar a faculdade típica dos deuses de mover-se, de transformar-se e de assumirem as mais diversas formas –, ela permite a eles assumirem uma forma. O que quer dizer, portanto, que um deus pode possuir uma multiplicidade de *ba* (tantos quantos os aspectos que ele poderia assumir ou com os quais poderia se manifestar), sem deixar de lado o fato de que o *ba* de um deus poderia tornar-se, também, o *ba* de outro deus. Assim, p. ex., o *banu*, o airão azul que os Gregos interpretavam como fenício, *ba* de Rá, poderia subir ao céu e ser o *ba* de Osíris. Cf. SCARPI, P. Le religioni del mondo antico. *Op. cit.*, p. 50.

244. Sempre com relação a todos esses aspectos, cf. SCARPI, P. Le religioni del mondo antico. *In: Manuale di Storia delle Religioni. Op. cit.*, justamente lá onde o capítulo trata de "Os elementos da existência", p. 50-51.

a integridade do corpo, realizada com a mumificação, era considerada condição essencial da ascensão da "alma" para o céu[245].

Mitologia e culto no Egito antigo

As narrativas míticas de Osíris, como vimos mais acima, desenvolveram um papel central nas manifestações institucionais do Egito antigo. Antes que pelos próprios Egípcios, elas foram transmitidas a nós pelo *De Iside et Osiride* do grego Plutarco. É em sua tradição mais nova que elas se encontram inseridas no mito cosmogônico elaborado pela teologia heliopolitana. Outros mitos egípcios, todavia, nos apresentam a fundação da ordem cosmogônica, como a cosmogonia de Hermópolis que estabelece a passagem da desordem dos primórdios para a constituição da ordem cósmica. E outros mitos, por seu turno, fundam e organizam a manutenção dessa ordem cósmica: é o caso daquele de Rá, que acabamos de apontar, e que conta como essa figura atravessava o céu a bordo de dois barcos (um pela manhã e outro à noite) carregando-o e percorrendo a volta celeste durante toda a duração do tempo diário...

Mas, conforme destacamos, o conservadorismo inclusivo para com as tradições no contexto cultural do Egito antigo – resultado de uma organização teológica, universal e unificadora, de suas tradições – deixa entrever, também, as evidentes diferenças e, muitas vezes, contradições representadas pela conservação de uma própria mitologia por parte de cada cidade. Nesse contexto, Osíris é apresentado como aquele que distribuiu a ordem ao mundo, que subtraiu os homens da sua condição de brutalidade feroz, que ensinou a agricultura[246]: logo, aparece com os traços

---

245. Cf. FAULKNER, R. O. *The Ancient Egyptian Pyramid Texts*. 2 v. Oxford: Clarendon Press, 1969. • FAULKNER, R. O. *The Ancients Egyptian Coffin Texts*. 3 v. Londres/Warminster: Aris & Phillips, 1973-1978. • FAULKNER, R. O. *The Ancients Egyptian Book of the Dead*. Austin: University of Texas Press, 1972. • ROSATI, G. *Libro dei Morti degli Antichi Egizi... Op. cit.*, 1992.

246. Estas características tipológicas aparecem, também e justamente, em Plutarco. *De Iside et Osiride*, 13, 356 A-B.

característicos de um herói cultural (assim como aparecia a figura de Gilgameš na Mesopotâmia). Todavia, como senhor do Além não pode absolutamente ser classificado como "herói". Também Hórus não pode ser interpretado como um "herói" quando combate contra Seth para obter o reino que já foi do pai e, assim, trazer de volta a ordem ao mundo: tanto é que ele é representado como o falcão, "Senhor do céu". E mesmo assim – na qualidade de rei do Egito, que realiza a mediação entre o mundo humano e aquele divino, que garante a prosperidade do país e a ordem cósmica, figura separada do mundo dos homens, mas, de qualquer modo, próxima a eles – Hórus manifesta ainda alguns traços heroicos. Todas essas características, essas problemáticas e essas contradições (para os nossos olhos), enfim, tornam manifesto que o panteão egípcio e sua mitologia carregam um evidente e característico processo de sistematização: processo este que veio se desencadeando em função da construção e da legitimação do papel divino do soberano, sem um exclusivismo em relação às anteriores tradições mitológicas e culturais do país. Nessa perspectiva e na peculiaridade de seu percurso, para realizar a mediação entre o mundo dos deuses e o mundo humano (tarefa que outras culturas delegaram a seres de tipo heroico), pode-se dizer que o Egito adotou uma solução que delegou esta tarefa a uma dupla divina, Hórus, o deus falcão, e seu pai, Osíris, senhor do Além, e à sua encarnação humana, o rei vivente e o rei defunto[247].

No começo deste capítulo, quando apontamos para o Egito antigo, destacamos com Assmann como a religião egípcia é identificada, por além que pela teologia e pelo estilo de vida, também pelo culto. Assim, o egiptólogo alemão destaca como o culto apresente um posto central e proeminente nesse contexto, tornando-se o verdadeiro e próprio centro de sua religião. *Cultus, Colere*: no mundo antigo, em geral, assim como no

---

247. Para todos esses aspectos, cf. a síntese proposta em SCARPI, P. Le religioni del mondo antico. *Op. cit.*, p. 51-52.

contexto egípcio, o culto representa uma verdadeira "cultivação" dos deuses. Na especificidade egípcia, essa ação de cultivar era expressa por práticas rituais cotidianas que, no final das contas, tinham a função de despertar os deuses de seu sono noturno. Implicitamente isso vem a significar que os deuses não são propriamente imortais: correm o risco de não despertar e, também, de não serem vivificados pelas necessárias ações de culto humanas. No Egito antigo, enquanto delegado do rei, cabia ao sacerdote, ao nascer do sol, abrir a cela do deus a fim de lhe render seu *ba* e contemplar seu vulto. Tratava-se de uma verdadeira e própria epifania do deus que, em muitos casos, coincidia com uma transfiguração simbólica: a aparição do sol.

Tudo isso manifesta como – mesmo que com peculiaridades próprias, distintas daquelas da presença e da função das divindades nas respectivas cidades templárias da Mesopotâmia antiga – também no contexto egípcio a divindade ou a figura extra-humana aparece como um membro da comunidade: mora junto a ela, no interior do templo que, de fato, é chamado de "casa do deus". E como toda boa casa da comunidade urbana, o templo devia oferecer à sua divindade tudo quanto fosse necessário para sua existência quotidiana: inclusive, para seus hóspedes, quando não se tratasse de uma divindade local. Mas essa casa especial que era o templo, com seu morador ilustre, representava, também, a presença do universo – uma síntese e uma forma do mundo – no interior do qual agia e operava a própria divindade. Por esse motivo, assim como no contexto mesopotâmico (com sua característica representação estelar, conforme temos visto), também no contexto do Egito antigo (e desde as fases mais antigas de sua história) a forma do mundo referencial do templo era reproduzida simbolicamente, no seu interior, com decorações de caráter astral. Esse aspecto se acentua sobretudo no Novo Reino e no I milênio tende e aspira a reproduzir concretamente o universo. Aspecto interessante, este, que indica e corresponde ao fato de que, nas fases mais antigas da história do Egito, o culto aparece como um fato reservado, quase circunscrito ao rei e a seu séquito[248]. E é justamente quando o poder real aparece ameaçado por pressões centrífugas de senhores periféricos – isto é, no Reino Médio e, mais ainda, no Novo Reino – que as cerimônias de culto parecem ganhar uma maior participação por parte das populações em geral. É por esse motivo que no Reino Antigo encontramos um estreito relacionamento entre o templo e o palácio real, sé do "deus-rei". E é sempre por esse motivo que naquela época não se desenvolve uma arquitetura templária monumental, a não ser aquela dos templos dedicados a Rá. Uma significativa arquitetura templária, enfim, começa a se desenvolver no Reino Médio, quando o templo se torna autônomo do palácio e, então, os próprios reis começam a privilegiá-la na medida em que essa arquitetura começava a veicular e a dar testemunho de sua ligação com os deuses e, também, de seu próprio respeito para com eles. Pode-se dizer que, a partir dessa época, o templo adquire as conotações de um espaço majoritariamente comunitário, mesmo que nem todos participassem ou fossem admitidos no templo com o mesmo grau[249]. E, finalmente, o templo adquire, portanto, sua estrutura binária: aparece dividido em dois setores, um reservado ao deus e outro destinado ao público. Nesse último setor, enfim, encontra-se a origem de um complexo e de um espaço público destinado à educação dos jovens, ao exercício da justiça, à cura dos doentes, atividades sempre correlatas às funções atribuídas a cada divindade. De qualquer modo, todavia, o templo continua sujeito ao controle do rei através de seus funcionários. Mesmo assim, no final do II milênio, o templo vem assumindo características políticas autônomas, manifestando uma forte contraposição entre o poder do rei e o poder do templo: este último, chefiado e administrado por um sacerdote-rei, torna-se o centro de um exercício ativo do poder político exercido por um corpo sacerdotal (hierocracia) que,

---

248. GRIMAL, N. *Histoire de l'Égypte ancienne*. Paris: Fayard, 1988.
249. SADEK, A. I. *Popular Religion in Egypt During the New Kingdom*. Hildesheim: Gerstenberg, 1987. • TYLDESLEY, J. A. *Egypt's Golden Empire – The Age of the New Kingdom*. Londres: Headline, 2001.

na qualidade de mediador da vontade divina, vem reivindicando sua infalibilidade. Esta ordenação vai se manter, também, nos séculos seguintes, como testemunha ainda Plutarco, em plena idade helenístico-romana (*De Iside et Osiride*, 9, 354 B)[250].

No contexto dessa estrutura templária e dos cultos e ritos conexos, destacam-se as cerimônias periódicas do calendário festivo ao longo do ano: cerimônias que efetivavam a divisão, o controle e a renovação do tempo, em vista da função que lhes era atribuída pela manutenção da ordem cósmica. Cedendo, em alguns casos, o próprio nome a alguns meses do calendário, essas festividades realizavam o encontro entre o deus-rei e seu povo e, entre todas, eram particularmente famosas aquelas em homenagem a Osíris. O centro da festa era constituído pela celebração do rito que, de fato e na perspectiva de uma sua pressuposta, mas inequívoca eficácia, propunha-se ativar o *ma'at* do próprio universo e, portanto, sua conservação. Outros importantes ritos, carregados de fortes valores simbólicos, eram aqueles de fundação dos templos que, evidentemente – conforme vimos anteriormente, em razão da centralidade que assumiam no contexto das cidades templárias –, além de serem frutos de experiências e competências técnicas em sua construção, prospectavam-se, de algum modo, como uma própria reconstrução do mundo. No interior desses ritos se desenvolviam, também, as representações dramáticas de narrativas míticas (como, p. ex., aquela importante, entre tantas, que se referia a Osíris e que culminava no renascimento do deus); ou as procissões com o carregamento da imagem de um deus, que podiam ser internas ou externas ao próprio templo: neste último caso, encontramos aquela que se refere à Festa do Vale, em Tebas (procissão que conduzia a estátua de Amon em visita a vários templos). E encontramos, finalmente, a realização da marcha cerimonial, ritual centrado ao redor do rei (representado como deus) no momento da assunção

---

250. Para uma síntese desses aspectos, cf. SCARPI, P. Le religioni del mondo antico. *Op. cit.*, p. 52-53.

do poder e que representava (melhor, *efetivava*, como todo rito) simbolicamente a tomada de posse do país.

Com vista a esse específico rito de posse do país por parte do rei, vale a pena destacar a peculiaridade das festas de jubileu que eram denominadas *Sed*. Estas fugiam da tradicional periodicidade anual, desenvolvendo-se, mais ou menos, com uma cadência de cerca de trinta anos[251]. Essas festas, enfim, repetindo a cerimônia de investidura e reafirmando o princípio dinástico, efetivavam, ao mesmo tempo, a renovação da realeza, suas prerrogativas e sua função. E, finalmente, era nessa ocasião que o rei proclamava seu próximo herdeiro: proclamação que prefigurava sua perda da condição de Hórus e que o fazia deslizar naquela de Osíris, prefigurando e antecipando, ainda, uma coroação efetiva que só poderia vir quando da própria morte do faraó[252].

Como destacamos até aqui, no antigo Egito o rei era o único autêntico e legítimo oficiante dos ritos e, logo, o sacerdote aparecia com funções análogas àquelas de um funcionário do rei (do Estado, se quisermos), constituindo-se apenas como um executor dos ritos, delegado do rei. Ele, portanto, executava as ações rituais por ordem do rei: ações que, de qualquer modo, são atribuídas propriamente (como a iconografia insiste em evidenciar) ao faraó. Considerados como servidores do deus, os sacerdotes deviam ser confirmados, de tempos em tempos, pela autoridade do rei e, residentes no templo e carregando cada um o título da divindade a quem servia, eram articulados segundo uma hierarquia definida pelas diferentes funções assumidas. O sumo sacerdote era, evidentemente, aquele votado a Rá (o "máximo dos videntes"). Mas essa dependência da

---

251. Mesmo que, desse ponto de vista, falte explicar, todavia, as três festas de jubileu celebradas por Amenhotep III, predecessor daquele que irá se chamar Akhenaton, ocorridas no 30°, 34° e 37° anos de seu reinado. Mas voltaremos sucessivamente à especificidade desse contexto e a essa problemática em aberto logo a seguir, quando trataremos da "reforma religiosa" de Amenhotep IV...

252. DAMIANO-APPIA, M. *Antiguo Egipto: el esplendor del arte de los faraones*. Madri: Electa, 2001.

autoridade real sofreu uma forte alteração no final do Reino Antigo quando, como já destacamos, veio se determinando uma forte contraposição entre o poder do rei e aquele do templo: o templo veio progressivamente assumindo, então, um importante papel de centro econômico e, em decorrência disso, particularmente no II milênio, o sacerdócio assumiu uma posição hegemônica (como, p. ex., aquela do templo de Amon, em Tebas). Tudo isso, enfim, determinou consequentes conflitos entre o poder central e aquele dos templos, outras vezes, mais frequentemente, essa tensão deu origem a formas de compromissos que, finalmente, resultaram na composição do conflito estabelecendo e estruturando um regime de parentesco por via matrimonial entre a casa reinante e os sumos sacerdotes.

Tendência à Teocracia e "reforma religiosa" de Akhenaton

Mas, finalmente e por seu lado, a forma conflitual, que veio se impondo como desfecho da tensão entre o poder real e aquele do templo, encontra sua base estrutural em uma característica bastante peculiar do politeísmo egípcio: isto é, aquele de sua destacada tendência à *teocracia*, ou seja, a tendência à fusão de mais entidades extra-humanas em uma única figura. No final das contas, trata-se nesse caso do resultado próprio da emergência daquela organização teológica, universal e unificadora (mas, veja-se bem, sempre inclusiva, não exclusivista), das tradições do país que já encontramos na nossa análise.

Na direção dessa unificação de mais figuras extra-humanas, encontramos assim, por exemplo, já no Reino Antigo, o deus políade de Menfi, Ptah, caracterizado também como Ptah-Sokaris: esta última sendo a divindade que presidia a necrópole de Menfi[253]. Nesse caso exemplar e significativo, portanto, uma única divindade vinha dominando tanto a cidade dos vivos quanto aquela

---

253. SHAW, I. *The Oxford History of Ancient Egypt*. Oxônia: Oxford University Press, 2003.

dos mortos. Mas o processo de unificação não parava por aí: de fato, sendo Osíris a divindade dos mortos, muitas vezes Sokaris pôde aparecer como idêntico a ele, de modo que pôde se constituir a formação de uma "única" divindade identificada enquanto Ptah-Sokaris-Osíris. Ainda, conforme vimos mais acima, sendo Osíris a condição da existência, apesar de suas características bem peculiares, ele se funde em uma única entidade com Rá, o deus-sol, que – por outras e bem precisas razões – também aparece como condição da existência, além da condição de rei dos deuses. E, finalmente, o processo e a tendência em direção à teocracia, no Egito antigo, manifestaram-se, sobretudo, no Reino Médio e no Novo Reino quando o progressivo prestígio de Amon, deus políade de Tebas, o levara a tornar-se a principal divindade do Egito e, logo, chega-se a cultuar um deus Amon-Rá-Osíris. Ora, é verdade que essa tendência à teocracia é presente, também, nas outras religiões politeístas: mas, de fato, é no contexto egípcio que ela se torna particularmente pronunciada e evidente e, no final das contas, é nesta particularidade que devemos procurar o espaço, as bases e a possibilidade do desprender-se e do verificar-se daquela que estamos acostumados a definir de "reforma monoteísta" de Amenotepe (ou Amenófis) IV (rei da 18ª dinastia, que reinou de 1378 a 1352 a.C.)[254].

Em seu *From Akhenaton to Moses – Ancient Egypt and Religious Change*[255], lá onde trata do problema de "O Egito e a mudança religiosa", levando em consideração o arco temporal limitado dos quatro séculos (de 1500 a 1100 a.C.), Jan Assmann aponta como essa época viu, no Egito, a produção de milhares de hinos destinados principalmente ao deus Sol, detectando, então, uma transformação decisiva ao redor de 1300 a.C., no interior de uma "teologia explícita" que veio ganhando uma inusual proeminência

---

254. Por alguns desses aspectos e temas, cf. BRELICH, A. *Introduzione alla storia delle religioni. Op. cit.*, p. 181.

255. ASSMANN, J. *From Akhenaton to Moses... Op. cit.*, cap. III: Do politeísmo ao monoteísmo: evolução ou revolução.

no Egito durante o Novo Reino. Segundo o egiptólogo, o que se verifica no começo desse período é a emergência de uma "teologia da primazia". Neste caso, se trataria do processo pelo qual qualquer coisa começa a ser orientada em direção de um único deus do qual as coisas teriam tido origem ou derivaram por "emanação": céu e terra, homens e deuses, animais ou plantas. Finalmente, segundo o estudioso – e conforme verificamos até aqui, sempre que falamos de inclusivismo cultural egípcio[256] –, esta teologia da primazia é tanto velha quanto a própria civilização faraônica: remontando à sua origem, acerca de 3000 a.C. Mas até 1500, as sociedades egípcias viviam em um mundo cujos limites coincidiam com os limites do Egito. Nesse sentido, a mudança no âmbito teológico teria acompanhado as mudanças políticas radicais que, a partir daquele momento, acompanharam os egípcios em suas novas experiências. Quais sejam: o domínio estrangeiro, os hyksos e as guerras de libertação. É então que, entrando no interior de uma rede de interconexões políticas novas e tornando-se um ator global – entre, ao lado e acima de outras importantes potências –, enfim, nessas novas experiências o Egito antigo se defrontou com a necessidade de uma perspectiva completamente diferente: que superou a teologia da primazia ("monolatria" nos termos de Assmann), em direção à emergência de uma perspectiva universalista ("monoteísmo", segundo a sugestão do egiptólogo: apesar da dificuldade de usar esse termo nesse contexto)[257]. Entrou a fazer parte, enfim, de um mundo muito mais vasto e extenso que continha civilizações que podiam ser comparáveis com ele e que rompiam com a projeção de uma sua coextensividade com a criação, de um mundo ordenado cercado pelo caos. É nesse contexto

---

256. Ou de conservadorismo inclusivo para com as tradições no contexto cultural do Egito antigo, resultado de uma organização teológica, universal e unificadora de suas tradições.

257. Uma interessante expressão dessa perspectiva nesse novo contexto se destaca, inclusive, em um célebre hino composto pelo próprio Akhenaton. Nele se atribui a Aton também a providência para os países estrangeiros, característica bastante insólita nas religiões "nacionais".

que a tradicional imagem do Sol criador – que embarcava junto aos outros deuses para viajar ao redor da terra dia e noite, acima e abaixo, com a função de animar e preservar a sua criação – sofreu uma decisiva transformação[258], que começa a se evidenciar nos textos ao redor de 1400 a.C. Os outros deuses continuam existindo, ainda, mas uma "perspectiva monoteísta" torna-se cada vez mais dominante. Finalmente, é esta nova imagem do mundo que foi radicalizada por Akhenaton – literalmente: "aquele que é de agrado a (louva, é a serviço de) Aton": o novo nome assumido pelo Faraó Amenotepe (ou Amenófis) IV quando deu início à sua peculiar reforma religiosa[259]. Assim "os outros deuses foram abolidos, seus templos fechados, seus sacerdotes demitidos, suas imagens destruídas, seus nomes cancelados, seus cultos e suas festas interrompidos. [...] Para Akhenaton, enfim, passou a existir somente um único deus: o Sol. Todavia, o Sol não atravessava mais o céu e o mundo subterrâneo em um barco, mas foi privado de todos os traços antropomorfos e representado como um disco ou um globo [...]. Nos hinos de Akhenaton a perspectiva universalista alcança seu ápice"[260].

Essa perspectiva monoteísta (ou marca significativa de seu limitado alcance) inaugurada por Akhenaton no Egito permaneceu, todavia, um episódio de breve duração. Depois da morte do rei, foram reintroduzidos os antigos deuses e, sobretudo, com

---

258. ALDRED, C. *Akhenaten, Pharaoh of Egypt: a new study*. Londres: Thames & Hudson, 1968.

259. Conforme apontamos mais acima, Akhenaton havia se chocado com o clero tebano de Amon-Rá, querendo atribuir a Aton o grau e o papel de divindade suprema que até então havia sido reservado a Amon. De fato, o antigo nome do faraó, Amenotepe, continha aquele de Amon, o deus soberano de Tebas. Assim, o nome assumido sucessivamente veio marcando essa mudança de centralidade referencial da nova supremacia de Aton, o deu do sol, que, inclusive, desprovido de mitologia, deixava espaço para que se tornasse "mitológica", enfim, a própria família real.

260. ASSMANN, J. *From Akhenaton to Moses... Op. cit.*, p. 94-95; e a esse respeito, veja-se, ainda, SANDMAN, M. (org.). *Texts from the Time of Akhenaten*. Bruxelas: Fondation Reine Élisabeth, 1938.

determinação e tenacidade exemplares, foi cancelado qualquer vestígio ou rastro da reforma religiosa e de seu fundador. Mas é a essa altura que a perspectiva aberta não foi propriamente detida, mas foi somente invertida de signo: a resposta dos sacerdotes de Tebas veio desenvolvendo uma nova teocosmologia baseada sobre uma nova categoria teológica, aquela do conceito de *Ba*. Já apontamos mais acima ao que corresponde o conceito de *Ba* na cultura egípcia, mas a partir desse momento os teólogos adotaram esse conceito para redefinir a relação entre deus e o mundo. A partir de agora, "o deus supremo, a origem de tudo, é concebido com um *Ba* imanente no mundo, assim como o *Ba* humano é imanente no corpo. Ao mesmo tempo, pode-se referir aos muitos deuses que mantêm o mundo em vida como aos muitos *Ba* de um Uno transcendente, do qual eles são as manifestações imanentes. [...] Com o conceito de *Ba* foi descoberto um modo completamente novo através do qual conceber a relação entre unidade e diversidade em termos de transcendência e imanência"[261]. Finalmente, a partir desse percurso característico do contexto egípcio, segundo as conclusões do egiptólogo, devemos distinguir e considerar que existem "duas formas de monoteísmo: um monoteísmo inclusivo, que pode ser explicado como maturação do politeísmo porque é compreendido nele desde o começo como prospectiva de unidade, e um monoteísmo exclusivo, que é alcançado somente por meio de uma conversão ou de um reviramento radical"[262].

Depois da morte de Akhenaton, enfim, e face à nova adoção teológica do conceito de *Ba* na cultura egípcia que redefinia a relação entre deus e o mundo, conforme dizíamos, os antigos deuses voltaram a encontrar um novo espaço cultual, reatualizado na nova perspectiva. Mas, depois da morte de Ramsés IX – isto é, depois de 1100 a.C. –, o Egito entrou em uma nova crise, dividindo-se, agora, em dois reinos: ao norte com uma dinastia fundada por

---

261. ASSMANN, J. *From Akhenaton to Moses... Op. cit.*, p. 97 da trad. it.
262. *Ibid.*, p. 98

Sméndes (1069-1043 a.C.) e com uma nova capital; e ao sul com o reino hierocrático dos sacerdotes de Amon que, finalmente, autoproclamaram-se os únicos, autênticos e legítimos intérpretes, enquanto Amon era e permanecia o único deus-rei[263].

O mito na Grécia antiga: função fundadora e criadora da palavra

Já destacamos anteriormente, no capítulo "Manifestações institucionais" – e tivemos que fazê-lo falando destas –, qual fosse a centralidade do mito no contexto grego, tendo em vista como lá a narração mítica se caracterizava propriamente por seu aspecto fundante: isto é, da obra de fundação que a narração mitológica realizava apresentando uma série de eventos (propostos segundo ciclos míticos) através dos quais, na diversidade característica daquele passado distante e daqueles seus protagonistas (diversidade e distância que se inscrevem, justamente, na narração do mito), teria tido origem algo de importante para a civilização e para as suas manifestações institucionais que se estruturavam, justamente, através de seus mitos e, no final das contas, distanciando-se deles. Esta fundação (civilizacional e das diferentes instituições), enfim, era identificada na diferença marcada pelo mito: este teria se constituído através de uma importante transformação em relação a algo que antes era diferente no que diz respeito à organização do mundo e da sociedade na sua atualidade. São esses os resultados da Grécia "clássica" que, como já destacamos, junto com Sabbatucci, estabelece uma sua nova relação com a tradição mitológica da tradição arcaica[264]. E com relação a esses aspectos, verificamos também como nesse mesmo contexto – no qual identificamos as peculiaridades culturais, civilizacionais e institucionais da Grécia

---

263. Para estas breves notas conclusivas, cf. SCARPI, P. Le religioni del mondo antico. *Op. cit.*, p. 55.

264. Conforme verificamos acima, com Dario Sabbatucci (*Il Mito, il Rito e la Storia*), que analisa o problema ao longo do cap. VI: "L'alternativa mitico-logica nella cultura ateniense", p. 143-169.

clássica, através de seus institutos peculiares quais a tragédia, a filosofia, a democracia etc. – se constitui, nessa mesma perspectiva, o resultado histórico da afirmação das cidades *por meio* e *através* do mito, em contraposição aos antigos privilégios da aristocracia[265].

No mundo grego, portanto, todo mito revela-se por uma ação fundadora que, nos termos de Angelo Brelich[266], consiste na seguinte perspectiva:

> Levando de volta os fatores fundamentais de sua efetiva existência aos tempos das origens nos quais, em decorrência de um evento prodigioso e não repetível, eles seriam constituídos, a sociedade *dá um sentido* às próprias condições e formas de existência: os mitos *fundam* as coisas, que não somente são como são, mas *devem* ser como são, porque assim tornaram-se naquele tempo longínquo no qual tudo se decidiu; o mito torna aceitável aquilo que é necessário aceitar [...] e assegura estabilidade às instituições; provê, aliás, a modelos de comportamento [...]. O mito, portanto, não *explica*, por uma necessidade intelectual, as coisas [...], mas as *funda* conferindo a elas valor[267].

Assim, portanto, a narrativa mítica que dominava na Grécia antiga pode e deve ser entendida como um aspecto central e peculiar de uma modalidade cultural fundada na centralidade da palavra, de um *dizer* (veremos, contraposto à perspectiva e à centralidade de um *fazer* típico da cultura romana antiga) que organizava e revelava toda sua força criadora e fundadora e que, ainda, no final das contas, acompanha, guia e organiza toda a cultura grega ao longo de seu percurso histórico. Trata-se daquela palavra que foi antes expressa

---

265. VERNANT, J.-P.; VIDAL-NAQUET, P. *Mythe et tragédie en Grèce ancienne*. Paris: Maspero, 1972.

266. Citação que já propomos na Introdução desse trabalho – lá onde esclarecemos prioritariamente a função do mito, em termos gerais – e que aqui é oportuno repropor, justamente, em relação ao tema específico com o qual nos confrontamos neste lugar: isto é, aquele que diz respeito à função fundadora e criadora da palavra no contexto da Grécia antiga.

267. BRELICH, A. *Introduzione alla storia delle religioni*. *Op. cit.*, p. 11.

pelos poetas, personagens ou figuras que se configuravam como "mestres de verdade"[268], "narradores de mitos" e depositários desses por inspiração divina, e que expressavam a tradição mitológica sobre a qual se fundamentavam as instituições cultuais públicas. Tradições que remetem aos "mestres de verdade" de época homérica e hesiodea, e que, como já dizíamos, começam a encontrar uma forte crítica – junto com as próprias tradições míticas às quais reenviavam – a partir de Xenofonte e de Heráclito. Crítica que, finalmente, a partir do século VI a.C. – isto é, em época clássica – assume as características de uma outra modalidade propositiva da palavra, com a filosofia pré-socrática, onde novamente e sempre a palavra assume outras conotações de distanciamento intelectual das antigas tradições mitológicas e institucionais para delinear uma função mais racional e moral, ao mesmo tempo, do discurso e da própria divindade. É a partir desse momento histórico que começa a se delinear uma identificação do mito como de um "conto fantástico": conotação redutiva e pejorativa que – começada a ser tecida já no mundo grego em época clássica e reforçada, nesta mesma inflexão, com sua leitura por parte do cristianismo – entrará a fazer parte do vocabulário ocidental ao longo de toda sua história, pelo menos até o meio da Época Moderna, e começará a ser revisada e corrigida em sua função e interpretação a partir da Antropologia moderna (com Claude Lévi-Strauss, p. ex.) e da História das Religiões (de Angelo Brelich a Dario Sabbatucci: no caso da perspectiva disciplinar italiana).

Mas no mundo antigo, em época arcaica, de fato, o termo "mito" (*mythos*) não significava outra coisa a não ser "conto": isto é, um evento transmitido oralmente (por meio da palavra, portanto, em sua oralidade) que, para se tornar tal (propriamente um mito), precisava receber e ser acolhido por um reconhecimento

---

268. DETIENNE, M. *Les Maîtres de vérité dans la Grèce archaïque*. Paris: Maspero, 1967. • DETIENNE, M. *L'Invention de la Mythologie. Op. cit.*

coletivo. E se a época homérica representa um momento significativo dessas tradições míticas, expressa pela oralidade e pelas funções de "mestres de verdade", os poemas de Homero representam também o exemplo mais significativo de uma "captura" dessa oralidade pela escrita que lhe deu uma forma definitiva mais distante da liberdade e da maleabilidade das formas de contar que caracterizava essas tradições de transmissão e reelaboração mitológica[269]. Tratava-se, de fato, de *poemas* homéricos, que remetiam a uma tradição oral consagrada, no interior da qual os poetas representavam os especialistas na recitação dos contos e a linguagem do mito se configurava enquanto poesia (*póiesis*): o mito devia ser contado com sabedoria e dando musicalidade às palavras, conforme disse Alcínoo, rei dos Feácios, que acolheu Ulisses em seu naufrágio (*Odisseia* XI 367-368). Sempre em conformidade ao que já destacamos anteriormente (no capítulo "Manifestações institucionais"), portanto, o mito realizava uma obra de fundação e de legitimação do presente do mundo grego e, paralelamente, realizava um processo de individualização e de antropomorfização de seus protagonistas, das divindades do panteão. O dizer mitológico, sua narrativa, tornava-se então um elemento de identificação e de coesão cultural (mítica, cultual e ritual: o que nós definiríamos de "religiosa") da característica fragmentação, pluralidade e autonomia da organização – ao mesmo tempo politeísta, institucional e política – das cidades helênicas. Com relação às figuras extra-humanas (seres primordiais, deuses ou heróis) presentes no mito, falamos em "protagonistas dos mitos"[270], mas,

---

269. Dentre tantos outros trabalhos a respeito, cf. HAVELOCK, E. A. *The Literate Revolution in Greece and Its Cultural Consequences*. Princeton: Princeton University Press, 1982. • SVEMBRO, J. *Phrasikleia: anthropologie de la lecture en Grèce ancienne*. Paris: La Découverte, 1988. E, ainda, um interessante estudo histórico-antropológico a respeito da "domesticação lógica" exercida pela escrita é representado pelo trabalho de GOODY, J. *The Logic of Writing and the Organization of Society. Op. cit.*

270. SABBATUCCI, D. *Sui protagonisti dei miti*. Roma: Euroma/La Goliardica, 1987.

no final das contas, os verdadeiros protagonistas do mito não são, propriamente, as personagens envolvidas, mas especificamente suas *ações*: em última instância, são estas que, praticadas em um passado remoto – que não pode se repetir, distinto do presente, mas a fundamento desse –, dão forma ao mundo e estabelecem as coordenadas culturais e ideológicas do universo humano. E, veja-se bem, é a própria característica de serem ações inscritas naquele passado remoto e sua impossibilidade de que este possa se repetir que se oferecem como garantias de conservação da ordem no presente: nesse sentido entende-se a função do mito não só como fundação e formação da realidade, mas também como garantia de sua imutabilidade[271]. Neste sentido, no mundo grego a contraposição mito/rito vem reescrevendo, estruturalmente, também aquela que acabamos de apontar, em termos históricos, entre a oralidade (e a estrutura original do mito nesta dimensão) dos poetas gregos e a revolução da escrita (na sua nova organização da sociedade). Segundo a interessante análise conduzida por Dario Sabbatucci, o fato significativo é que o rito no mundo grego indica um "fazer" (indicado pela terminologia grega especializada com os termos *telos*, *orgia* e *drama*) contraposto ao "dizer" mítico. Trata-se, portanto, de um "fazer" que leva o sujeito de uma condição (uma realidade "dada") para uma outra (uma realidade "feita"): nós diríamos, em termos antropológicos, da natureza para a cultura. E, ainda e não por último, trata-se de um "fazer" que permite de transformar *também* a realidade fundada pelo mito[272]. Na base dessa análise, o historiador pôde finalmente obter o resultado teórico da fórmula *mito: rito = imutável: mutável*. No contexto da qual fórmula o imutável vem se configurando como aquilo que não é passível de intervenção (humana) e, por seu lado, o mutável enquanto passível dessa intervenção. E isto vem significar, portanto, que em uma

---

271. Com relação às características gerais do mito na Grécia, cf.: GRAF, F. *Griechische Mythologie – Eine Einführung*. Munique/Zurique: Artemis & Winkler, 1985.
272. SABBATUCCI, D. *Il Mito, il Rito e la Storia*. *Op. cit.*, p. 84.

cultura, o que é objeto de mito é incluído no espaço do imutável e subtraído à intervenção humana (ou seja, *se quer* que seja subtraído a ela), enquanto aquilo que não se quer que seja subtraído à intervenção humana se torna objeto de rito[273].

Dentre os protagonistas, no sentido mais geral, envolvidos pelos mitos, enfim, é importante levarmos em consideração que, além das figuras extra-humanas e de suas ações, encontramos, também, os próprios narradores que nos revelam aquela centralidade da palavra e de um *dizer* que organizava e revelava toda sua força criadora. De fato, a ação dos poetas – "mestres de verdade" e "narradores de mitos", seus depositários por inspiração divina – se rege sobre a especificidade da palavra oral: isto é, de uma palavra que está longe de configurar os mitos em forma de textualidade (canônica) ou que possa ser condicionada por alguma perspectiva de ortodoxia[274]. Nesse sentido e por esse motivo, a mitologia grega se apresenta sempre de forma complexa e, sobretudo, variada, às vezes contraditória. E se na sociedade grega arcaica ela representava (seria melhor dizer, produzia) e era fundamento da sociedade aristocrática, quando da afirmação das cidades essa mitologia foi utilizada para dar satisfação a outras, distintas, escolhas ideológicas e políticas. É então na Grécia clássica que o mito sofre uma sua profunda alteração interpretativa e funcional. Assim, por exemplo, quando se afirmam as democracias e elas começam a realizar suas

---

273. *Ibid.*, p. 236-237. É nesta direção, enfim, que o historiador italiano também propõe uma interessante comparação diferencial (realizada a respeito do mito) entre o contexto egípcio e aquele grego. "O confronto entre aquilo que no Egito conseguimos recuperar como 'mito' e aquilo que na Grécia é *mythos*, nos induz a comparar duas diferentes situações; ou melhor, dois diferentes sistemas culturais: aquele egípcio, conotado pela associação mítico-ritual, e aquele grego, conotado pela [por sua] dissociação. Se para o Egito [...] não há um único mito abstraído da função ritual, para a Grécia é possível dizer exatamente o contrário: não há um único mito conservado para nós em um contexto ritual" (*Ibid.*, p. 272).

274. Conforme acabamos de apontar, sua narração e sua *performance* na recitação dos mitos se tornam, de algum modo, uma forma de "fazer" (próprio sobre o mito) que permite transformar *também* a própria realidade fundada pelo mito.

227

específicas escolhas, o mito, antes enraizado nas e funcional às aristocracias helênicas, transforma-se em instrumento destinado a exorcizar o espectro da tirania (e do modelo heroico que ela propunha): daquela mesma tirania que, no final das contas, enraizava-se justamente nas antigas aristocracias. Por consequência, na Grécia clássica veio se impondo uma revisão do mito (agora do *texto* mítico e não mais da sua tradição e função oral), através da qual vinha sendo colocada em discussão a atualidade: se começou introduzindo uma retomada naturalística da tradição mítica, com os filósofos físicos da área jônica e, por outro lado, foi se colocando em discussão o antropomorfismo dos deuses. Manifestava-se, então, a necessidade de repensar e reinterpretar a mitologia, mas ainda sem colocar em discussão suas funções. Porém, na medida em que declinavam as cidades, a crítica tornava-se progressivamente mais radical: até chegar à negação da existência dos deuses e, com a filosofia platônica, até refutar o papel pedagógico da mitologia (último resquício da função da mitologia que havia sobrevivido até ele)[275]. Portanto, com a proposta platônica de exiliar tanto o mito quanto a poesia, junto aos poetas – impedimentos e freios para a capacidade de pensar do homem –, o mito, palavra dos "mestres de verdade", tornava-se equivalente a "discurso falso", contrapondo-se a outro modelo de palavra, o *logos* que se tornava, por sua vez, a nova "(procura da) verdade", sem mestres, mas dos novos filósofos![276]

O rito: operação de confirmação, produção e edificação da comunidade

Face à função (fundadora) do mito no contexto do mundo grego, e de suas importantes transformações referenciais, cabe

---

275. VERNANT, J.-P. *Les origines de la pensée grecque.* Paris: PUF. 1962 [Coleção: "Mythes et religions"]. • VERNANT, J.-P. *Mythe et religion en Grèce ancienne.* Paris: Seuil, 1990.

276. Como síntese de alguns desses aspectos finais, cf. SCARPI, P. Le religioni del mondo antico. *Op. cit.*, p. 75.

então destacar, também, a peculiaridade que assume o rito, naquele mesmo contexto: qual seja, a função de confirmar (em relação ao fundamento mítico) a comunidade humana e de edificá-la: produzi-la e efetivá-la, na perspectiva humana e comunitária.

No interior do percurso histórico do mundo grego antigo, junto a uma sucessiva reinterpretação do mito em sua passagem da oralidade para a escrita (logo, de sua complexidade, por vezes contraditória, em direção à sua textualidade canonizadora), e de suas particularidades locais para sua generalização em âmbito helênico, vimos mais acima[277] que também no caso dos cultos se realiza uma sucessiva generalização com tendência à unificação para o mais amplo contexto do mundo grego. Os cultos pan-helênicos de Olímpia com sua agonística (os αγώνες), aquele oracular do Apolo de Delfos, e o culto de Elêusis destinado a Deméter tornam-se difundidos em toda a Grécia: e o último, no VI século, é, ainda, significativamente incorporado ao Estado de Atenas e, por consequência, torna-se um culto público ateniense, mas aberto a todos os Gregos[278]. Em vista disso, podemos conferir como, junto à função do mito em definir (e, portanto, de procurarmos nele) as expressões e a riqueza de caracteres das divindades do panteão grego, também o culto se caracterizava por absolver a essa função de definição. E, para tanto, os cultos destinados a determinadas divindades vinham se abrindo a e absorvendo outros ritos autônomos: isto é, que fossem independentes de qualquer tipo de seres extra-humanos, utilizando sua função na medida em que permitiam e contribuíam para definir e fixar os caracteres

---

277. Capítulo "Manifestações institucionais", no item "O Pantheon grego: da poética homérica à instituição da *polis*".

278. PARKE, H. W.; WORMELL, D. E. W. *The Delphic Oracle – V. 1: The History; V. 2: The Oracular Responses.* Oxford: Blackwell, 1956. • PARKE, H. W. *The Oracles of Zeus: Dodoma Olympia Ammon*. Cambridge, Harvard University Press, 1967. • PARKE, H. W. *Festivals of the Athenians – Aspects of Greek and Roman life.* Londres: Thames & Hudson, 1977. • SFAMENI GASPARRO, G. *Misteri e culti mistici di Demetra*. Roma: L'Erma-Storia delle Religioni, 1986.

das específicas divindades. É o caso, por exemplo, da Festa de Ano-Novo na Ática – articulada ao redor da representação da reversão da ordem (o mundo de ponta-cabeça) e de seu sucessivo restabelecimento – que é articulada em mais festas. No interior dessas, em um primeiro momento encontramos presidindo à festa a figura de Cronos em sua qualidade de deus "anterior à ordem", enquanto no último momento aparece em primeiro plano a deusa políade Athena (epônima da cidade de Atenas) em sua específica qualidade de garante do "cosmo ateniense". Outro exemplo é aquele representado pela instituição iniciática que, veja-se bem, em termos gerais, não aparece e nem seria indispensável no interior da e para caracterizar as civilizações superiores. Todavia, essa situação adquire aspectos peculiares e distintos no contexto grego onde, enquanto determinados estados culturalmente mais conservadores (p. ex., Esparta e os estados cretenses) nos apresentam uma continuidade do instituto da iniciação nos moldes das sociedades agrícolas, em outros o rito é parcialmente absorvido em instituições sociais ou em rituais festivos que, por conta do Estado, readaptam e resumem os momentos significativos do rito, perpetuando-o[279]. Assim, também, não é por acaso que diversos ritos que representavam a fase culminante e mais dramática do procedimento iniciático (a segregação no espaço liminar, no bosque, a morte iniciática etc.) fossem inseridos no interior de cultos e festas destinados à deusa Ártemis: figura afim àquela do(a) "Senhor(a) dos Animais" tão importante junto às culturas caçadoras e, ainda, àquelas agricultoras. Trata-se de exemplos relevantes de como, em contexto politeísta, muitos cultos originariamente autônomos também eram absorvidos, reestruturados, redefinidos e redirecionados em prol de divindades que, por sua capacidade e segundo a compreensiva variedade de suas características, permitiam assumir (também) as características desses ritos autônomos[280].

---

279. BRELICH, A. *Paides e Parthenoi... Op. cit.*
280. Para alguns aspectos desses cultos e ritos, cf. BRELICH, A. *Introduzione alla storia delle religioni. Op. cit.*, p. 212-213.

Por além dessa peculiar modalidade de "encontro" entre a perspectiva mítica do politeísmo grego (com suas divindades e na sua estruturação hierárquica) e os ritos autônomos (muitas vezes de época arcaica), por outro lado, devemos levar em consideração outra perspectiva que "separa" não tanto as funções, mas os tempos e a abrangência das transformações, das fundações e da operatividade histórica entre o contexto do mito e aquele do rito. Fato é que, no final das contas, no espaço e no tempo do mito encontramos deuses e heróis que lá permanecem confinados, tendo constituído o mundo assim como é e garantindo, portanto, a imutabilidade dessa fundação. Por seu lado, no contexto e na realidade histórica concreta encontramos o agir do homem ao qual – na medida do possível e dentro da fundamentação e da garantia mítica – é consignada sua realidade e seu agir histórico que, por seu lado, pode e deve controlar por intermédio da ação ritual. Dito de outro modo: o mito funda o presente histórico no momento, distante e decisivo, em que tudo é decidido e estruturado; o rito torna-se funcional à conservação e à estabilidade do presente, mas também representa o momento da solução operativa perante as crises recorrentes e periódicas que ameaçam os equilíbrios da comunidade humana. Torna-se significativo, então e por exemplo, que nessa perspectiva os cultos de Deméter e Dionísio marquem, ao mesmo tempo, uma passagem essencial para a cultura grega: a passagem das plebes rústicas à *polis*. Conforme a análise de Sabbatucci, a respeito, compartilhando um campo de ação que pode ser definido como *agrios*[281], "Deméter e Dionísio foram utilizados pela revolução democrática como 'divindades da passagem', como divindades transformadoras, e não como 'divindades agrícolas'.

---

281. *Agrios*, mais que propriamente "agrícolo", visto que a primeira expressão denota dois respectivos campos de ação que podem ser distinguíveis e distintos por duas figuras divinas bem diferenciadas: uma feminina, outra masculina; uma real e completamente agrícola porque ligada ao cultivo dos cereais, outra "sorrateiramente" agrícola enquanto ligada à viticultura (um produto não exatamente necessário!); Deméter que transforma o "selvagem" em "cultivável", Dionísio que transforma o "selvagem" em "humano"...

[Desse modo], o fato histórico acertado é a importância do rito transformador de Deméter e de Dionísio no contexto de uma revolução antigenética que levou as duas divindades a uma nova função oficial. E em tal contexto é lícito dizer que às duas divindades foi demandada a transformação do homem natural, aquele determinado pelo nascimento ou pelo *genos*, em homem cultural, aquele determinado pela *polis*. É lícito dizer que pela nova *polis* a condição natural a ser transformada é aquela orientada pelo *mito* (Homero, Hesíodo, os antepassados míticos etc.), enquanto a condição cultural será aquela introduzida com o *rito* (de fato, 'que introduz' ou 'iniciático': ritual demetríaco e dionisíaco)"[282].

Em época arcaica, recorre-se ao diálogo com os deuses através dos lugares de culto e, nessa direção, as manifestações operativas, rituais e culturais resultam circunscritas principalmente ao redor do sacrifício cruento dedicado aos deuses. Nessa época, enfim, o sacrifício se constitui como a finalidade necessária de cada ação ritual. Reproduzindo a ação primordial do Titã Prometeu, da qual decorreu a separação definitiva entre homens e deuses, o rito do sacrifício cruento reunia provisoriamente (no tempo e no espaço do rito) os dois universos para, sempre e finalmente, com a conclusão da operação ritual, voltar a renovar e, logo, reforçar a separação inicial[283]. E com relação aos destinatários do sacrifício, às suas formas e à qualidade de suas vítimas sacrificiais, reencontramos, enfim, a divisão das figuras dos protagonistas dos mitos[284]. De fato, o mundo grego conhecia duas formas de sacrifício: um – o

---

282. SABBATUCCI, D. *Il Mito, il Rito e la Storia*. *Op. cit.*, p. 226.

283. DURAND, J. L. *Sacrifice et labour en Grèce ancienne*. Paris/Roma: La Découverte, 1986. • GROTTANELLI, C.; PARISE, N. F. (orgs.). *Sacrificio e società nel mondo antico*. Roma-Bari: Laterza, 1988.

284. No que diz respeito à leitura histórico-religiosa da relação entre sacrifício e rito, mas também daquela entre mito e rito, cf. sobretudo estes importantes estudos, entre outros: SABBATUCCI, D. *Il Mito, il Rito e la Storia*. *Op. cit.* • SABBATUCCI, D. Rito e sacrificio. *In*: VEGETTI, M. (org.). *Introduzione alle culture antiche – III: L'esperienza religiosa antica*. Turim: Bollati Boringhieri, 1992, p. 14-28.

enágisma – destinado aos deuses inferiores, aos heróis e aos mortos, no qual a vítima era completamente queimada; outro – a *thysía* – dedicado aos deuses do Olimpo, previa a cremação da parte destinada aos deuses, enquanto as carnes da vítima eram distribuídas entre os participantes do banquete conforme a sua posição. Deste modo e no final das contas, o sacrifício – com a participação da comunidade ao banquete sacrificial da *thysía* – assumia a função de reforçar e reproduzir as articulações das hierarquias sociais[285].

Se em época arcaica as manifestações operativas rituais são circunscritas, sobretudo, ao redor do sacrifício, é finalmente com o advento das cidades que deuses e heróis adquirem um novo e mais importante aspecto de uma cocidadania com os homens e, com isso, tornam-se seus protetores: e nesse último caso, conforme já acenamos, em suas diferentes expressões, os cultos se tornam um instrumento de ação humana – de conservação e estabilidade, respondendo também às crises periódicas: do e no tempo presente[286]. Definido segundo os termos gregos de *órgia*, *hierourgía*, *drómena* e *drama*, o rito, portanto, representa a ação humana por excelência e é a ele que é entregue a tarefa de confirmar (em relação ao fundamento mítico) a comunidade humana e de edificá-la (produzi-la e efetivá-la, na perspectiva humana e comunitária). Finalmente, se, por um lado, essas características propriedades do rito apresentam para os participantes e integrantes

---

285. Com relação ao sacrifício – mas também em relação aos cultos mistéricos gregos –, em termos gerais e segundo uma sua leitura na perspectiva de uma Antropologia da Antiguidade, cf. os estudos clássicos de: BURKERT, W. *Homo Necans – Interpretationen altgriechischer Opferriten und Mythen*. Berlim: De Gruyter, 1972. • BURKERT, W. *Structure and History in Greek Mythology and Ritual*. Berkeley: University of California Press, 1979. • BURKERT, W. *Ancient Mystery Cults*. Cambridge/Londres: Harvard University Press, 1987. E a respeito da relação entre sacrifício e cozinha, deve-se levar em consideração, sem dúvida, o importante, fundamental e clássico trabalho: VERNANT, J.-P; DETIENNE, M. (orgs.). *La cuisine du sacrifice en pays grecs*. Paris: Gallimard, 1979.

286. MASSENZIO, M. *Cultura e crisi permanente: la "xenia" dionisiaca. Op. cit.*

uma sua própria e característica eficácia, por outro lado, o rito cumpria e esgotava sua função produtiva e edificadora somente de forma provisória – aquela contida no espaço e no tempo de sua celebração – e, logo, essa função era necessariamente renovável, devendo ser periodicamente repetida.

O tempo (e o espaço) das celebrações rituais, finalmente, era definido por e inserido no interior de um calendário festivo que, no final das contas, representava o instrumento principal para exercitar um controle sobre essa dimensão temporal, organizando-a e canalizando-a em prol de uma dimensão ordenada. Funcionais aos diversos setores e etapas da existência humana, as várias manifestações de culto e as diferentes produções dos ritos encontravam espaço, mas também delimitação, dentro dessa organização calendarial que continha e potencializava a eficácia da ação cultual/ritual, expressando suas diferentes orientações. Estas últimas são aquelas das quais já tratamos: o culto olímpico, com o objetivo de reificar a imutabilidade da organização do cosmo; a agonística, com suas competições e os andrajos ou a absorção em seu interior dos eventuais e antigos ritos iniciáticos; os cultos de divindades específicas e mesmo (e sobretudo) aqueles que adquirem caráter pan-helênico (como aqueles diretos a Zeus, para os ágonos olímpicos, ou a Poseidon, para os ágonos ístmicos). Finalmente uma dessas orientações da ação ritual e cultural – expressão típica, essa, da cidade de Atenas, com destacado caráter agonístico – é aquela que diz respeito às representações trágicas, parte integrante da trama cultual da *polis*, inseridas na organização calendarial do ciclo festivo dedicado a Dionísio[287].

Na sua peculiaridade, também eram inseridos no calendário festivo e ritual os Mistérios (*mystéria*), para os quais vale recordar o quanto destacamos a respeito no capítulo "Manifestações institucionais", quando tratamos das "Cidades-Estado da Grécia antiga:

---

287. MASSENZIO, M. *Dionisio e il teatro di Atene: interpretazioni e prospettive critiche. Op. cit.*

pluralidade e unidade da organização politeísta e institucional".
E, finalmente, acreditamos possa resultar oportuna, aqui, a síntese
precisa, clara e exemplar, a respeito, proposta por Paolo Scarpi.
Assim, segundo o historiador (das religiões e do mundo antigo):

> Os mistérios (*mystéria*), indicados com frequência com
> o termo *teleté*, que designa o "completamento", ainda
> que tradicionalmente traduzido como "iniciação", não
> constituem uma categoria diferente dos outros cultos
> praticados na cidade, nem se opõem ou entram em
> concorrência com o culto olímpico. Esses eram um
> misto de cerimônias e ritos que faziam parte do abran-
> gente sistema cultual, inseriam-se no ciclo festivo e ti-
> nham por destinatárias as divindades do panteão, que
> em Atenas eram Deméter e Cora: a "mãe" e a "filha";
> mas também a deusa que havia dado aos homens os
> cereais e os mistérios, e a Senhora dos Infernos. As
> operações rituais não eram diferentes daquelas dos
> cultos olímpicos e compreendiam também os ágonos.
> Os mistérios eram distintos dos cultos olímpicos so-
> bretudo pela finalidade e pela atenção em relação ao
> destino do homem. É possível que esses cultos tives-
> sem tido na origem um caráter iniciático do tipo aris-
> tocrático, tanto que em Elêusis o corpo sacerdotal era
> formado pelas antigas famílias dos Eumólpidas e dos
> Céricos, [mas] quando se tornam um culto público da
> cidade eles parecem assumir a finalidade de inserir o
> homem na realidade cultual cívica, subtraindo-o da
> condição natural de ser gerado por uma família para
> introduzi-lo na dimensão política[288]. Este processo de
> integração cultural investia, todavia, também o destino
> ultramundano do homem, ao qual era prometida uma
> condição privilegiada no Além depois de ter participa-
> do dos ritos sacros.

> Numerosos eram os cultos mistéricos que constela-
> vam a Grécia. Famosos eram aqueles dos Grandes
> Deuses em Samotrácia, de Dionísio em Tenedo, das

---

288. A esse respeito já vimos, mais acima, o destaque desta função proposta
pela análise de SABBATUCCI, D. *Il Mito, il Rito e la Storia*.

Grandes Deusas em Andanía e Megalópolis, de Hera em Argo. Mas o modelo por excelência eram os mistérios em honra de Deméter e Cora, celebrados em Elêusis, um pequeno burgo a poucos quilômetros de Atenas, onde todo ano, no mês de Boedromion, no início do outono, os cidadãos atenienses se conduziam em procissão solene. Tratava-se de uma festa própria do calendário festivo ateniense e colocada sob a jurisdição do Arconte Rei, a qual, por seu caráter pan-helênico, exigia a suspensão de toda a atividade bélica na Grécia. O povo inteiro era convidado a participar dela e a fazer-se iniciar, com a obrigação do segredo para com as cerimônias das quais tinha feito parte. Este segredo era proclamado pelo mito de fundação narrado no *Hino homérico a Deméter*, mas é difícil estabelecer no que consistisse e talvez não houvesse nele nada de objetivamente revelável.

Qual fosse a natureza desse segredo, ele agia como uma força centrípeta que agregava, que envolvia os cidadãos e renovava sua unidade e identidade. Quando, porém, a parábola política ateniense entrou em declínio, os mistérios acentuaram sua perspectiva escatológica, já obscurecida no mito de fundação onde se proclamava a "beatitude" de todos aqueles que tivessem assistido aos ritos sacros, orientando-se na direção ultramundana e transformando-se cada vez mais em um culto universalista completamente desvinculado da história de Atenas[289].

Finalmente, no interior dos cultos gregos, mas de um modo muito peculiar e tipicamente grego, encontramos os Oráculos que, como todas as outras formas de divinação, eram cultos postos sob a tutela de Apolo[290]. A primeira peculiaridade dos oráculos é de serem cultos particularmente circunscritos e individualizados e que, por consequência, escapavam dos modelos normativos comuns. Isto porque a mântica, com seu aparato oracular, tendendo ao esforço

---

289. SCARPI, P. Le religioni del mondo antico. *Op. cit.*, p. 77-78.

290. BLOCH, R. *Les prodiges dans l'antiquité classique. Op. cit.* • FLACE-LIÈRE, R. *Devins et oracles grecs*. Paris: Presse Universitaire de France, 1961.

de predizer coisas distantes no tempo e no espaço, remetia sempre ao resultado incerto das atividades humanas e, por outro lado, com seu aparato ritual, consistia em indicar os canais, os instrumentos e os percursos necessários para conter os episódios críticos (individuais) e reconduzi-los a uma ordem, a um controle e, enfim, à norma da comunidade. Por esse motivo, também, esses cultos se destacavam por seu caráter mais local, mesmo quando sua fama tivesse transbordado esse limite, difundindo-se alhures. Por além dessas peculiaridades, o culto oracular também se dirigia, todavia, às divindades ou aos heróis: o oráculo de Apolo em Delfos foi sem dúvida o mais ilustre da história grega[291], mas gozou de grande fama também aquele de Zeus, em Dodona; e, também, encontravam-se no centro de cultos oraculares os cultos de numerosos heróis. No panorama desses episódios críticos individuais, na orientação de uma mântica circunscrita a situações de crise particulares, obviamente, encontramos, sobretudo, a doença que, muitas vezes e em conformidade com outras circunstâncias críticas, era entendida como transgressão do sistema e das normas tradicionais e, logo, em termos mais gerais, como alteração da ordem cósmica. No interior dessa perspectiva, a iatromântica em geral – uma espécie de "divinação médica" na qual o consulente procurava junto ao oráculo uma resposta para seus distúrbios físicos – e o específico oráculo de incubação de Asclépio, em Epidauro, com a intervenção da divindade, destinavam-se a produzir e a restituir ao consulente aquele Estado de purificação que se entendia ter perdido ou ter sido alterado em relação à sua condição natural.

Teologia e Pantheon romanos

Com relação a Roma, até aqui vimos como, no seu específico contexto, ela foi se encaminhando bruscamente em direção à constituição de uma civilização urbana a partir do VII século, apre-

---

291. FONTENROSE, J. *The Delphic Oracle... Op. cit.*

sentando uma curiosa ausência de articulação e de estruturação que fosse decorrente de uma sua própria mitologia. Conforme dizíamos, é no VII século que Roma se torna uma cidade-Estado, junto a um território que os Etruscos nunca demonstraram de pretender unificar em um Estado único: e sempre, e muito provavelmente, sob o domínio dos próprios Etruscos a cidade-Estado de Roma veio sofrendo, também, o forte influxo da cultura grega[292]. Portanto, submetida a contínuos e fortes impulsos inovativos, ela foi constituindo aos poucos uma sua especificidade cultural que, como analisamos pontualmente acima, a levou à *sobrevalorização (operativa) do rito* e a um característico processo de *historificação* tipicamente *romano*, no interior do mundo antigo. De qualquer modo, todavia e antes disso, os contínuos impulsos inovativos sofridos no berço de sua formação levaram a cidade a um significativo processo de assimilação de divindades estrangeiras, com a consequente instituição de novos cultos e ritos e, finalmente, produziu a helenização de seu panteão: e este último, entre os séculos III e II a.C., ganha uma inédita e evidente caracterização antropomórfica[293]. Todo esse contexto, essas dinâmicas e esses influxos parecem abrir espaço para uma (possibilidade de) plasticidade constitutiva do universo da *religio* romana: mas, contrariamente a (e provavelmente justamente por) isso, a peculiaridade romana produz, mais uma vez, um resultado histórico surpreendentemente oposto àquele que parecia inscrito nos seus pressupostos constitutivos. No final das contas, paralela e contemporaneamente à sua inovativa e diferenciada formação histórica, a *religio* romana se apresenta com conotados que aparecem extremamente conservadores. A expressão mais constante e significativa desse conservadorismo se encontra, enfim, justamente naquele *mos maiorum* que retorna quase que como uma tensão e um apelo

---

292. BIANCHI BANDINELLI, R.; GIULIANO, A. *Etruschi e Italici prima del dominio di Roma. Op. cit.* • CAMASSA, G. La religione romana antica. *Op. cit.* • DUMÉZIL, G. *La religion romaine archaïque... Op. cit.* • PFIFFIG, A. *Religio Etrusca. Op. cit.*

293. SCHILLING, R. *Rites, cultes, dieux de Rome.* Paris: Klincksieck, 1979.

obsessivos: como já indicamos mais acima, trata-se de algum modo de uma orientação ético-comportamental que descende e se apela aos antepassados, pretendendo obter seu consentimento e tornando-se o modelo referencial dos costumes (a base da construção de um modelo consuetudinário). Sob esse modelo – que se configura como regido pelas diretrizes e pelo controle dos antepassados, como dissemos –, parece que, *a priori*, a escolha cultural romana se abrisse decididamente em direção de uma sua própria característica "teologia cívica": e, finalmente, podemos dizer, profundamente "conservadora". Essas duas tendências da *religio* romana – aquela do caráter inovativo e aquela do caráter obsessivamente conservador – podem ser reconhecidas nas diferentes figuras divinas de seu panteão. Assim, por exemplo, encontramos figuras, como aquela de Júpiter ou do próprio Marte, que manifestam uma personalidade complexa e articulada, ao mesmo tempo em que nesse mesmo panteão coexistem divindades, como aquela de Vesta, de Ceres ou da própria Juno que são relegadas e limitadas a uma única e simples função. De qualquer modo, todas essas divindades exerciam a função de estabelecer limites espaciais e temporais, ordenando e conferindo uma forma ao mundo (romano).

O calendário romano arcaico

Com relação aos limites temporais e a seus modos de controle, nos foram transmitidos numerosos calendários epigráficos – festivos e arcaicos – romanos. Excluindo-se apenas um (aquele pré-cesariano de Anzio, descoberto em 1915), todavia, nenhum outro é anterior à época de Augusto. Mas, como quer que seja, os estudiosos constataram que, apesar das diversidades das notícias relatadas relativamente aos dias do ano que dizem respeito aos *fasti* epigráficos, todos os calendários conservam um núcleo inalterado de nomes festivos iguais. Essas festas inalteradas foram propostas como sendo mais antigas do que daquelas que apareciam de formas variadas e divergentes nesses calendários e, logo, procurou-se documentá-las para remontar a algum ordenamento festivo antigo que, finalmente, foi possível identificar em época bastante remota[294]. A fundação do templo de Júpiter Capitolino parece suficientemente comprovada com a própria data transmitida pelos historiadores romanos: 509 a.C. Todavia, o limite documental que condiciona a informação do calendário festivo arcaico é que ele marca sempre uma única indicação (nunca marca mais de uma) para um dia festivo: isto é, não podemos obter dele a informação relativa a outras festas anuais que possam ter coincidido com essas festas mensais. Por outro lado, esse calendário festivo indica regularmente as três festas que se realizam no interior do mês. São elas: as *kalendae* do primeiro dia do mês, as *nonae* (do 5º dia dos meses curtos e do 7º dos longos) e os *idus* (do 13º dia dos meses curtos e do 15º dos longos). A instituição do calendário arcaico era atribuída tradicionalmente a Numa: ele teria antecipado o início do ano para janeiro e teria transformado em 12 os 10 meses do calendário anterior, que começava em março – mês que, contudo, foi mantido como marco inicial do ano sacral – com a renovação do fogo sagrado no templo de Vesta nas calendas do mês, enquanto fevereiro (que deriva, justa e significativamente, de *februare*; isto é, "purificar") era o mês em que se concluía o ano. O ano aparecia articulado, então e finalmente, em 12 meses, cada um dos quais dividido em três partes – conforme já apontamos: calendas, nonas e idus –, mas, além disso, o ano conhecia também uma partição em ciclos de 8 dias (*nundinae*), marcados e distintos com as oito primeiras letras do alfabeto, das quais a primeira letra indicava o dia de mercado. Isso era também ampliado aos dias *fasti* – isto é, aqueles nos quais era permitido administrar a justiça e as assembleias públicas podiam ser realizadas – e *nefasti* – nos quais estas atividades eram proibidas. O calendário, portanto, listava meticulosamente todas as atividades do ano e representava o instrumento principal do controle do tempo exercitado por Roma: simbolicamente "pregado" mediante os pregos fixados, justamente, na parede do templo de

---

294. DELLA CORTE, F. *L'antico calendario dei Romani. Op. cit.*

Júpiter Capitolino a partir de 509 a.C. Nessa perspectiva geral e a partir dos limites das informações que o calendário festivo arcaico nos apresenta, enfim, podemos obter algumas informações bastante consistentes e sólidas, entrevendo, pelo que nos interessa nesse trabalho, a estreita relação entre "teologia", calendário e culto em Roma, de que sucessivamente apresentaremos alguns exemplos concretos.

Mas, antes disso, precisamos destacar como o calendário arcaico resulte ser o documento histórico mais significativo – e preservado zelosamente – da *unificação* de Roma. Por esse motivo aparecem nele as festas do Palatino, do Quirinal, do Foro e do Capitólio. E, junto com essas festas, em alguns rituais que já são pressupostos pelos próprios nomes festivos do calendário (p. ex., os *Lupercalia*) agem juntos os dois ramos da própria *soliditas* sacerdotal: um com sé no Palatino e outro no Quirinal, sancionando a unidade das duas, provavelmente, mais importantes comunidades originariamente independentes. Finalmente, esse calendário arcaico carrega os indícios de fases ainda mais antigas: como está a demonstrar a própria celebração das *kalendae* e dos *idus* deixando pressupor um seu originário caráter lunar dos meses (com a realização de festas no plenilúnio e no novilúnio)[295].

---

295. Com relação aos temas e problemas principais aqui delineados, relativamente ao calendário romano arcaico e a seus momentos e funções rituais, além da representação da unificação de Roma, cf. a síntese (já bastante significativa) de BRELICH, A. *Introduzione alla storia delle religioni. Op. cit.*, p. 219-221. No que diz respeito a todos esses temas, em uma perspectiva propriamente histórico-religiosa e de forma mais aprofundada, cf. SABBATUCCI, D. *La religione di Roma antica... Op. cit.* E quando dissermos perspectiva histórico--religiosa, entenda-se, conforme os termos do próprio historiador, que: "Ho voluto esporre la religione romana per mezzo del suo calendario festivo. È una scelta che ha due spiegazioni. La prima: ho creduto vantaggioso calare la materia in una struttura romana piuttosto che in una nostra, inevitabilmente condizionata dalla nostra religione, dal nostro concetto di religione, e dunque fuorviante in proporzione al condizionamento stesso. In sostanza, ho rifiutato il modello manualistico corrente, per seguire un modello antico, quello che ha indotto Ovidio ad esporre la religione romana per mezzo dei Fasti, appunto per mezzo del calendario festivo. La seconda: ho seguito l'indicazione di uno dei più geniali antichisti che io conosca, K. Kérenyi, il quale ci ha insegnato a

Por consequência, verificamos como o controle ritual e sistemático dos cultos ao longo do calendário (um controle do próprio tempo) se manifeste como a especificidade romana – alternativa àquela da estruturação das cidades-Estado do mundo antigo ao redor dos fundamentos míticos – em termos de operatividade ritual aberta em direção a uma inédita forma de historicização. Este novo impulso e esta nova centralidade rituais reverberavam, portanto, na função do controle sistemático da tradição que era exercido pelos pontífices: era a eles, através do colégio pontifical, que era confiada a minuciosa compilação do calendário[296]. Era o pontífice que devia observar a lua e anunciava ao rei sacral o comparecimento da primeira lua crescente: este, por consequência, convocava uma reunião do povo na qual era proclamado o início do mês[297], e com isso era indicada, também, a data em que cairiam as nonas (*nonae*), no primeiro quarto da lua e os *idus* na lua cheia. Desse modo, o mês (fundado sobre o ciclo lunar) vinha se configurando como dividido em três partes: as calendas, as nonas

---

considerare 'la religione antica come religione della festa'. Il calendario festivo, dovunque ne sia stato formulato uno, è lo strumento con cui si dà ordine al tempo: lo si cosmicizza, lo si rende agibile all'uomo. Enorme è dunque la sua importanza per le religioni che, come la romana, concernono la vita 'temporale'. Chi non si è lasciato fuorviare è giunto a definire il calendario romano la Magna Charta della religione di Roma antica. Ora la questione è: quale Roma antica? Il calendario che ho utilizzato è riferibile alla Roma medio-repubblicana, alla Roma già pienamente storica. È un calendario che comunque rivela presupposti d'età anteriori, la monarchica e la paleo-repubblicana, che, quando mi è stato possibile senza cadere nel gioco delle congetture, ho debitamente messo in evidenza. Ho dunque lasciato fuori i moltissimi culti d'età imperiale, tranne che nei casi, pochissimi, in cui è stato possibile ravvisare lo sviluppo di culti precedenti. Fuori dalla realtà calendariale da me proposta sono state lasciate le religioni di Iside e di Mithra, per quanto regolarmente quotate dai tardi calendari d'età imperiale. Ha invece trovato un suo spazio il culto di Cibele, e a suo luogo se ne comprenderà la ragione. È insomma inevitabile che abbia operato certe scelte. Se siano o non siano giustificate, più che un astratto discorso metodologico preliminare, lo diranno i risultati" (*Introdução* do livro de Dario Sabbatucci).

296. BOUCHÉ-LECLERQ, A. *Les Pontifes de l'ancienne Rome... Op. cit.*

297. É significativo que o termo *Calendae* ou *kalendae* derive justamente de *calare* ou *kalare*; i. é, signifique propriamente "convocar a reunião".

(assim chamadas porque caíam 9 dias antes dos *idus*) e, por fim, os *idus*. Nesse quadro, a sobreposição do calendário lunar e daquele solar não permitia uma perfeita coincidência entre os dois ciclos de mensuração do ano, impondo a intercalação de alguns dias para preencher de forma artificial a defasagem do arco temporal. E foi justamente pela atribuição do controle sistemático, tanto da tradição quanto da determinação calendarial, exercido pelos pontífices, que encontramos a atuação da reforma realizada por César, em 46 a.C., justamente enquanto se encontrava na função de Pontífice Máximo[298]: e sempre o exemplo de César nos manifesta, ao mesmo tempo, como o arbítrio dos pontífices em determinar o número dos dias do ano carregava não poucas prerrogativas ou consequências políticas, na medida em que incidia sobre a própria duração das magistraturas. Com vista a tudo isso e diante do que foi apontado mais acima[299], portanto, cabe frisar como o calendário se configurava enquanto instrumento privilegiado através do qual Roma conferia sentido ao tempo, tornando-se também instrumento para canalizar e controlar as periódicas suspensões do tempo representadas pelas cerimônias festivas (*feriae*). Aquelas festas de que já tratamos e cuja minuciosa e capilar organização se refletia no culto público (*sacra publica*). Este, segundo o direito pontifical, era celebrado às custas do Estado "para o povo, ou seja, para os montes, as aldeias, para as cúrias e para os pequenos santuários"[300]. Por seu lado, os cultos privados (*sacra privata*, custeados também de forma privada), eram executados "para indivíduos, para as

---

298. Ele introduziu o ano bissexto, por sugestão do matemático e astrólogo alexandrino Sosígenes. Desde então a cada 4 anos, entre 23 e 24 de fevereiro, introduz-se um dia, chamado *bis sextus ante Kalenda Martias*, "o sexto dia pela segunda vez antes do calendário de março". Esta reforma se manteve inalterada até 1583, quando Gregório XIII introduziu suas modificações.

299. Acerca das informações consistentes e sólidas que (mesmo dentro de seus limites) o calendário festivo arcaico nos apresenta, lá onde entrevemos a estreita relação entre "teologia", calendário e culto em Roma.

300. Festo, s.v. *publica sacra*: cf. LINDSAY, W. M. *Sexti Pompei Festi de verborum significatu quae supersunt cum Pauli epitome* [Lipsia 1913], Hildesheim: Georg Olms, 1965, p. 278.

famílias, para as estirpes" e circunscreviam, enfim, a dimensão "pessoal" da religião que, de todo modo, permanecia coerente e complementar ao arranjo coletivo das *sacra publica*[301].

A expressão simbólica mais significativa da Roma antiga, portanto, é representada pela organização do tempo e do espaço: um *sacrum facere*[302] que é construído e constituído através da distribuição do culto público sobre base calendarial e territorial e, também, por além das *sacra publica*, na base da dimensão cultual pessoal (*sacra privata*). E paralelamente ao calendário e à própria topografia sacra, conforme entrevemos até aqui, os ritos e os cultos contribuem para a construção e a solidificação da tradição e da *religio* caracteristicamente romanas[303].

Rituais e cultos na Roma antiga

A construção e a manutenção do mundo cultu(r)al romano, em termos gerais e, podemos dizer, estruturantes, encontra suas bases e seus primórdios na figura do deus bifronte Janus. E, diga-se de passagem, também a propósito dessa figura reencontramos a tendência tipicamente romana de historicizar as figuras dos protagonistas do próprio patrimônio tradicional: tudo isso na esteira daquele processo de "demitização" do patrimônio mítico, conforme analisamos mais acima, que inscrevia narrativas de estrutura mítica em âmbitos

---

301. Para uma tratação sintética desses últimos aspectos, cf. SCARPI, P. Le religioni del mondo antico. *Op. cit.*, p. 121-122.

302. Um "tornar sacro" à base etimológica do próprio conceito de "Sacrifício" (de que tratamos, já em termos gerais, na Introdução do livro). Sobre o sacrifício, em geral, cf. GROTTANELLI, C.; PARISE, N. F. (orgs.). *Sacrifício e società nel mondo antico. Op. cit.* E, em relação à especificidade do sacrifício na cultura romana cf. SCHEID, J. La spartizione sacrificale a Roma. *In*: GROTTANELLI, C.; PARISE, N. F. (orgs.). *Sacrificio e società nel mondo antico. Op. cit.*, p. 267-292. Para além da especificidade do tema proposto pelo estudo, cf. tb. BRELICH, A. *Presupposti del sacrificio umano.* Roma: Editori Riuniti, 2006.

303. BLOCH, R. *Recherches sur les religions de l'Italie antique.* Genebra, Droz, 1976. • SCHILLING, R. *Rites, cultes, dieux de Rome. Op. cit.* • SABBATUCCI, D. *La religione di Roma antica... Op. cit.*

históricos. Assim e nessa perspectiva torna-se interessante, também no caso de Janus, o fenômeno da característica interpretação dos fatos religiosos e, sobretudo, de narrativas míticas, identificado com o nome de "evemerismo"[304]. Segundo a interpretação dos poetas da época de Augusto, enfim, Janus se torna o "primeiro" dos reis do Lácio, anteriormente à vinda de Enéas para a Itália. Como quer que esse processo de racionalização e de historicização transforme e interprete a sua figura, essa primazia da figura de Janus pode ser colhida por outros importantes aspectos cultuais e, final e novamente, calendariais. De fato, presidindo à abertura e ao fechamento das portas (tanto aquelas particulares quanto aquelas do templo que lhe era dedicado), ele carregava os epítetos de *Patulcius* e de *Clusius*; era ainda o deus dos umbrais e como *ianitor* presidia as passagens. Nessa direção, também, dividia os inícios de todos os meses com a figura de Juno que, mais acima, vimos presidir as *kalendae* (lá onde apontamos como se verificava a atribuição de cada *idus* (o plenilúnio) a Júpiter e de cada *kalendae* a Juno); e, finalmente, como figura dos inícios, Janus cedia o próprio nome ao primeiro mês do ano lunissolar: de fato *Ianuarius*, janeiro. Representava, portanto, a divindade que dava origem tanto ao tempo quanto aos deuses, e como tal era a personificação de todas as formas de início. Do começo ao fim: de Janus para Vesta. Estritamente associada ao primeiro, por oposição e complementariedade, esta última domina o espaço fechado da casa e do Estado[305] e, portanto, às antípodas e por oposição, conclui e realiza, finalmente, a função inovadora periodicamente iniciada e aberta por Janus... Em certa medida, essa divindade assumia o papel

---

304. O termo foi cunhado sobre o nome de Evêmero, escritor e hermeneuta grego da época helenística, vivido entre os séculos IV e III a.C., autor de uma *Storia sacra*, na qual era narrada a vida de Zeus, senhor da ilha fantástica de Panchea, divinizado pelos seus súditos após a morte.

305. Conforme o influxo da cultura grega que já levamos em consideração, no final das contas Vesta é homóloga, inclusive etimologicamente, à grega Héstia, com a qual dividia a tutela do fogo doméstico e daquele público do Estado. Dimensão comum, nesse caso, à tradição indo-europeia que vê a raiz etimológica como reconduzível ao sânscrito *vastja*; i. é, habitação.

de uma centralidade cósmica, no sentido espacial, representada pela casa, e de uma centralidade temporal, justamente a metade do ano: é por isso, enfim, que as festas dedicadas a Vesta, os *Vestalia*, caiam em 9 de junho; isto é, pouco antes que o sol entrasse em sua fase decrescente. Essas festas dividiam assim o ano pela metade, fechando um período de 6 meses[306], representados, justamente, pelas seis sacerdotisas (as vestais) que cultuavam a deusa[307]. Esse começo e esse fim, representado respectivamente por Janus e por Vesta, encontram ainda seus selos no fato de que na própria lista de invocações aos deuses durante os atos sacrificiais se encontram em primeiro lugar o nome de Janus e por último aquele de Vesta.

Júpiter, Marte e Quirino

Com relação a essa tríade, inicialmente vale retomar, sintetizando-as, algumas considerações que propusemos no capítulo "Manifestações institucionais", na seção "A sobrevalorização (operativa) do rito e a historicização romana".

Naquele lugar destacávamos como, despojado das suas funções regais em sentido político, a figura sacerdotal do flâmine de Júpiter encarnava a personalidade divina do rei (correspondente, justamente, a Júpiter). E, portanto, junto com os flâmines de Marte e de Quirino, aquele de Júpiter reproduzia, ainda, no nível da ação cultual e ritual, a tríade pré-capitolina[308]. E é com relação à identidade entre Rômulo e Quirino (*Romulus* et *Quirinus*) que Sabbatucci se confrontou, como vimos, com a relativa problemática da "demitização" de suas figuras. Ora, uma vez constatado que se

---

306. Para uma síntese desses aspectos relativos a Janus, cf. BRELICH, A. *Introduzione alla storia delle religioni. Op. cit.*, p. 227-228. • SCARPI, P. Le religioni del mondo antico. *Op. cit.*, p. 109-110.

307. GIANNELLI, G. *Il sacerdozio delle Vestali romane* [1913]. Firenze: Galletti e Cocci, 1933.

308. Em relação a esses aspectos, em sua análise, Brelich partia de uma *originária e fundamental identidade* entre Romulus e Quirinus. Cf. BRELICH, A. *Tre variazioni romane sul tema delle origini. Op. cit.*, p. 103.

trata de uma "ideia religiosa" da Roma republicana que rompe com uma realidade anterior (ainda unida ao modelo da realeza constituído pela figura egípcia de Osíris), o historiador italiano constata que, no contexto da tríade pré-capitolina, será justamente Júpiter (aquele que detém a soberania universal) a fazer luz sobre a conexão entre Marte e Quirino[309]. Nesse sentido, "ao deus que exerce a soberania sobre o mundo [Júpiter] [...] se juntam Marte e Quirino os quais, juntos, exercem a soberania sobre Roma depois que não haverá aí mais reis para exercê-la. A partir da função 'soberana' da tríade se explica, também, por que os *flamines Dialis* (de Júpiter), *Martialis* (de Marte) e *Quirinales* (de Quirino) sejam *maiores*"[310]. E dentro desse percurso e dessa perspectiva, portanto, devemos inserir e podemos entender as funções institucionais, tanto do Rei sacral (conforme fizemos mais acima) quanto dos flâmines (conforme faremos aqui, em relação à associação das três figuras da tríade).

Fato é que, como já salientamos, as supremas prerrogativas divinas (*summa*) se devem a Júpiter: assim, no contexto calendarial, não é por acaso que a ele sejam reservados todos os *idus*, na metade de cada mês, que é o período mensal no qual a lua alcança a "sumidade" de seu arco temporal, no qual assume seu esplendor mais completo. A figura de Júpiter, também, é herança do patrimônio (cultural e linguístico) indo-europeu[311], encarnando o princípio da realeza e, depois que o rei perdeu suas prerrogativas políticas em

---

309. Conexão esta que não é apenas genealógica, mas, sobretudo, é tal em função da produção no plano divino da *ideia de realeza romana eliminada no plano humano*. O destaque é nosso.

310. SABBATUCCI, D. *Da Osiride a Quirino Op. cit.*, p. 31. Contudo, a problemática é analisada de forma significativa ao longo de todo o pequeno, mas intenso volume. No que diz respeito à associação e relação entre Júpiter, Marte e Quirino, cf. DUMÉZIL, G. *Jupiter, Mars, Quirinus... Op. cit.* • DUMÉZIL, G. *Naissance de Rome... Op. cit.* • DUMÉZIL, G. *Naissance d'archanges, Jupiter, Mars, Quirinus... Op. cit.*

311. O seu nome, *Iupiter*, é ligado etimologicamente ao *Dyaus pitar* da Índia védica, compartilhando com ele o aspecto luminoso e a dimensão urânica e situado, também, em um "céu". Todavia, este aparece menos distante do que aquele do deus védico, e, enfim, mais próximo ao mundo dos homens.

Roma, encarnando, também, aquele da sacralidade. Estendendo a própria soberania sobre cada eventual divisão territorial e política dos latinos, enquanto divindade comum a todos os habitantes do Lácio, formava a "tríade arcaica", em Roma, junto com Marte, antiga divindade da península que presidia a esfera militar, e com Quirino, divindade local dos Romanos[312]. E, de fato, a seu serviço, assim como àquele de Marte e de Quirino, dedicavam-se os três flâmines maiores. Em sua sede principal – o templo inaugurado sobre o Capitólio em 509 a.C. – Júpiter levava o epíteto de Ótimo Máximo[313] – isto é, se constituía como superior a cada outro Júpiter setorial – e era superior também àquele comum a todos os habitantes do Lácio (com um culto comum sobre os montes Albaneses). Seu caráter urânico fazia com que gozasse de um saber onisciente que, por consequência, o fazia presidir e o tornava fiador dos pactos e dos juramentos: nessa perspectiva, era em nome dele que eram sancionadas alianças ou declaradas guerras e, não por último, enquanto deus urânico era ele que enviava suas mensagens por meio do voo dos pássaros que os áugures tinham a tarefa de interpretar.

Por sua vez, ocupando os espaços externos, limítrofes da cidade, Marte tinha a função de vigiar sobre ela. Todavia, precisamos prestar atenção: ele não é exatamente o senhor do mundo externo e selvagem, mas a competência dele é exatamente aquela de proteger a cidade dos perigos externos. Tratando-se de uma antiga divindade da Península Itálica, ligada ao universo bélico e dos exércitos, em Roma, dele ganha o nome o primeiro mês do calendário arcaico, março, de fato, que é também o mês com o qual, tradicionalmente, abria-se a estação de campanhas militares,

---

312. DUMÉZIL, G. *Jupiter, Mars, Quirinus... V. 1. Op. cit.*
313. Trata-se justamente daquele Júpiter que, como já vimos anteriormente – em coincidência com a expansão de seu culto –, acabou produzindo uma verdadeira e profunda eclipse do passado mítico da cidade, permitido fazer com que Roma realizasse intencionalmente o processo de "demitização" do próprio patrimônio mítico. Cf. KOCH, C. *Der römische Juppiter... Op. cit.*

que se encerrava em outubro. O mundo bélico e dos exércitos era ritualmente celebrado com as corridas de carros e é justamente em março, no dia 14, na vigília do plenilúnio, que se celebravam os *Equirria*, festa precedida – ao aparecimento da primeira face da lua, em 27 de fevereiro – por outra celebração com o mesmo nome: a corrida de carros realizada, de fato, no Campo de Marte e que servia para introduzir o mês de Marte, março. Nos respectivos meses de março e outubro se concentravam, enfim, as festas que lhe eram dedicadas: em 19 de março, as *Quinquatrus* consistindo em uma purificação (*lustratio*) das armas, à qual seguia aquela das tropas de guerra no dia 23 do mesmo mês no decorrer do *Tubilustrium*; e no dia 15 de outubro se celebrava o rito do "cavalo de outubro", ao qual seguia, no dia 19, a solene purificação das armas (*armilustrium*), no encerramento da estação de guerra.

Por seu turno, Quirino representava uma divindade "local" romana, um deus dos Romanos; isto é, dos *quirites*. Estes eram os homens organizados em *curia*, um lugar que, na origem, era onde se reuniam os homens da cidade. Logo, Quirino se configurava como a divindade tutelar do conjunto de homens adultos. No interior da tríade, portanto, se Júpiter dominava o espaço da sacralidade e da soberania, Marte aquele da guerra, Quirino viria a representar a terceira função da ideologia tripartite, segundo o esquema funcional proposto por Dumézil[314]. Nessa perspectiva, seria possível entender a festa dos *Quirinalia*: que iniciava em 17 de fevereiro, fechando o ciclo aberto pelas *Fornacalia*. Os *Quirinalia* eram, de fato, uma festa de agradecimento, celebrada de maneira autônoma por cada *curia*: depois dessa celebração o grão podia ser assado e, então, entrar nos circuitos de consumo. Esta festa reunia o conjunto dos *Quirites* sem nenhuma distinção

---

314. DUMÉZIL, G. *Jupiter, Mars, Quirinus... Op. cit.*, v. 1. Dumézil, de fato, na base da mitologia comparada, detecta uma tripartição característica dos antigos povos indo-arianos, inscrevendo os brâmanes na primeira função (aquela dos sacerdotes), os ksatriyas ou guerreiros na segunda e, finalmente, os vaisyas ou agricultores e criadores na terceira.

cultural ou de gênero. Mas, partindo do enquadramento no interior da terceira função, todavia, no decorrer do tempo, Quirino vem sofrendo um deslizamento para um mais específico e acentuado sentido político e cívico: é assim que, provavelmente, ele é assimilado a Rômulo, tornando-se quase uma divinização desta última figura. Ou, em alternativa, resulta até possível que as duas figuras possam coincidir: isto é, que Roma tenha acabado dividindo nas pessoas de Rômulo, o filho de Marte, fundador da cidade, e de Quirino, no qual Rômulo se transforma por vontade de Júpiter e pela mediação de Marte[315].

Júpiter, Juno e Minerva

Aquela de Júpiter, Marte e Quirino representava a tríade arcaica, conhecida, também, como pré-capitolina. Mas, sucessivamente, esta foi substituída pela tríade capitolina que – construída sobre o modelo grego de Zeus, Hera e Atenas – se formou ao redor das figuras de Júpiter, Juno e Minerva. E essa tríade se tornou "capitolina" justamente por reunir as duas deusas no interior do templo de Júpiter no Capitólio: onde para cada uma delas havia uma cela que lhe era dedicada.

Como esposa de Júpiter, Juno lhe era complementar na função do controle do tempo: a ela competiam os calendários, os inícios de cada mês (isto é, o período das noites escuras, por ocasião da lua nova). E isso na medida em que, como já vimos, Júpiter presidia as noites luminosas (os *idus*, por ocasião da lua cheia). E essa complementariedade se dava, também, no plano político quando, venerada como Juno Rainha, ela expressava a metade "feminina" do Estado; portanto, Juno era representada, ao mesmo tempo, diferenciada em uma *Iuno* individual (representando cada mulher) e em uma *Iuno* pública (abarcando todas as mulheres em conjunto, coletivamente).

---

315. Para uma breve síntese dessa tríade (*Júpiter, Marte e Quirino*), cf. SCARPI, P. Le religioni del mondo antico. *Op. cit.*, p. 110-112.

Quanto a Minerva, uma divindade de origem etrusca, pouco difundida entre os povos itálicos, encontrou pouco espaço em Roma (um pequeno templo aos pés do Célio: o *sacellum Minervae Captae* – templo de Minerva Prisioneira, e outro pequeno sobre o Aventino), por além da cela no interior do templo de Júpiter sobre o Capitólio. Sua teologia também resulta ser bastante pobre: sintetizada na função de divindade tutelar das artes e dos ofícios e de quem os praticava, e festejada nas *Quinquatrus* no dia 19 de março. Mas, como quer que seja e não obstante sua precoce helenização, Minerva aparece completando e quase fechando o processo de organização do cosmo: conjugando a tríade arcaica à tríade capitolina por intermédio da sua inserção no ciclo festivo de Marte. Nesse sentido, como guardiã das artes (da "cultura"), ela fornece ao Júpiter romano – que, depois do afirmar-se da República, tinha assumido sobre si as prerrogativas da soberania – os instrumentos "culturais" que permitiam confiar provisoriamente o poder do soberano (*imperium*) aos sumos magistrados romanos, pelos quais os reis foram substituídos.

Outras divindades da teologia romana

Por debaixo da tríade pré-capitolina e de Janus e Vesta, finalmente operava um número de doze deuses, a serviço dos quais se encontravam doze flâmines menores. Também estes deuses contribuíam à organização do cosmo por meio de suas respectivas funções. Dentre eles se destaca a figura de Ceres, divindade do crescimento e da fertilidade agrária, identificada com a grega Deméter desde a época arcaica: e, com o tempo, ela acaba se tornando a deusa tutelar da plebe.

Finalmente, a religião romana nos apresenta outros seres extra-humanos que aparecem sempre e apenas no plural, como coletividades. É o caso dos Lares, dos Penates e dos Manes. Esses últimos, invocados sempre no plural e reconhecidos como "deuses" já no século V a.C., representavam uma coletividade cultual com a qual se identificava o espírito dos mortos: uma sua forma de divindade da condição da morte. Nesse sentido, é interessante observar como, na época da república tardia, suas figuras parecem sofrer uma transformação que os conduz a tornar-se uma espécie de duplo do morto: pelo qual, no fim, este último é substituído. Por seu turno, se com o singular *Lar familiaris* se designava, exclusivamente, o Lar que guardava a *família* inteira (i. é, o conjunto de homens livres e de servos), mas se definia, também, o espaço físico territorialmente definido, os Lares, no plural, possuíam um caráter propriamente territorial: como *praestites* protegiam o solo de Roma e, na qualidade de *agri custodes* (custódios dos campos cultivados), recebiam um sacrifício purificatório de cada proprietário junto aos *compita*: encruzilhadas nas quais eram instaladas pequenas construções que delimitavam a fronteira entre as diversas propriedades, mas que, também, marcavam o limite em relação à "natureza selvagem". Eram celebrados nos *Compitalia*, uma festa de renovação (de Ano-novo) que caía no início de janeiro. E ao outro extremo do calendário, outra festa ligada aos Lares era a *Larentalia*, a última do ano, celebrada em 23 de dezembro. É neste dia que, na presença dos pontífices, o flâmine de Quirino sacrificava a Acca Larenzia (a mulher que, segundo a tradição, recolheu Rômulo e Remo) no Velabro, aos pés do Aventino. Esta última, a figura de Acca Larenzia, parece expressar, ideal e conceitualmente, a unidade territorial de Roma, contrastando a segmentação e fragmentação que os Lares como tais implicitamente representavam. Finalmente, se os Lares nunca vêm se configurando como deuses, da mesma forma que os Manes, os Penates aparecem, também e de forma coletiva, como deuses, *di Penates* (Cícero, *De natura deorum* II 68): isto é, deuses soberanos do coração da casa, do centro ideológico da existência de cada romano. Se o território era governado pelos Lares, aos Penates era confiada a tutela de grupos familiares: e eles entravam a fazer parte da herança transmitida pelo *pater familias*, garantindo a descendência e o estatuto social. É assim que os *Penates publici*, ou Penates do povo romano – os antigos troianos trazidos por Enéas para a Itália, cuja sede se encontrava na parte mais assentada do templo de Vesta, o *penus Vestae* –, representavam a garantia da legitimidade da descendência romana de Enéas. E essa função legitimadora revela, enfim, o caráter jurídico-social dessas divindades: por elas, assim como por Júpiter, juravam os magistrados romanos no momento de assumir o cargo, depois de ter sacrificado aos Penates da própria família e àqueles públicos[316].

Ritos, sacerdócios e cultos na Mesoamérica

O panteão e o culto maia

A reconstrução da religião maia permanece ainda hoje bastante problemática. As informações repassadas pelos conquistadores espanhóis nos transmitem uma civilização da qual esses últimos encontraram apenas um flébil eco de poucos vestígios de um

---

316. Com a finalidade de uma economia (finalmente necessária) em relação a essas outras figuras e divindades, repropomos, sintetizando e esclarecendo nesse contexto do nosso trabalho, quanto já proposto pela síntese de SCARPI, P. Le religioni del mondo antico. *Op. cit.*, p. 113-114. E, sobre o conceito de *Numen* como sinônimo de "deus" e de "divindade", para além de suas peculiaridades, podemos destacar, nos próprios termos de Scarpi, que "este articulado sistema divino para os Romanos era também um complexo de vontade, condensado na noção de *numen* que, pelo menos até a época de Cícero, foi sempre pessoal; i. é, o *numen*, uma divindade individualizada com precisão. Derivado do verbo *nuo*, faz um aceno com a cabeça, designando a vontade expressa por uma divindade ou uma realidade institucional ou social, para a qual, ao lado do *numen* de Júpiter e Juno, se encontrará, p. ex., aquele do senado ou do povo de Roma. No plural, *numina* designa genérica e coletivamente os deuses, mas sempre como expressão da vontade; apenas a partir de Augusto e por efeito da ação dos poetas, *numen* torna-se sinônimo de "deus" e de "divindade", incluindo e designando progressivamente também a potência obscura de um deus ou justamente o mundo divino ou, mais genericamente, extra-humano. Como expressão da vontade de uma determinada divindade, *numen* entrava necessariamente nos *indigitamenta*, lista de deuses invocados na base das suas funções, com maior frequência subordinados a uma divindade maior e que deviam expressar a especialização das esferas de competência e dos *numina*, das vontades, sobre as quais o deus exercitava a sua tutela" (p. 114-115).

passado esplendoroso. O zelo do franciscano espanhol Diego de Landa salvaguardou três códices, em hieroglífico: o *Popol Vuh*[317], texto da época colonial de caráter mitológico escrito com caracteres latinos no dialeto dos Maias quéchua, e *Os livros de Chilam Balam*, de caráter profético, dos Yucathecas[318]. Como quer que seja, enfim, e em conformidade com o que vimos anteriormente, essas fontes nos apresentam uma realidade religiosa que permanece indissociável da cultura mesoamericana em geral: que, portanto, tem que ser vista e interpretada em seu conjunto. A estas poucas informações, problemáticas e parciais, são unidos, enfim, os achados arqueológicos e as inscrições em hieroglífico. Em todo caso o quadro que emerge disso nos apresenta um

---

317. O *Popol Vuh* foi escrito em uma língua indígena (o *quiche*), utilizando caracteres latinos, logo depois da Conquista. Mas foi descoberto somente no século XVIII pelo frade espanhol Francisco Ximénez, que o transcreveu para o espanhol. As narrações contidas nas primeiras seções desse texto são de caráter cosmogônico e, apesar de algumas variações, são comuns à área habitada pelos antigos Maias. Finalmente, as partes finais do texto abordam, contam e, logo, fundam a origem do povo Quiché. Cf. PERETTI, L. *Risorgimento Maya e Occidente: visione del cosmo, medicina indigena, tentazioni apocalittiche*. Lungavilla: Altravista, 2012, p. 19.

318. Os livros maias de *Chilam Balam* (designados pelos nomes de localidades yucathecas como Chumayel, Mani e Tizimin) são coleções de textos diversos nos quais se entrecruzam tradições espanholas e maias: mais uma vez, tendo sido encomendados nestas localidades originárias por padres. Os Maias yucathecas atribuíram parte dos relatos e poemas constantes nestes livros a um autor lendário chamado *Chilam Balam* (*chilam* = um sacerdote que fornecia oráculos). Alguns dos textos consistem mesmo de oráculos sobre a chegada dos espanhóis a Yucatán e mencionam um *Chilam Balam* como seu primeiro autor: foi a tradição colonial espanhola que, enfim, estendeu o título *Chilam Balam* para todos os textos. Esses textos tratam sobretudo de história (tanto pré-hispânica quanto colonial), levando em conta calendários, astrologia e ervas medicinais, trazendo-nos, de algum modo, a visão de mundo dessa população maia. Escritos em língua maia yucatheca (mas se utilizando de caracteres linguísticos latinos), os manuscritos são oriundos de um longo período que vai do século XVII ao XIX: embora muitos dos textos que acabaram por ser incluídos nestes livros datem do tempo da conquista espanhola. Cf. VÁSQUEZ, B.; RENDÓN, S. (trads.). *El Libro de los Libros de Chilam Balam – Traducción de sus textos paralelos*. México: Fondo de Cultura Económica, 1948. • BRICKER, R.; MIRAM. H.-M. (trads.). *An Encounter of Two Worlds: The Book of Chilam Balam of Kaua*. Nova Orleans: Middle American Research Institute/Tulane University, 2002.

panteão orgânico e estruturado, com figuras extra-humanas que apresentam um aspecto prevalentemente antropo-zoomorfo: essas figuras reenviam àquelas modelares da Mesoamérica em geral, apresentando muitas dessas em estreita relação e presidindo às diferentes profissões, artes, atividades de artesanato e agrícolas. Relativamente ao contexto geral da Mesoamérica, todavia, o contexto maia apresenta uma mais acentuada concepção dualista, repartindo as divindades em benéficas e protetoras – favorecendo, por exemplo, a vida dos homens e o crescimento do milho, como Chac, deus da chuva "com o longo nariz" –, e divindades maléficas e hostis – que trazem guerra e más colheitas. O símbolo e a síntese desta característica dualidade se encontram no dragão/réptil de duas cabeças, que em uma das mandíbulas surge a figura de Itzam Na: uma figura cujas características são aquelas do Ser supremo, de fato indicado como inventor da escrita, e que muitas vezes aparece com os atributos do sol e da lua e, também, é representado frequentemente como colocado no meio de um par de jaguares. Essa característica dualidade pode ser encontrada também na representação do cosmo, onde se evidencia a contraposição de uma pluralidade de céus e de submundos, cada um com suas próprias figuras extra-humanas[319]. Sempre em vista de um certo grau de probabilidades, ditado pelo limite das fontes, parece que a figura de Itzam Na tenha sido precedida por aquela de um criador, Hunab Ku, que – como muitas vezes acontece em âmbitos politeístas – acabou se tornando um *deus*

---

319. Originalmente parecem ter sido nove essas figuras no contexto dos diferentes submundos – os *bolon ti ku* – e talvez fossem nove também aqueles dos céus; mesmo que destes últimos as fontes mais antigas não façam menção, enquanto aquelas mais recentes fixam seu número em 13 que, portanto, se torna também o número desses submundos. Cf. BRELICH, A. *Introduzione alla storia delle religioni*, p. 254. • ANDERS, F. *Das Pantheon der Maya*. Graz: Druk, 1963. • TAUBE, K. A. *The Major Gods of Ancient Yucatan... Op. cit.* • FREIDEL, D.; SCHELE, L.; PARKER, J. *Maya Cosmos: Three Thousand Years on The Shamans's Path*. [s.l.]: Morrow, 1993. • BASSIE-SWEET, K. *Maya Sacred Geography and the Creator Deities*. Norman: University of Oklahoma Press, 2008.

otiosus. Por outro lado, a contrapartida feminina de Itzam Na parece ter sido identificada em Ix Chebel Yax, uma figura com precisas características terrestres, protetora das mulheres e, particularmente, das parturientes. Vimos aqui, no capítulo "Manifestações institucionais", qual a importância, a função e a estrutura do calendário maia (protótipo da complexidade geral dos sistemas calendariais mesoamericanos) e, com ela, destacamos a relevância da observação dos astros para o exercício do controle do tempo: é nessa perspectiva que se insere, aqui também, a relevância do sol e da lua. Atributos do próprio Itzam Na, enquanto constituíam um par astral, são respectivamente identificados com a figura de Kin, o inventor da música, e com aquela de Ix Chel, que administra os nascimentos e a medicina.

Em conformidade com a importância da intersecção e relação dos ciclos solares (e desses com a soberania) no contexto incaico, estruturando, dirigindo e administrando a organização do espaço (e, com isso, a distribuição do poder soberano), analisamos que no final do capítulo "Manifestações institucionais", também entre os Maias se destaca como suas figuras extra-humanas absorviam à função de realizar e concorriam à definição e compreensão do mundo por meio de coordenadas espaçotemporais. A esse respeito, dizíamos também que a intersecção e relação com os ciclos solares (e com a soberania) é aquela que estrutura, dirige e administra a organização do espaço: ou seja, a distribuição do poder soberano, no contexto mesoamericano em geral. Assim e nesse sentido, vimos naquele capítulo, e veremos melhor neste, mais à frente, como o exemplo mais representativo desse aspecto é constituído pela cidade de Cuzco: dividida em quatro setores que serviam de base e se projetavam na organização da entidade da organização política do território e de seu império. Consequentemente, naquele contexto, o território como um todo se dividia, por sua vez, em outros tantos quadrantes. Logo, a mesma perspectiva "teológica" que servira a legitimar o poder do soberano ecoava, também, na legitimação do poder político do território por meio de uma perspectiva cosmológica que tinha a função de gerar, estruturar, organizar e legitimar ambos os poderes. Assim, os quatro quadrantes do Império e os quatro bairros de Cuzco, por sua vez subdivididos em complexos subsistemas numerais do tipo binário, ternário e decimal, representavam os eixos cósmicos sobre os quais se apoiava a ordem do mundo (incaico). E dizíamos ainda que esta organização do espaço – que encontrava um fundamento cosmológico nos quatro períodos que precederam a terra inca – ressentia da e respondia, também, à necessidade de controlar os recursos hídricos e os sistemas de irrigação. Em função de tudo isso e a partir desse significativo exemplo, portanto – em um contexto geral da Mesoamérica, como dissemos, no interior do qual aquele maia apresenta uma acentuada concepção dualista –, encontramos também junto aos Maias a característica pela qual algumas de suas divindades se quadruplicavam, dando vida a coletividades míticas, mas também à fragmentação de suas competências. Quatro eram os Bacab, que sustentavam o plano da terra, e quatro os Chac, deuses da chuva de longo nariz que irrigavam o mundo, pelos quais eram individuados os quatro pontos cardeais. Os complexos subsistemas numerais do tipo binário, ternário e decimal, eixos cósmicos nos quais se apoiava a ordem do mundo no mais significativo contexto incaico, demonstram ainda como esses encontravam uma certa base, concepção e construção de um espaço físico que também em contexto maia era articulado em treze níveis aos quais presidiam treze entidades extra-humanas. E, finalmente, também o (ou melhor, talvez sobretudo no) contexto maia demonstra como esses seres, junto com Vênus, encontravam-se no centro dos interesses da classe sacerdotal. A esses treze níveis celestes correspondiam nove níveis inferiores e as figuras extra-humanas que presidiam a uns e outros, em uma estreita relação com o calendário litúrgico (administrado pelos sacerdotes): o que podia estar a fundamento de uma espécie de teocracia que se presume articulada com as figuras de Oxlahuntiku e Bolontiku.

Por além dessa organização do panteão e de sua função, destaca-se como para os agricultores maia era importante a figura extra-humana do milho, representado como um jovem que tinha sobre a cabeça uma espiga de milho; e, finalmente, em Ah Puch se identificou o ser extra-humano da morte, preso nas profundidades da terra, representado como um cadáver em decomposição e com a companhia do cão, da coruja e da divindade da guerra. É com relação à morte que, junto aos Maias, encontram-se ritos de sepultamento caracterizados por um desenvolvimento próprio e particular: o grandioso exemplo de Palenque demonstra como as pirâmides podiam servir, também, como monumento sepulcral; além disso, o culto dos antepassados realizado com a conservação das cinzas nas cabeças de estátuas predispostas para isso ou a conservação do crânio coberto por uma máscara estão a demonstrar essa peculiaridade que não encontra paralelos na América Central[320]. Finalmente, precisamos levar em consideração como as figuras extra-humanas do panteão maia sofreram uma mistura com a chegada do povo guerreiro dos Toltecas: e entre os novos chegados, destaca-se, sobretudo, Kulkulcan no Yucatán e Gucumatz na Guatemala, teônimos que traduziam Quetzalcoatl, deus políade de Tula. E foi com o ingresso dessas figuras que veio se acentuando a prática dos sacrifícios humanos: segundo a tradição mítica, introduzidos pela figura de Kulkulcan com característicos traços de herói cultural.

Apontamos como a construção de um espaço físico articulado em treze níveis, aos quais presidiam treze entidades extra-humanas, junto com Vênus, encontrava-se no centro dos interesses da classe sacerdotal maia e que a estreita relação com o calendário

---

320. KELLEY, D. The Birth of the Gods at Palenque. *Estudios de Cultura Maya*, México (Universidad Nacional Autônoma de Mexico), 5, p. 93-134, 1965. • SHARER, R. *The Ancient Maya*. Stanford: Stanford University Press, 1983. • SCHELE, L.; FREIDEL, D. *A Forest of Kings... Op. cit.* • CARRASCO, M. D. *The Mask Flange Iconographic Complex: The Art, Ritual, and History of a Maya Sacred Image*. Tese de doutorado. The University of Texas at Austin, 2005.

litúrgico, administrado pelos sacerdotes, podia estar a fundamento de uma espécie de teocracia. Com relação a esse aspecto, portanto, vale salientar que era justamente sob a jurisdição do corpo sacerdotal que se celebravam as cerimônias de culto, na base de um ciclo festivo estabelecido pelo calendário. Na base desse primeiro horizonte, enfim, com a sucessiva dominação tolteca também essa prerrogativa foi sendo dividida e compartilhada entre sacerdotes e ordens militares. Portanto, o sacrifício humano encaminhou-se para o destino de tornar-se o ato central das práticas culturais, ato destinado a acrescer a fertilidade da terra. Duas eram as modalidades de realizar esse tipo de sacrifício: ou as vítimas eram afogadas em espelhos d'água ou em cisternas, ou, em outras ocasiões, praticava-se o sacrifício humano na forma típica mesoamericana, com a extração do coração da vítima a fim de revitalizar o universo[321]. Finalmente, cabe destacar mais uma vez, conforme já apontamos no capítulo "Manifestações institucionais", como o característico jogo da *pelota* (bola) mantinha seu profundo caráter ritual, sendo realizado no interior dos específicos espaços da cidade-templo e concluindo-se com a decapitação dos perdedores[322].

Para finalizar essa específica análise, salientamos, portanto, como o sistema de culto junto aos Maias era constituído por um circuito de trocas entre o mundo extra-humano, estruturado em sua específica cosmologia, e o mundo humano, cuja estrutura e dinâmicas sociais eram constituídas na base daquela organização cosmológica. Mas a peculiaridade – em termos mais gerais tipicamente mesoamericana – dessa estruturação nos apresenta dois caracteres significativos: essa organização e comunicação entre os

---

321. Sem que, todavia, se alcançasse o grande e importante número de execuções rituais que teria caracterizado o último período asteca.

322. Com esses vestígios junto às áreas cerimoniais e difundido em grande parte da área mesoamericana, sua importância nesse contexto vem sugerindo que tivesse atribuições simbólicas ligadas ao combate cosmológico entre sol e obscuridade – logo, entre dia e noite – e, mais geralmente, era ligado à alternância e ao movimento, inclusive em sua base mitológica.

dois mundos resulta dividida ciclicamente pelo sistema de calendário, que condiciona e subordina o próprio homem a um mecanismo ritual do qual ele se torna parte; por outro lado, todavia, o mundo humano resulta ser, também, motor, artífice e sujeito operativo desse mecanismo, tendo em vista sua obrigação de restituir às figuras do mundo extra-humano a "força vital" recebida desse, para que o universo não se extinguisse. E nessa última direção, os sacerdotes absorviam uma função central: era a eles que – no interior do complexo sistema calendarial e das complexas intersecções cronológicas decorrentes, tanto no plano ritual quanto naquele do cotidiano, que sujeitavam a existência desses povos com um determinismo quase absoluto – era confiada a tarefa de detectar com precisão a figura ou a potência cósmica que em um determinado momento prevalecia sobre as outras. A angústia e o temor de que os ciclos cósmicos não se renovassem e, logo, pudesse se perder o sentido de estar no mundo, fazia com que se recorresse aos sacerdotes e, com estes, ao instrumento de textos sagrados (ao mesmo tempo astronômicos), propostos em forma pictográfica, nos quais, com base em atentas observações e cálculos astronômicos, eram registradas as sequências rituais do ano de 260 dias[323]. Desse modo, era conferida uma valência sagrada ao próprio tempo que, por isso mesmo, era subordinado ao controle e à competência do clero que, finalmente, administrava os ritmos das ações cultuais. E, conforme já vimos anteriormente, essa estruturação era organizada, enfim, ao redor da outra peculiaridade do sistema: aquela da centralidade do poder do soberano. Nesse sentido, impunha-se, de um lado, a estruturação rigidamente hierárquica da classe sacerdotal e, por outro, seus membros eram tirados da mesma família que fornecia

---

323. No caso dos antigos Maias, ainda, cada ano, *tun*, era formado por 18 meses de 20 dias cada um e, finalmente, o sistema calendarial era completado pelos *B'aqtun*: ciclos de 400 anos. Era no final de cada *Katun* (ciclo de vinte *tun*) que se interpretavam os sinais destinados a servir de base para a formulação de profecias sobre o novo ciclo que ia se iniciando. Cf. PERETTI, L. *Risorgimento Maya e Occidente... Op. cit.*, p. 20. • FREIDEL, D.; SCHELE, L.; PARKER, J. *Maya Cosmos... Op. cit.*

os soberanos. A rigidez da hierarquia sacerdotal fundamentava-se na autoridade e na jurisdição de sumos sacerdotes sobre todas as práticas cultuais: e deles, enfim, dependiam outros sacerdotes que permaneciam hierarquicamente subordinados. Quanto aos sacrifícios, e especialmente os sacrifícios humanos[324], resultavam ser de competência dos "sacerdotes do Sol"[325].

Mitologia, "panteão" e sacerdócio astecas

A mitologia, o panteão e o sacerdócio astecas provavelmente dependem também da civilização tolteca. Trata-se da civilização que vimos condicionar o horizonte cultural maia e que, com isso, condicionou, também, o compartilhamento das funções do corpo sacerdotal, que celebrava as cerimônias de culto, com as ordens militares. Nessa direção, portanto, o sacrifício humano encaminhou-se para o destino de tornar-se, de forma mais significativa nesse específico contexto asteca, o ato central das práticas culturais. Mas aqui também as populações submetidas pelo forte impulso conquistador asteca deixaram suas marcas significativas, por assimilação, na constituição da cosmologia méxica[326]. Talvez possa

---

324. NÁJERA CORONADO, M. I. *El don de la sangre en el equilibrio cósmico... Op. cit.*

325. E não do *chilan*, que constituía a figura de uma espécie de xamã ao qual competia – apenas e sobretudo – a função de profetizar por intermédio do *transe*. Função, esta última, que se configurava como mecanismo de controle em relação a qualquer omissão ou infração a códigos comunitários de comportamento, com vista a propor as consequentes reparações rituais. Além das referências citadas, apenas e minimamente indicativas, a síntese e os temas presentes aqui se encontram nos dois trabalhos referenciais, já citados aqui: BRELICH, A. *Introduzione alla storia delle religioni. Op. cit.*, p. 254-255. • SCARPI, P. Le religioni del mondo antico. *Op. cit.*, p. 147-149. Diga-se de passagem, em algumas partes importantes, o trabalho de Scarpi segue de perto aquele de Brelich.

326. LITVAK KING, J.; CASTILLO TEJERO, N. (orgs.). *Religión en Mesoamérica. Op. cit.* • LÓPEZ AUSTIN, A. La religione della Mesoamerica. *Op. cit.*, p. 5-75. • NÁJERA CORONADO, M.I. *El don de la sangre en el equilibrio cósmico... Op. cit.*

se pensar que algumas das narrativas míticas[327], que resultaram dessa convergência de tradições e horizontes culturais distintos, tenham deixado o registro do itinerário das tribos astecas, guiadas por Huitzilopochtli, da terra de Aztlan até o México, onde teria indicado ao grande sacerdote o lugar em que deveria surgir a cidade de Tenochtitlan[328].

Como quer que seja, esta tradição, enfim, é aquela através da qual os Astecas representaram sua própria transformação de povo nômade em sedentário, organizado no sentido urbano (novamente em direção da cidade templária): e esta tradição remete à figura e ecoa a evolução de Huitzlopochtli. De fato, trata-se de uma figura complexa e não unívoca, representada como um "homem", chefe da tribo ou xamã que, finalmente, assume as conotações características de um Ser supremo celeste, no interior de um panteão. E no pano de fundo dessa dinâmica e transformação de povo nômade em sedentário, foi a realização do encontro dos Astecas com os agricultores assentados no vale mexicano que levou a situar Huitzilopochtli ao lado de Tlaloc: figura extra-humana local da chuva e da fertilidade, ligada à terra (*tlalli* significa "terra", de fato). Enquadrando-se justamente na confluência da tradição cultural tolteca-méxica, portanto, é na qualidade de uma figura extra-humana solar e guerreira que Huitzilopochtli tornara-se destinatário do sacrifício dos prisioneiros capturados pelos Astecas durante a "guerra florida"[329], como era chamada essa forma de guerra: captura e sacrifício

---

327. KRICKEBERG, W. *Mitos y leyendas de los aztecas, incas, mayas y muiscas. Op. cit.* • GRAULICH, M. *Mitos y rituales del México antiguo.* Madri: Alcaná, 1990.

328. DAVIES, N. *The Aztecs... Op. cit.* • CONRAD, G. W.; DEMAREST, A. A. *Religión e imperio – Dinámica del expansionismo azteca e inca.* México: Alianza Editorial, 1988. • LÓPEZ LUJÁN, L. *Las ofrendas del Templo Mayor de Tenochtitlan... Op. cit.*

329. LITVAK KING, J.; CASTILLO TEJERO, N. (orgs.). *Religión en Mesoamérica. Op. cit.* • LÓPEZ AUSTIN, A. La religione della Mesoamerica. *Op. cit.*, p. 5-75.

que no fim do Império asteca se tornaram o objetivo exclusivo da ação bélica[330]. Nesse último contexto, também a figura de Tlaloc parece ter sido replasmada, sendo-lhe oferecidas em sacrifício crianças, degoladas ou afogadas, e cujas lágrimas foram sendo interpretadas como presságio de chuvas abundantes. Em síntese, a figura de Huitzilopochtli resulta caracterizada por sua identidade tribal, guerreira, mas ao mesmo tempo solar (o próprio sol é concebido como grande guerreiro que afugenta do céu a lua e as estrelas); e, ainda, por consequência, foi caracterizada como figura do verão e do sul (com seu aspecto teriomorfo, aquele do beija-flor). Com essas características entra em antagonismo com Tezcatlipoca, figura obscura e do frio, da noite e do norte.

Portanto, ao lado de Huitzilopochtli, Senhor do céu diurno, encontra-se a figura urânica de Tezcatlipoca, identificada com a Ursa Maior, Senhor do céu noturno[331], e que junto aos Astecas assumia quase a mesma importância da primeira: fato significativo, as duas figuras eram veneradas em Tenochtitlan sobre a mesma plataforma piramidal[332]. Tezcatlipoca, enfim, configura-se ainda como protetor dos jovens guerreiros e tutelava seu adestramento. Ainda, na especulação teológica, através do mito cosmogônico dos Quatro Sóis, assumia um papel decisivo tendo caçado de Tula o pacífico Quetzalcoatl. E no mesmo mito cosmogônico ele procede à criação dos elementos constitutivos do mundo e à formação do calendário junto com Huitzilopochtli, do qual é irmão. Esta narrativa mítica, enfim, parece legitimar, por um lado, a ascensão do asteca Huitzilopochtli no panteão tolteca, sinalizando a reelaboração a que este foi submetido pelos novos dominadores, por outro lado, no interior da visão teológico-cosmológica parece prevalecer a contraposição entre Tezcatlipoca e Quetzalcoatl: figuras extra-humanas

---

330. CONRAD, G.W.; DEMAREST. A. A. *Religión e imperio... Op. cit.*
331. AVENI, A. F. *Observadores del cielo en el México antiguo. Op. cit.*
332. LÓPEZ LUJÁN, L. *Las ofrendas del Templo Mayor de Tenochtitlan... Op. cit.*

que presidiam, respectivamente, aos guerreiros e aos sacerdotes, mas também à luz diurna e noturna. Tudo isso, enfim, faz pensar, também, a um possível disfarce ou mascaramento de um conflito existente entre as duas ordens sociais, aquelas dos guerreiros e dos sacerdotes, rompendo assim o compartilhamento das funções do corpo sacerdotal com as ordens militares, característico, como vimos, da cultura maia[333].

Finalmente, Quetzalcoatl representa, de qualquer modo, a figura mais complexa deste panteão. Pertence ao patrimônio cultural e cultual mesoamericano, com os traços característicos do herói cultural, logo, distribuidor de civilização, inventor da escrita, do calendário e das artes, introdutor do uso do milho e das cerimônias rituais e, finalmente, instituidor da ação sacrificial (tornando-se ele mesmo sacrifício: sacrificou-se sobre brasas ardentes) para tornar-se a Estrela da Manhã. É identificado, portanto, com essa Estrela, que todavia é também, contemporaneamente, a Estrela da Tarde (i. é, mais uma vez, o planeta Vênus). As figuras extra-humanas no contexto asteca são consideradas descendentes de Omeoteotl, um Ser supremo, mas inativo, senhor da dualidade e, logo, andrógino, ou de um casal de Seres supremos, Tonacatecutli e Tonacacihuatl, do qual casal Quetzalcoatl e Omeoteotl seriam respectivamente o terceiro e quarto filho. A partir desse contexto genealógico, portanto, o panteão resulta organizado em forma genealógica-emanativa e articulado em figuras pessoais e funcionais que caracterizam e governam os diversos setores da existência: e tudo isso acontece segundo um sistema de oposições binárias do tipo úmido/seco, frio/quente, alto/baixo (céu/terra), vida/não vida, masculino/

---

333. CARRASCO, D. *Quetzalcóatl and the Irony of Empire – Myths and Prophecies in the Aztec Tradition*. Chicago: University of Chicago Press, 1982. • KRICKEBERG, W. *Mitos y leyendas de los aztecas, incas, mayas y muiscas. Op. cit.* • RIVERA DORADO, M. *La religión maya. Op. cit.* • MILLER, M.; TAUBE, K. *The Gods and Symbols of Ancient Mexico and the Maya. Op. cit.* • FLORESCANO, E. *El mito de Quetzalcóatl*. México: Fondo de Cultura Económica, 1993. • MONACO, E. *Quetzalcoatl – Saggi sulla religione azteca*. Roma: Bulzoni, 1997.

feminino etc. Não por último, vale destacar que ao mesmo tempo em que dão formas e sentido ao mundo, as figuras do panteão asteca definem também as coordenadas espaciais desse mundo: novamente, como no contexto maia, realizando uma distribuição e administração do espaço que se entrelaça profundamente, também, com o calendário mesoamericano. Desse modo, o Norte é identificado como o país das trevas, dominado pelo Senhor dos Infernos Mictlantecuhtli (mas também, como vimos, ligado à figura de Tezcatlipoca); enquanto o Sul é a terra árida (e, sempre segundo quanto já apontamos, ligado à figura solar e guerreira de Huitzilopochtli); o Leste é o território da abundância, sob a tutela de Tlaloc; o Oeste é a sede das divindades femininas, sob a senhora de Tamoanchan. E, finalmente, o centro destes eixos é ocupado pelo fogo, governado por Xiuhtecuhtli, antiga figura mesoamericana representada por um velho.

A centralidade da figura de Quetzalcoatl pode ser constatada, enfim, também pelo fato de que é sob sua tutela que agiam os sacerdotes responsáveis pelo esforço desta imponente sistematização teológica. E nessa perspectiva verificamos novamente, a respeito, a estrutura da organização cosmológica e ritual realizada no compartilhamento entre corpo sacerdotal e ordens militares: o resultado mais significativo desse compartilhamento resultará, enfim, no ritual do sacrifício enquanto ato central das práticas culturais, cultuais e rituais da civilização asteca.

Dissemos que no contexto mesoamericano a organização da hierarquia sacerdotal se estrutura ao redor da centralidade da(s) soberania(s) local(is). Nessa direção também no vértice da hierarquia sacerdotal asteca se encontrava o soberano e sua contrapartida feminina, *cihuacoatl* (serpente mulher): trata-se aqui, novamente, da representação concreta do princípio divino dual encarnado por Ometeotl, mas também por Quetzalcoatl e

Tezcatlipoca[334] e por Huitzilopochtli e Tlaloc. Descendo pelo vértice da pirâmide, depois desse topo centrado no soberano, seguiam, portanto, os sacerdotes de Huitzilopochtli e de Tlaloc, aos quais era atribuído o título de Quetzalcoatl; seguia-se ainda o *Mexicatl Teohuatzin*, que absorvia as funções de controle geral; e, finalmente, toda uma série de outras figuras às quais incumbiam o cuidado dos templos, o culto das outras divindades, a divinação, o cálculo do calendário, a conservação da tradição histórica e mítica. A essas últimas figuras sacerdotais era confiada, também, a educação dos jovens aristocratas.

Finalmente, a centralidade assumida pelo ritual do sacrifício humano emerge do destaque de uma outra figura extra-humana, Xipe, vestido da pele de um homem esfolado e que as representações nos mostram presente já em Tcotihuacán, em Monte Albán, junto aos Mixtecas e Toltecas[335]. É ele que nas fontes astecas aparece, sobretudo, presidindo o sacrifício humano, mesmo que esse ritual dependa, também, de outras figuras. Além disso, Xipe é posto em relação, também, a todos os ritos sangrentos que o homem cumpre para se mortificar e, por outro lado, enquanto "esfolado", ele representa outra "esfolada" por excelência: a espiga do milho que, como as vítimas sacrificiais, serve para alimentar a vida. Sempre com relação aos sacrifícios humanos, e com estreitas analogias em outros contextos americanos (não somente mesoamericanos!), en-

---

334. Conforme Brelich, "Quetzalcoatl e Tezcatlipoca são, em conjunto, os principais organizadores do cosmo. São eles que, depois de quatro cataclismas cósmicos, solidificam a distância entre céu e terra; mas, para o resto, aparecem como potências antagonistas. No primeiro se concentram os aspectos luminosos e benéficos; no segundo, aqueles obscuros e ameaçadores da existência. No primeiro (com aspecto teriomórfico da serpente) prevalece a sabedoria e a benevolência (ele aparece concebido, também, como 'herói cultural'); no segundo (aspecto teriomorfo: jaguar), o poder mágico" (BRELICH, A. *Introduzione alla storia delle religioni. Op. cit.*, p. 252).

335. ANDERS, F.; JANSEN, M.; PÉREZ-MARTÍNEZ, G. A. *Origen e historia de los reyes mixtecos. Op. cit.* • GRAULICH, M. *Mitos y rituales del México antiguo. Op. cit.* • LÓPEZ LUJÁN, L. *Las ofrendas del Templo Mayor de Tenochtitlan... Op. cit.*

fim, os captores eram substituídos nas danças rituais e sacrificiais, enquanto as peles das vítimas eram vestidas por outros. O banquete, então, era oferecido pelo capturador, mas ele não participava desse e, finalmente, além desse fato, a identificação entre capturador e vítima pode ser constatada por vários outros fatos: na fórmula da captura o vencedor se declarava "pai" do vencido; o capturador era chorado como se fosse ele mesmo a ter que morrer e, ainda, ornado com os próprios paramentos da vítima[336].

A propósito desse contexto mesoamericano, méxica/asteca, no capítulo "Manifestações institucionais", e lá onde tratamos da "preocupação com o tempo e obsessão de seu controle calendarial" por parte das populações náuatles, vimos como – inserido na perspectiva geral dos calendários maias e mesoamericanos – o calendário asteca era constituído por uma sua peculiaridade: isto é, o entrecruzar-se nele da divisão do espaço e, logo, de constituir-se e representar (fundar, substancialmente) uma sua cosmografia[337]. E, como destacamos a respeito, isso significa que, junto aos Méxicas, cada ano podia começar apenas em correspondência de quatro símbolos, que designavam também os pontos cardeais.

---

336. Em relação aos aspectos do capturador da vítima sacrificial, da sua identificação com esta e, por consequência, de suas restrições rituais, vale o paralelo característico e a análise que conduzimos para o sistema sacrificial tupi da América Portuguesa. Cf. AGNOLIN, A. *O apetite da antropologia... Op. cit.* Cf. tb. a respeito as análises clássicas de Florestan Fernandes: *Organização social dos Tupinambá* (São Paulo: Instituto Progresso, 1949) e *A função social da guerra na sociedade Tupinambá* (São Paulo, 1951; Ed. Globo, 2006). Finalmente, vale a pena destacar que, além da bibliografia citada, para toda essa parte e problemática nos remetemos às sínteses (e as integramos reciprocamente) apresentadas em: BRELICH, A. *Introduzione alla storia delle religioni. Op. cit.*, p. 251-253. • SCARPI, P. Le religioni del mondo antico. *Op. cit.,* p. 142-146. Diga-se de passagem, aqui também, que em algumas partes importantes o trabalho de Scarpi segue de perto aquele de Brelich.

337. Com relação à complexa especificidade do sistema calendarial nahua, junto com esse outro aspecto – i. é, sua relação com a divisão do espaço (cosmografia) –, vale sempre a indicação da preciosa contribuição oferecida pelo estudo de Eduardo Natalino DOS SANTOS: *Tempo, espaço e passado na Mesoamérica... Op. cit.* Sempre e sobretudo: para o sistema calendarial, todo o cap. II e, principalmente, p. 128-142; para a divisão do espaço (a constituição de uma cosmografia) o cap. III, principalmente p. 228-254.

Esse entrecruzar-se de uma quase obsessiva atenção e recíproca correspondência entre divisão (calendarial) do tempo e divisão (geográfica) do espaço, prefigura-se, também, como perspectiva e coordenação cultural dos Incas, no contexto andino: entre a determinação dos ciclos solares, de sua organização (cosmológica) do espaço, da função e da relação entre o instituto sacerdotal e o culto.

Ciclos solares, organização do espaço, sacerdócio e culto entre os Incas

Logo mais acima, apontamos como, além de depender, também, da civilização tolteca, a cosmologia asteca foi sendo plasmada, ao mesmo tempo, pelo forte impulso que as populações submetidas pelos Méxicas exerceram sobre ela: deixando suas marcas significativas. Ora, esse processo de homogeneização com relação às suas respectivas populações conquistadas se encontra também à base da formação do culto e do panteão inca por parte dos conquistadores andinos. Nesse caso, portanto, a obra de sistematização teológica elaborada em vista da preocupação dinástica, desenvolve-se na base e a partir de um processo de sedimentação cultural de longa duração ao qual os sacerdotes incas deram ordem e forma. Essa homogeneização, junto à ordem e à estruturação (formalizada pelo corpo sacerdotal), conforme vimos no capítulo "Manifestações institucionais", se deu para consolidar a centralidade do poder soberano: que também foi imposta às populações conquistadas, obrigadas a acolher o culto do Sol, a submeter-se aos *mitimaes*[338] e, finalmente, a sofrer a solene transferência de seus *huacas*, espécie de antepassados míticos, para Cuzco, no *Coricancha*, que era propriamente uma Casa das figuras míticas extra-humanas[339].

---

338. Trata-se de um conjunto de famílias enviadas pelo Império inca a locais específicos para cumprir funções que nós definiríamos como "colonização do território". Elas incluíam o cultivo da terra e a defesa das fronteiras, além de outras atividades.

339. Ou seja, constituía uma espécie de *pantheon*, segundo a terminologia grega, mas com as funções que a antiga Roma reservava às divindades dos

O *Coricancha* constituía um enorme complexo templário desejado por Pachacuti[340] para prestar culto a Viracocha, realizando uma significativa substituição de Inti no vértice do panteão inca. Tendo sido Viracocha o pai de Pachacuti, a operação política e teológica não resulta muito clara, mas parece poder fundamentar-se na tentativa de unificação política empreendida pelos Incas. Seria desse modo, enfim, que a unificação imperial encontrava alguma legitimação através de um ser "ordenador" pan-peruano: um Viracocha ordenador que, junto do (e por contraste com o) filho Taguapica – este com traços típicos de *trickster*, tendo em vista que toda sua intervenção se configurava no sentido contrário àquela do seu pai –, tinha procedido, finalmente, à sistematização do mundo[341]. É por obra de Viracocha que, em Tiahuanaco, apareceram o sol, a lua, as estrelas e sempre por obra dele teriam surgido as diversas populações da terra: Viracocha tornava-se, portanto, ao mesmo tempo, o artífice de uma gênese do cosmo e daquela dos homens[342]. Esse universalismo da figura de Viracocha se configu-

---

povos estrangeiros conquistados.

340. *Pachacuti* (em espanhol *Pachacútec*, do quíchua *Pacha Kutiq*, "O que muda a Terra", ou "Reformador da Terra"; Cusco, 1408-1474) foi o nono Sapa Inca e o primeiro Inca do Tawantinsuyu, ao qual sucedeu seu filho Túpac Yupanqui. Esta "reforma" se inscrevia, enfim, no interior do projeto unificador inca. De fato, como grande guerreiro e uma visão de "estadista", *Pachacuti* conquistou muitas etnias e estados, com destaque para a conquista de Collao. Desse modo, incrementando seu prestígio pela notável expansão de seus domínios e tornando-se um líder excepcional, parece ter sido sucessivamente reconhecido por muitos curacas como *filho do Sol*.

341. Todavia, como já apontamos no final do capítulo "Manifestações Institucionais", a esse respeito não podemos deixar de levar em consideração o quanto – inclusive pela "contribuição" nada secundária de certas interpretações missionárias em época colonial –, relativamente à figura de Viracocha, veio se estabelecendo, às vezes, com uma certa sobreposição e confusão com a de Pachacama. Para tanto, mais uma vez em relação a esse problema, entre outros estudos, destacamos aquele proposto por uma rica abordagem histórico-comparativa apresentada em HOSNE, A. C. *Dios, Dio, Viracocha, Tianzhu:* "Finding" and "Translating" the Christian God in the Overseas Jesuit Missions (16th-18th Centuries). *Op. cit.*

342. PEASE GARCÍA-YRIGOYEN, F. *El Dios criador andino. Op. cit.*, 1973.
• DEMAREST, A. A. *Viracocha – The Nature and Antiquity of the Andean*

rava de forma bastante diferenciada em relação à particularidade das figuras extra-humanas próprias das populações rurais: estas, enfim, preocupavam-se sobretudo em garantir proteção para a fertilidade da terra com as relativas e conexas figuras, específicas e individualizadas; por seu lado, Viracocha assumia as características próprias de um ser criador e do herói cultural que, no final de sua ação, uma vez junto ao Oceano, desapareceu em direção ao Ocidente. Trata-se de um sumiço e de um distanciamento que, finalmente, em termos operativos e caracterizantes dos mitos, absorvem uma função importante e nada secundária: isto é, aquela de garantir o valor autônomo, absoluto, mas também fixado e legitimado na dimensão extra-humana do poder do soberano. E tudo isso, justamente, enquanto o soberano era considerado descendente de Inti, filho de Viracocha.

Portanto, o panteão incaico, que inclui um grande número de outras figuras – como dissemos, absorvendo em um processo de homogeneização aquelas das respectivas populações conquistadas –, apresenta também algumas, entre essas, particularmente complexas e de primeiro plano: é o caso, por exemplo, de Pachacamac que constituía uma entidade suprema no contexto do centro pré--clássico da costa[343], ligada ao trovão e representada com uma espécie de clava, ligada, também, a funções fecundadoras e, particularmente, como "mãe do milho"; por seu turno, ao contrário, outras apresentavam aspectos mais restritos e particulares. Isso está a demonstrar como, de todo modo, o panteão incaico veio absorvendo, unificando e organizando tradições de vário tipo e de diferente proveniência local: uma modalidade, conforme já vimos ao longo deste trabalho, não rara no contexto das religiões do

---

High God. Op. cit. • KRICKEBERG, W. *Mitos y leyendas de los aztecas, incas, mayas y muiscas. Op. cit.* • KEATINGUE, R. W. (org.). *Preuvian Prehistory – An Overview of pre-Inca and Inca Society.* Cambridge: Cambridge University Press, 1988.

343. A partir dessa configuração de "entidade suprema" por parte de Pachacamac, veio ocorrendo, portanto, a sobreposição e, muitas vezes, a confusão de que acenávamos na penúltima nota.

mundo antigo. E também no caso das *huacas* – termo que indicava, indistintamente, vários objetos (imagens, pedras, árvores etc.), lugares (fontes, alturas etc.), construções (capelas, túmulos etc.), enfim, lugares, objetos e construções que teriam se destacado por uma sua dimensão "sagrada" (conforme os *sacra* romanos...) –, partindo de sua dimensão peculiarmente localizada, estas eram em parte inseridas no panteão oficial, em sua dimensão universal, manifestando como, tanto as *huacas* quanto as figuras extra-humanas locais sofriam um processo de seleção que combatia, por outro lado, sobretudo em determinados períodos, aquelas que, por sua importância puramente local, podiam ameaçar a unidade cultual do Império[344].

Um breve e interessante parêntese se impõe a propósito das *huacas*, desse seu sentido no contexto indígena e, sobretudo, com relação à ambiguidade decorrente de sua interpretação missionária, em época colonial. A respeito e analogamente ao termo *teotl*, Sabbatucci leva em consideração o termo para discutir criticamente um pressuposto politeísmo orgânico que, segundo as primeiras relações dos evangelizadores, teria eventualmente caracterizado as culturas asteca, maia e incaica[345]. Assim, o autor levou em consideração como, em relação ao México, os missionários parecem não ter tido dúvidas sobre a presença de um termo indígena para dizer *deus*. Segundo as fontes (espanholas e, a partir do século XVII, indígenas – *nahuatl*), *deus* corresponderia a *teotl*. Mas, segundo a análise de Sabbatucci, "*teotl* parece ser uma formação náuatle derivada de *diós* ou de *deus* [...]"[346] e, consequentemente, poderia ter sido cunhada para responder à premente pergunta ocidental acerca dos *deuses* indígenas[347].

---

344. Cf. BRELICH, A. *Introduzione alla storia delle religioni. Op. cit.*, p. 256-257.

345. SABBATUCCI, D. *Politeísmo – Vol. II: Indo-iranici, Germani, Cina, Giappone, Corea. Op. cit.*, p. 809-820.

346. *Ibid.*, p. 817.

347. Na mesma perspectiva, o historiador alerta para o fato de que, no caso dos Maias, traduziu-se *deus* por *ku*. Com isso, na perspectiva missionária

Nessa mesma direção, os relatos dos séculos XVI e XVII acerca do Peru procuraram também, por longo tempo, e acabaram não encontrando, um termo indígena que pudesse significar o *deus* cristão. E para tanto, por um certo tempo pelo menos, o termo *huaca* assumirá, aos olhos dos missionários, esse significado[348]. Desta forma o utilizará, ainda, o próprio José de Acosta, assim como, desta mesma forma, no caso da campanha de repressão das imagens, segundo Estenssoro-Fuchs:

> l'image catholique contestée était appelée *huaca* par les Indiens et ainsi assimilée au monde indigène païen. Le mot *huaca* servait à désigner un temple ou n'importe quelle construction préhispanique ainsi qu'un trésor, une divinité indigène ou un objet sacré, non seulement en quechua, mais aussi dans le parler des Espagnols et des créoles. L'évangélisation (au sens du discours religieux adressé aux Indiens) avait donné au contraire à ce mot polysémique l'acception occidentale d'idole. Le mot fut employé de cette manière, même dans les versions espagnoles des textes pour les Indiens et, par extrapolation, finit par désigner toute tradition non catholique. Le monde des infidèles se réduisait ainsi à un seul type d'altérité marquée par l'idolâtrie au nom quechua. *Huaca* s'employait dans les sermons du troisième concile

---

encontrou-se uma solução ao problema, resolvendo-o, todavia, do ponto de vista histórico-religioso, em termos redutivamente "deístas". Com isso, não se podia e queria, ao mesmo tempo, se dar conta que os *ku* maias representavam números significativos (personificados), e não deuses!! E, de fato, para entender a peculiaridade dessa característica da cultura maia teria sido necessário, provavelmente, levar em consideração o sistema de mensuração do tempo, em função do qual foi elaborada a numerologia maia; ora, parece que justamente a preocupação missionária em não reiterar essa mensuração do tempo indígena tenha apontado para a necessária redução *sub specie religionis* de uma dimensão deísta do *ku* maia.

348. Cf., a esse respeito (lá onde os autores falam, justamente das *huacas*, de "la reificación de las creencias ou, si se prefiere, la transformación de la idolatría en una colección de 'cosas'"), a interessante e detalhada análise de GRUZINSKI, S.; BERNAND, C. *De la idolatria: una arqueologia de las ciencias religiosas*. México: Fondo de Cultura Económica, 1992, p. 155-171 [Ed. orig. francesa de 1988].

dans tous les exemples d'idolâtrie vétérotestamentaire (le veau d'or devenait une *huaca*), mais il était aussi question des *huacas* du Mexique, de Rome, de Chine, du Japon et même de ceux aui "ne sont pas chrétiens comme les Maures, les Turcs et les Gentils qui adorent des *Huacas*[349].

Eis, portanto, que a estratégia missionária que visava encontrar um termo indígena significando o *deus* cristão[350], no Peru incaico pôde achar uma alternativa revestindo o termo indígena *huaca* de um significado que, em sua polissemia, podia de algum modo apontar para a acepção religiosa ocidental de idolatria. Por um certo tempo, enfim, o termo *huaca* veio assumindo o significado de ídolo, de espaço ou de objeto sagrado, e por extensão de sacralidade "desviada" (idólatra, de fato). E é justamente em decorrência desses problemas levantados pelas interpretações (funcionais) missionárias que:

> Hoje, nenhum americanista sério traduziria *huaca* como "deus". *Huaca* serve, como dizem os especialistas, para designar a sacralidade de objetos, lugares e nomes, mas não as divindades em sentido politeísta [...]. Todavia é um fato que os espanhóis não encontraram outra coisa que *huaca* para definir, impropriamente, aqueles que para eles eram *los dióses*; e acabaram para impor aos Peruanos este termo para indicar um conceito que sua cultura não possuía e que, portanto, não era expresso pelo seu léxico: o conceito de divindade politeísta. Assim não faz maravilha que para traduzir em quíchua a palavra espanhola *dióses* um peruano diga *huacas*[351].

---

349. ESTENSSORO-FUCHS, J. C. Les Pouvoirs de la Parole – La prédication au Pérou: de l'évangelisation à l'utopie. *Annales: Histoire, Sciences Sociales*, ano 51, n. 6, p. 1.225-1.257, nov.-dez./ 1996, citação à p. 1.239.

350. Cristão ou menos, porque, mesmo considerado como "ídolo" e ligado à ideia de "paganismo" e de "idolatria", tratava-se, todavia, de um termo que reiterava uma perspectiva típica do Ocidente cristão de ler as alteridades antropológicas *sub specie religionis*.

351. SABBATUCCI, D. *Politeismo – Vol. II. Op. cit.*, p. 820.

Como quer que seja, todavia, por além desses problemas interpretativos em termos de "encontros culturais" a partir de tradições fortemente diferenciadas, tanto as *huacas* – conforme o sentido mais apropriado que apontamos logo mais acima – quanto as figuras extra-humanas locais, dissemos, vieram sofrendo já um outro processo de seleção no contexto endógeno, interno às culturas indígenas dos Incas: e esta seleção, como frisamos, servia sobretudo, tanto mais em determinados períodos críticos, para subtraí-las a uma eventualmente excessiva importância local que podia se configurar como ameaça para a unidade cultual do Império.

Nessa direção de uma exigência da unidade do Império, a propósito dos ciclos solares do específico contexto incaico, devemos destacar que, apesar das predominantes componentes lunares do calendário, o destaque adquirido pelo Sol em âmbito cultual e na organização das festas anuais está a indicar um análogo processo e horizonte cultural. Cultos e festas eram ligados, de fato, aos solstícios e aos equinócios: aliás, a festa do solstício invernal representava a ocasião das iniciações masculinas que previa a disputa de uma corrida ritual em direção ao topo de uma montanha.

Finalmente, esse processo de centralização que verificamos no plano do panteão e do culto, desdobra-se também naquele espacial. Como já destacamos no capítulo "Manifestações institucionais" (no item "Ciclos solares e sua relação com a soberania no contexto Inca"), o centro e capital do Império inca, Cuzco, era dividido em quatro setores que, por sua vez, projetavam-se na organização do espaço – geográfico e simbólico, ao mesmo tempo – como um todo e que, por sua vez, era dividido em quatro quadrantes. O Império, portanto, configurava-se como projeção cosmológica da capital: e esta assumia a função de centro do mundo. Por consequência, o decorrente desenho cosmológico, que justificava a organização do Império, encontrava-se com a perspectiva teológica que tecia a finalidade de legitimar o poder central do soberano e da unidade do Império: o sistema estatal e aquele social eram assim determinados pela definição (a um tempo simbólica, administrativa e geográfica:

uma composição do mundo inca) dos espaços. A ordem do mundo, enfim, apoiava-se nos eixos espaciais e cósmicos dos quatro quadrantes do Império e dos quatro bairros de Cuzco: por sua vez subdivididos em complexos subsistemas numerais do tipo binário, ternário e decimal. E, na dimensão mítica, esta organização do espaço encontrava (devia encontrar) um fundamento cosmológico projetado nos quatro períodos que teriam precedido a fundação do universo inca. Esse complexo sistema hierárquico incaico, emergente e dependente de uma cosmologia representada segundo essas modalidades espaciais e temporais, era controlado, portanto, pelo soberano, o *Sapa Inca*, supremo inca, concebido como descendente de Inti. E o controle era exercido por intermédio de seus funcionários e sacerdotes. Estes últimos, ainda que dependessem do soberano como sumos-sacerdotes, *villac-omo*, e que junto aos templos mais importantes pertencessem à própria família do soberano, mantinham uma função determinante: conforme e nas funções que indicamos no capítulo "Manifestações institucionais".

Nesse contexto da complexa organização hierárquica do sacerdócio inca, uma peculiar instituição local chamou a curiosidade dos conquistadores espanhóis: trata-se de uma instituição sacerdotal feminina, aquela das "Virgens Sagradas" ou das "Mulheres Eleitas" (*accla cuna*). "Cegados pelo sol", ou seja, acostumados a referir tudo ao sol, os cronistas espanhóis as denominaram de "Virgens do Sol": mas a interpretação que subtende a essa interpretação resulta redutiva da função sacerdotal que essa instituição feminina cumpria. Fato é que as Virgens do Sol (*mama cona*) representavam uma outra e mais específica categoria de sacerdotisas que transcorriam a vida a serviço das divindades incas. Por seu turno, as Mulheres Eleitas eram escolhidas dentre as mais belas crianças da nobreza da província e eram reclusas em alguns centros da capital ou de outras cidades, denominados *accla huasi*: justamente, "casas das mulheres eleitas". Ali aprendiam a fiação, a tecelagem e uma atividade particularmente importante e significativa: aquela da preparação da *chicha*, uma cerveja à base de milho fermentado que, absorvendo a uma importante função ritual, era consumida nas festas. Finalmente, é no fim do período de aprendizagem dessas atividades que algumas dessas mulheres eram levadas à capital para serem escolhidas pelo soberano como concubinas ou, ainda, para serem presenteadas aos dignitários da sua corte. Por fim, mesmo que não fosse realizado com a mesma frequência e nem com o mesmo impacto que encontramos junto aos Astecas, também entre os Incas se praticava o sacrifício humano: e nesse caso as sacrificadas eram, sobretudo, meninas virgens. Essas, portanto, constituem uma outra categoria de mulheres especificamente destinadas ao rito sacrificial que era realizado em determinados momentos particularmente críticos: podia tratar-se da investidura de um novo *Sapa Inca* ou do caso de uma grave doença (seja do próprio soberano ou das crianças) ou no caso de graves calamidades. A sacralidade, também, dessa terceira categoria de mulheres (meninas), enfim, é testemunhada pelo fato de que, depois do sacrifício (por estrangulamento), elas eram subpostas a mumificação e a um ritual de sepultamento que lhes reservava todas as honras. No final das contas, um rito que as aproximava, de algum modo, ao específico e suntuoso culto funerário que, por seu turno, era reservado ao soberano: neste último caso, todavia, depois da mumificação, seu corpo era colocado no interior do templo do Sol. No específico caso do Inca, portanto, ele permanecia e se projetava em estreita relação, como uma presença constante e sem solução de continuidade, com o princípio da soberania: considerava-se, de fato, que sediado no templo do Sol nessas condições, ele continuava a participar das cerimônias de culto e dos sacrifícios. Finalmente, a importância e a especificidade do sacrifício ritual no contexto incaico têm que levar em consideração um outro ator central, não humano, destinado a se tornar oferta sacrificial: trata-se do animal sacrificial por excelência, o lhama, que representa a vítima comum nesse contexto, assumindo grande relevo e destacando-se como instrumento mediador privilegiado da troca sacrificial e ritual.

Em conclusão vale destacar que – sempre tendo em vista o que apontamos no capítulo "Manifestações institucionais"[352] – o clero controlava todo o sistema festivo e ritual que, por sua vez, era regulado por um calendário fundado sobre o ciclo lunar e sobre os ritmos agrários. Esta marcação calendarial como forma de controle ritual do tempo previa doze festas anuais. Dentre todas essas se destaca *inti raymi*, ou festa do Sol: era a Festa do Ano-novo que coincidia com o solstício de inverno (em junho) e durante a qual se procedia a reacender o fogo sagrado (a uma sua renovação, em outros termos). Ao extremo oposto do calendário, isto é, em ocasião do solstício de verão (em dezembro), celebrava-se a festa *capac raymi*: é na ocasião dessa celebração, da qual era titular Huanacauri, um dos irmãos de Manco Capac, que se realizava a iniciação dos jovens das famílias aristocráticas. Outra celebração importante era a festa de purificação (*sitowa*), celebrada no mês de setembro. Importante essa porque, ao exercício do controle do tempo, reunia e acrescentava aquele do controle e da determinação espacial: de fato, de forma simbólica, esta festa reunia todo o Império por meio de sua representação axial quando, ao aparecimento da Lua Nova, depois da realização de complexas purificações rituais, com um grito ao uníssono emitido por quatrocentos guerreiros (divididos em quatro grupos de cem), completamente armados, era proclamada a expulsão dos males da cidade: e naquele momento os quatro grupos de guerreiros se lançavam correndo ao longo das quatro estradas, correspondentes aos pontos cardeais que conduziam aos "quatro quadrantes" do Império[353].

---

352. Tanto em termos gerais para todo o contexto mesoamericano, onde levamos em consideração a "Preocupaçao com o tempo e a obsessão de seu controle calendarial", quanto na especificidade inca, onde destacamos a específica relação dos "Ciclos solares com a soberania Inca", cf. ZIÓL-KOWSKY, M. S.; SADOWSKY, R. M. (orgs.). *Time and Calendars in the Inca Empire. Op. cit.*

353. A síntese dessas últimas características da organização do espaço, das funções sacerdotais e do culto no contexto incaico é tecida, finalmente, ao redor do percurso traçado em SCARPI, P. Le religioni del mondo antico. *Op. cit.*, p. 153-155.

Rupturas: As religiões étnicas da Antiguidade perante o choque com o cristianismo

A proposta da presente coleção, no interior da qual se coloca este livro, prevê, nessa altura, uma parte relativa às sucessivas "ramificações" históricas das religiões do mundo antigo. Todavia, no caso específico dessas religiões, ao invés de tratar dos destinos de um percurso – aquele dos politeísmos – interrompido e, muitas vezes, lido em termos de "sobrevivências"[354], impõe-se e, ao mesmo tempo, consideramos mais oportuno propor a seguir algumas "Conclusões" que, de fato, levem em consideração as problemáticas e as consequências históricas sofridas por estas religiões étnicas da Antiguidade perante o choque com o cristianismo.

De fato, entre este último e as outras, realizou-se, historicamente, um importante confronto interno ao mundo antigo e tardo-antigo; inclusive e também, como vimos agora há pouco, no contexto da conquista da América: sobretudo, nesse último contexto, perante o choque (entre outros, aquele interpretativo!) dos missionários com as populações nativas[355]. Finalmente, em

---

354. Para uma crítica histórico-religiosa ao conceito de "sobrevivência" cf. o começo do 2º capítulo ("Nota sobre A. Jensen"), de Angelo BRELICH: *Storia delle Religioni: perché*. Nápoles: Liguori, 1979, p. 116.

355. Com relação ao choque entre missionários e nativos americanos e à problemática interpretativa e intermediadora que envolveu os interlocutores em seus respectivos âmbitos culturais, com as consequentes e necessárias mediações e construções interculturais, a partir das recíprocas categorias interpretativas (inclusive aquela que diz respeito aos improváveis *dióses* nativos ou à interpretação das *huacas* andinas), cf. nosso estudo: AGNOLIN, A.

todos esses contextos se abriu e, sucessivamente, realizou-se uma verdadeira *revolução* (social, política, econômica e, não por último, da própria categoria de "religião"). Perante os sucessivos destinos do cristianismo no interior do Império romano, este processo revolucionário – motivo pelo qual é, de fato, bastante difícil e complicado falar em "ramificações" ou "sobrevivências", sem levar em consideração o grau de ruptura histórica e antropológica – veio se realizando entre o II e o IV século d.C., firmando-se, enfim, no V século. Conforme a definição de Raffaele Pettazzoni, tratou-se de *Revolução*, de fato, em relação ao mundo antigo, que se realizou por meio do cristianismo. Nos termos do historiador:

> Com certeza, o monoteísmo não se forma por evolução, mas, ao contrário, por revolução. Não é o resultado de uma progressiva redução aritmética do divino [...].

> [...] a formação histórica do monoteísmo diverge, portanto, radicalmente da concepção evolucionista. Com certeza o monoteísmo pressupõe o politeísmo, pois o nega; mas o pressupõe não como grau inferior de uma evolução necessária e potencialmente universal, mas, ao contrário, segundo aquela maneira pela qual a antítese pressupõe a tese.

> [...] discordo não menos decididamente da teoria do monoteísmo primordial, porque com os evolucionistas (mas não da mesma forma) considero o monoteísmo como um ponto de chegada, não como um ponto de partida. [...] O ser supremo dos povos primitivos não é o Deus monoteísta do cristianismo, e é um erro de perspectiva histórica e etnológica atribuir aos Pigmeus uma ideia divina conforme aquela do Novo Testamento[356].

Jesuítas e selvagens – A negociação da fé no encontro catequético-ritual americano-tupi (séculos XVI-XVII). São Paulo: Humanitas/Fapesp, 2007.

356. PETTAZZONI, R. *La formazione del monoteismo*. Roma: Centro Romano di Studi, 1949, p. 186-195.

Nos termos do filólogo alemão (e estudioso de literatura comparada) Erich Auerbach, enfim,

> [...] o núcleo histórico do cristianismo, isto é, a crucificação de Cristo e os eventos conexos a ela superam, pela incredibilidade e pela amplitude dos contrastes, toda a tradição antiga, tanto mítica quanto pragmática;

tudo isso fazendo com que a surpreendente história daquele homem da Galileia com seus sucessivos desenvolvimentos na Antiguidade tardia veio se configurando como

> causa da maior mudança interior e exterior na história da nossa civilização[357].

Com vista a tudo isso, portanto, ao invés de enveredar à procura de ramificações que, nessa perspectiva, não levariam devidamente em consideração a ruptura histórica que veio se realizando, pensamos seja mais oportuno levar em consideração, pelo menos sinteticamente no limitado espaço deste capítulo conclusivo, o conturbado processo de afirmação da nova perspectiva evangélico-cristã enquanto progressiva e tão pouco linear inscrição de "o cristianismo no Império": isto é, resultante da inicial incompreensão da *novidade* da mensagem evangélica por parte (e no interior) do mundo antigo, entre a tentativa de sua contenção no interior do Império romano e a nova postura do cristianismo (contrariamente à oposição do judaísmo) de se afirmar, mesmo dando espaço para uma peculiar "liberdade do cristão", com e por dentro da estrutura imperial.

Cristianismo: (contra o mundo antigo) religião supranacional e universal

O fato é que essas realidades históricas – o mundo antigo (romano) e a nova religião do cristianismo – se influenciaram reciprocamente logo cedo, abrindo espaço a tensões, a condicionamentos

---

357. AUERBACH, E. *Studi su Dante*. Milão: Feltrinelli, 1963, p. 12ss., e p. 15.

recíprocos, a violentos choques, a tentativas de compatibilizações ou a entendimentos mais ou menos duradouros. Perante tudo isso e em termos gerais, enfim, a *novidade* do revolucionário anúncio cristão se manifesta, justamente, *em contraposição* às religiões do mundo antigo: e nesse contraste, o cristianismo vem se definindo e se proclamando como religião, a um tempo, supranacional e universal (i. é, não mais étnica):

> o primeiro caráter [a supranacionalidade] a empurrava para as vias do mundo a fim de evangelizar as nações; o segundo [o universalismo] a induzia a se dirigir a todos os homens e a cada homem. Nisto também [o cristianismo] se diferenciava das religiões pagãs do tempo, que constituíam um conglomerado de cultos locais e regionais[358].

E, veja-se bem, a concepção de religião que utilizamos ainda hoje é fortemente demarcada por essas características – específicas do cristianismo – de supranacionalidade e universalidade que, conforme vimos neste livro, estão absolutamente ausentes dos horizontes culturais das religiões étnicas do mundo antigo. No caso do contexto romano tradicional, de fato e exemplarmente (em modo bem diferente do cristianismo sucessivo), mesmo quando o programa político dos Césares romanos tendesse a difundir as divindades romanas, junto às normas do direito público atinentes aos *sacra* e aos *sacerdotia* (fazendo prevalecer a religião oficial sobre os ritos indígenas, celebrados nos dialetos locais, como acontecia na maioria das vezes na Espanha, na Gália e na Britânia), era

> somente o culto da deusa Roma e dos *divi imperatores*, diferentemente de qualquer outro, [que] se mostrou um meio político eficaz para manter unidas gentes heterogêneas, oferecendo a elas uma espécie de vínculo religioso e, por outro lado, permitindo a

---

358. SINISCALCO, P. *Il cammino di Cristo nell'Impero romano. Op. cit.*, p. 44.

elas de expressar a lealdade, a fidelidade, a devoção para com a *civitas* romana[359].

A esse respeito resulta significativo o fato de que esse culto era confiado aos magistrados das províncias e de cada cidade: isto torna evidente como sua celebração representava *somente o cumprimento de um dever civil* e, logo, *a dimensão religiosa* era percebida, naquele contexto (comum a toda a Antiguidade), em estreita função do *vínculo social* que o culto representava.

Sempre relativamente ao cristianismo, se olharmos na direção, não do destino da sua inserção, mas para o âmbito de sua gênese, isto é, aquele do contexto do judaísmo, em primeiro lugar precisamos distinguir, esquematicamente, duas tendências fundamentais:

> aquela que, apelando-se a tradições antigas e ao caráter originariamente nacional da religião, reclamava, pelo menos em teoria, a independência política como condição para o livre e legítimo exercício do culto; e aquela para a qual aparecia como questão secundária, ou indiferente, ou a ser sofrida como efeito da vontade divina, o fato que o poder político fosse exercido por um soberano estrangeiro, como Erode, ou pelos Romanos, desde que e até quando a autoridade política não impedisse o exercício do culto e a aplicação da Lei, ou não fizesse coisa pior. Havia aqui um limite intransponível. A identificação de religião e nacionalidade permitia tirar as consequências[360].

É tendo presente essas duas tendências gerais (isto é, que o âmbito judaico era percorrido por tendências diferenciadas no que dizia respeito às relações com o mundo ao seu redor) que, finalmente, sobretudo depois das catástrofes de 70 e de 135 d.C.:

---

359. FAYER, C. *Il culto della dea Roma – Origine e diffusione nell'Impero*. Pescara: Trimestre, 1976, p. 16ss.

360. PINCHERLE, A. *Introduzione al cristianesimo antico*. Roma-Bari: Laterza, 1971, p. 17.

> Se bem que não imediata e totalmente, [o judaísmo] se fechou em si mesmo, perdeu gradativamente a sua força de expansão e de atração, nem quase se preocupou mais de fazer proselitismo e, ao contrário, como "judaísmo rabínico" atendeu a guardar e reforçar internamente, nas comunidades da Dispersão que permaneceram separadas da mãe pátria, as próprias tradições[361].

Logo, entre o berço de seu nascimento e a perspectiva de seu destino, no mesmo momento histórico dessa introspecção do judaísmo, o cristianismo – nascido desse tronco judaico, mas, finalmente, distanciando-se dele – olha e abre-se para o mundo em sua globalidade, aviando-se a assumir os caracteres de universalidade e de supranacionalidade. Pelo berço inicialmente compartilhado, as primeiras comunidades cristãs encontram-se próximas, em alguns elementos, a algumas seitas judaicas, mas desde o começo se diferenciam progressivamente delas sobre alguns pontos centrais: por exemplo, a pregação de um messianismo realizado, o apelo à autoridade de Cristo, a superação da Lei mosaica e do culto no Templo. Enfim, a partir de considerações propriamente histórico-religiosas não é admissível uma qualquer derivação propriamente genética do cristianismo de uma ou de outra seita judaica. E paralelamente ao novo e característico processo de abertura do cristianismo, em termos de universalidade e de supranacionalidade, outro seu aspecto importante é aquele que vem se determinando com a consequente concepção de um inédito conceito de verdade e unicidade: e isso (e por isso), vendo-se incumbido da exigência e da intransigência de tornar conhecida a sua mensagem (evangélica e revelada), logo, impondo justamente para si a forte rejeição (pelo menos em princípio) de qualquer forma de "sincretismo".

---

361. *Ibid.*, p. 43. A esse respeito, cf. tb. os mais recentes trabalhos de Guy G. STROUMSA, entre os quais, *La Fin du sacrifice – Les mutations religieuses de l'Antiquité tardive*. Paris: Odile Jacob, 2005.

Novidade do cristianismo e tentativa de contenção no interior do Império

É justamente a *novidade* do cristianismo – tanto no interior da tradição judaica quanto em relação ao mundo antigo (romano e do helenismo romano) – que faz com que ele, nos primeiros séculos, nem seja reconhecido como "religião", mas com o termo então significativo de "filosofia"! Conforme demonstrou o precioso trabalho de Siniscalco, ao redor de 170, dirigindo-se a Marco Aurélio, o bispo de Sardes (cidade da Anatólia ocidental), grande autoridade da Igreja primitiva, Melitão de Sardes (ou Melitão o Eunuco) observava que a "filosofia" cristã havia começado a se difundir no meio dos povos sob o reino de Augusto e ela nasceu e se desenvolveu junto com o Império. Por um lado, então, já a utilização do termo está a demonstrar como os próprios apologistas evitavam de criar uma fratura entre a tradição pagã e o espírito cristão (fazendo com que, p. ex., na metade do século sucessivo, Orígenes de Alexandria confrontasse a paz de Cristo com a paz trazida para o mundo por Roma – a *pax romana*: acrescentando que esta tornou-se a *conditio* necessária para que o evangelho pudesse ser anunciado a todas as gentes). Dessa maneira, torna-se evidente

> aquela que é uma alma, não a única, da ação missionária cristã: a alma que tende a conjugar com o evangelho as culturas perante as quais se encontra, que quer impregnar de sua mensagem as civilizações humanas com as quais vem em contato, uma alma, portanto, de encarnação. Coisa que, por outro lado, não impede de realçar aquilo que daquelas culturas ou civilizações entra em conflito com as exigências do cristianismo: é a segunda alma da ação missionária que, se muitas vezes convive e completa a primeira, em poucos sujeitos e em algum caso chega a prevalecer, com os enrijecimentos e as exclusões do caso[362].

---

362. SINISCALCO, P. *Il cammino di Cristo nell'Impero romano*. Op. cit., p. 46-47.

E é entre o fim do II século e o início do III que vêm surgindo numerosos fatos que, aos poucos, contribuem a mudar o equilíbrio do Império e se repercutem nos acontecimentos externos do cristianismo. Segundo o que foi analisado por Roger Rémondon, é começando pelos reinos de Marco Aurélio e de Cômodo que:

> Se destrói o conjunto de equilíbrios que assegurava à paz romana sua harmoniosa estabilidade: equilíbrio entre a resistência do *limes* e o impulso dos bárbaros; entre o custo da guerra e os recursos do Estado; entre suas despesas e suas entradas; entre a produção e a consumação, entre os campos e as cidades; entre a autoridade do senado e o poder imperial e, no interior desse, entre as sobrevivências republicanas e as tendências monárquicas; entre a tradição clássica e o irracional[363].

De qualquer modo, e todavia, é preciso levar em consideração que os fatores negativos emergentes nesse contexto histórico (aquele da crise do III século) veem uma sociedade que, ainda:

> não somente e, talvez, não tanto encontra em si própria energias internas para reagir às disfunções e aos obstáculos, mas, sobretudo, demonstra-se capaz de elaborar os inícios de uma nova síntese, de uma nova civilização que atuará como mediadora entre a antiguidade helenístico-romana e a Cristandade do Ocidente e do Oriente[364].

Mas, antes da realização desses resultados históricos dessa nova civilização, entre alternos e complexos acontecimentos (políticas e éditos imperiais...), por parte do poder central realiza-se uma constante tentativa de conter e, sobretudo, "fazer voltar para dentro do sistema" político romano a força disruptiva e eversiva que o cristianismo representava. E essa perspectiva de "conter

---

363. RÉMONDON, R. *La Crise de l'Empire romain: de Marc Aurèle à Anastase.* Paris: Presses Universitaires de France, 1964 [Trad. it.: *La crisi dell'Impero romano – Da Marco Aurelio ad Anastasio.* Milão: Mursia, 1975, p. 51].
364. SINISCALCO, P. *Il cammino di Cristo nell'Impero romano. Op. cit.*, p. 59.

para dentro do sistema" a ameaça representada pelos cristãos se configura como única, mesmo em suas diferentes atuações políticas: que vão desde as ações de persuasão (as tentativas de induzir os cristãos a se inserir na religiosidade oficial), de tolerância estatal etc., até o recorrer à repressão bruta e através das persecuções. Portanto, o complexo e absolutamente não linear processo (que muitas vezes parece alternar-se em suas diretrizes) dessas *diferentes atuações do poder central*, constitui-se, todavia, na *unicidade do objetivo* que é aquele de preservar o sistema da ameaça do cristianismo: e tudo isso diz respeito aos contextos das perseguições do II século, dos complexos e problemáticos acontecimentos do III século, até a política de restauração do Império realizada pelo imperador Diocleciano (284-305) e sua capacidade de realizar uma imponente série de reformas. São essas: aquela relativa à instituição da tetrarquia no âmbito do poder imperial (que tinha o objetivo de assegurar permanência, eficácia e unidade do mesmo); no âmbito da ideologia e das prerrogativas do imperador, aquela que acentuava sua sacralidade (através de ritos, honras, formas exteriores e, finalmente, assunção de nomes divinos); no âmbito administrativo, a reforma das novas repartições territoriais e, ainda, a divisão entre poder militar e poder civil; a atuação da reorganização do exército; e, não por última, a reforma do campo econômico com o rearranjo do sistema fiscal e medidas financeiras para conter a inflação... Coerentemente com a atuação dessas reformas, a "idade diocleciana" também realizou, depois de um primeiro período de tolerância religiosa, uma virada em direção a uma nova atuação da concepção tradicional da política religiosa imperial. O que, lá para o final do século, levou à reconfiguração de um choque com o cristianismo e à retomada das perseguições: ditadas pela preocupação de se conservar os bons costumes antigos e de revitalizar a função da religião romana pagã contra as novidades introduzidas por outros movimentos religiosos que a perseguição revelara incompatíveis com a primeira, assim como a anterior política de tolerância tentara compatibilizar com ela. E nesse sentido, tanto as motivações contra os maniqueístas quanto aquelas contra os cristãos parecem ser as mesmas e compartilhar de uma idêntica preocupação:

> No édito contra os maniqueístas, assim como nos escritos de Celso e de Porfirio contra os cristãos, a tradição e o consenso da maioria se tornam, por decreto divino, o critério para estabelecer a verdade e a moralidade de uma doutrina religiosa. O consenso tem sua raiz na Antiguidade; é ela que projeta a superioridade de uma ideia sobre uma outra[365].

Os deuses como "simulacros", Cristo como "dominus"

Enfim, os cristãos percebiam claramente que o ato formal e exterior de sacrificar para os simulacros dos deuses (é com o cristianismo que os "deuses" se tornam "simulacros") e de venerar – e jurar perante – a imagem do imperador representava um consentimento para com um sistema político e civil que havia colocado a próprio fundamento a "idolatria", investindo assim a autoridade de poderes e de jurisdição que não lhe pertenciam. O ponto de referência principal, para o cristão, é representado por Cristo, que é proclamado "senhor" (*dominus*, *kýrios*: o núcleo essencial do *kérygma* é posto por escrito já pela primeira geração cristã), testemunha fiel e verdadeira, *imperator* dos reis e de todas as nações: todos títulos tirados da e que remetiam à Sagrada Escritura, palavra revelada por Deus e entregue à Bíblia que se torna fundamento essencial para se identificar enquanto cristãos. Desse modo, em uma perspectiva absolutamente desconhecida para o homem antigo, abria-se uma verdadeira e inédita alternativa: entre a aceitação da "senhoria" do único Deus vivente em contraposição frontal com a aceitação do serviço para com outros senhores que posavam como verdadeiros *idola*. Nessa direção emerge, enfim:

---

365. SORDI, M. *Il Cristianesimo e Roma*. Bolonha: Capelli, 1965, p. 339.

a afirmação positiva da soberania de Deus [que] é a raiz da qual nasce a recusa do poder humano, não por si mesmo, mas enquanto quer se substituir àquele divino, e é, portanto, idolátrico. Emergem, assim, desta vez do lado cristão, as razões profundas do conflito com o paganismo, discerníveis também no significado que o ato do mártir tem com relação ao mundo[366].

E, evidentemente, a situação se complicará ulteriormente com o comparecimento de heresias e cismas internos à própria *ecclesia* e ao mundo cristão...

O judaísmo *contra* o Império, o cristianismo *no* Império: a liberdade do cristão

Mas, como quer que seja, há uma específica versão da concepção e da origem do poder político nos textos do Novo Testamento, ao menos a partir de São Paulo: e, diga-se de passagem, esta versão parece querer se contrapor à aversão judaica (mas também judaico-cristã) para com o Império romano. Assim São Paulo, em Rm 13,1-3:

Cada qual seja submisso às autoridades constituídas, porque não há autoridade que não venha de Deus; as que existem foram instituídas por Deus. Assim, aquele que resiste à autoridade opõe-se à ordem estabelecida por Deus [...]. Em verdade, as autoridades inspiram temor, não porém a quem pratica o bem, e sim a quem faz o mal! Queres não ter o que temer a autoridade? Faze o bem e terás o seu louvor. [e versículo 5:] Portanto, é necessário submeter-se, não somente por temor do castigo, mas também por dever de consciência.

E ainda, no mesmo tom, São Pedro em sua 1ª carta (2,12-17):

Comportai-vos nobremente entre os pagãos. Assim, naquilo em que vos caluniam como malfeitores, chegarão, considerando vossas boas obras, a glorificar a

---

366. SINISCALCO, P. *Il cammino di Cristo nell'Impero romano. Op. cit.*, p. 99.

Deus no dia em que Ele os visitar. Por amor do Senhor, sede submissos, pois, a toda autoridade humana, quer ao rei como soberano, quer aos governadores como enviados por ele para castigo dos malfeitores e para favorecer as pessoas honestas. Porque esta é a vontade de Deus que, praticando o bem, façais emudecer a ignorância dos insensatos. Comportai-vos como homens livres, e não à maneira dos que tomam a liberdade como véu para encobrir a malícia, mas vivendo como servos de Deus. Sede educados para com todos, amai os irmãos, temei a Deus, respeitai o rei.

Passos importantes, esses, e que, retomados e comentados a partir do II século, tornaram-se clássicos, sobretudo aquele paulino com, finalmente, a centralidade exemplar e dos êxitos inesperados que adquirirá para com as disruptivas consequências na sua retomada por parte do "reformador" agostiniano Martinho Lutero no século XVI! E, finalmente, a significação geral dessa postura do cristianismo diante do poder político resulta bastante clara. Trata-se de "obedecer à autoridade política, enquanto sustentada por e fornecida de autoridade divina, porque ela existe para defender a justiça. É o fim justo do Estado civil que lhe dá um caráter sacro"[367].

Com vista a tudo isso, portanto, no primeiro cristianismo que emergia *por dentro* do poder político do Império romano e que *no interior dele* precisava encontrar seu espaço de germinação e afirmação (o cristianismo dos primíssimos séculos), notamos uma atitude, se não propriamente positiva, pelo menos "neutral" com relação à autoridade e aos direitos exercidos por ela sobre quem estava submetido a eles. Trata-se, enfim, de uma atitude que tendia a distinguir o "político" do "religioso": perspectiva profundamente diferente daquela do mundo clássico pagão que

---

367. CARLYLE, R.W. *Il pensiero politico medievale*. V. I. Roma-Bari: Laterza, 1956, p. 107. A esse respeito, cf. tb. PRODI, P. *Una storia della giustizia: dal pluralismo dei fori al moderno dualismo tra coscienza e diritto*. Bolonha: Il Mulino, 2000 [Ed. bras.: *Uma história da justiça: do pluralismo dos foros ao dualismo moderno entre consciência e direito*. São Paulo: Martins Fontes, 2005].

sobre a estreita e incindível relação entre as duas dimensões fundamentava a construção de sua *civitas*. E a nova e inédita distinção erguida pelo cristianismo não entrevia nenhum contraste ou nenhuma incompatibilidade entre um e outro. Finalmente, dessa nova perspectiva cristã decorre:

> uma concepção original do poder imperial, considerado legítimo na sua ordem, mas privado de valor propriamente religioso, concepção que se diferencia não só do caráter sacro da cidade antiga, mas também do ideal teocrático daqueles judeus que identificavam o reino messiânico com sistemas políticos terrenos considerados em condição de libertar Israel.

Desse modo, então:

> A mensagem do Novo Testamento, interpretada e vivida pelas gerações do II e III séculos, coloca assim em discussão os dois modelos políticos que a Antiguidade conhecia, dessacralizando o poder e despolitizando a ideia da realeza de Deus[368].

É assim que, subtraindo à *res publica* prerrogativas julgadas indevidas e reservando à fé a "liberdade" (a *liberdade do cristão* de que fala Lutero, ainda no século XVI) de encontrar indicações e estímulos sobre o sentido da realidade e do homem, nesse âmbito e partindo desses pressupostos abre-se a perspectiva e brotam os germes de uma inédita noção de laicidade. Mas, evidentemente, esses pressupostos sobre os quais devia germinar (e germinará tardiamente, de fato, no final da Idade Moderna) esta noção encontrarão, na época, uma importante complicação quando do comparecimento de heresias e cismas internos ao mundo cristão e da consequente "necessidade" de salvaguardar a unidade da Igreja e, com esta, o universalismo do cristianismo em sua base supranacional, estreitamente ligado ao problema do

---

368. SINISCALCO, P. *Il cammino di Cristo nell'Impero romano. Op. cit.*, p. 107. A concepção da paralela dessacralização do poder e despolitização da ideia da realeza de Deus é de Giorgio JOSSA. *Gesù e i movimenti di liberazione della Palestina*. Bréscia: Sacchi, 1990, p. 265ss.

monoteísmo trinitário. A intolerância para com as forças centrífugas que ameaçavam esta unidade se realizará, enfim – a partir da "virada constantiniana" –, endereçando-se contra os heréticos, os pagãos e os hebreus e, logo, procrastinando os frutos desses germes que, não por acaso, irão amadurecendo justa e somente após a última dramática guerra de religião em época moderna: a guerra dos Trinta Anos.

Despolitização cristã da realeza de Deus e nova teologia política do cristianismo

Despolitizar a ideia de realeza de Deus – revirando de ponta-cabeça sua politização característica, como vimos neste livro, do mundo antigo –, como fez de forma inédita o cristianismo, significou, enfim e *a priori*, que a Igreja não pretendia colocar em questão a ordem social existente: perante e com a nova imagem desse Deus ela procurava, em primeiro lugar, uma solução interna – isto é, dentro da esfera de sua influência – dos problemas sociais em geral (assim como haviam se constituído em termos históricos). É nesse âmbito e dentro dessa perspectiva que vem se criando uma efetiva mudança das condutas e dos hábitos ou, melhor ainda, da *forma mentis* de seus seguidores e integrantes. Enfim, como vimos acima com relação à novidade da proposta de São Paulo – contrapondo-se à aversão judaica e judaico-cristã – face ao Império romano, o cristianismo não se propunha como sistema social ou político alternativo àquele vigente. Por essa característica peculiar e inédita da nova religião (que, portanto, acrescenta-se ao rigor com o qual os fiéis rejeitam qualquer concessão ao culto pagão próprio da Antiguidade), conforme as indicações de Celso, os cristãos acabavam se configurando e aparecendo como estranhos ao mundo[369]. O fato é que rompiam abruptamente e de forma inédita com os esquemas habituais do mundo antigo e, portanto, eram sujeitos a serem absolutamente

---

369. ORÍGENES de Alexandria. *Contra Celsum*, 8, 2.

malcompreendidos e/ou criavam e fomentavam certa consistente confusão de sentido[370].

Mas, a partir de 324, com a vitória de Constantino sobre Licínio, o primeiro começa a realizar o projeto que já foi ansiado por outros imperadores e teorizado pelos filósofos: aquele de se tornar o senhor, o *dominus*, o *despótes* de todo o orbe, o único monarca do *oikuméne*. E, finalmente, a partir dessa perspectiva, o quadro cristão que retoma do judaísmo a configuração monoteísta, defendendo-a de forma intransigente perante o politeísmo pagão, parece se configurar como perfeitamente idôneo para retomar e relançar essa concepção. *Epískopos tôn ektós* é a expressão, extremamente significativa com a qual, segundo seu biógrafo, Constantino define a sua função: evidência da atitude do imperador com relação à Igreja e de sua posição perante o mundo e perante Deus.

É assim que uma verdadeira "teologia política do cristianismo" surge nessa época, interpretando de modo verossímil a visão de Constantino, e sendo exemplarmente teorizada por Eusébio de Cesareia. O historiador Raffaele Farina propôs uma interessante análise com relação a essa teologia política de Eusébio[371]. Seus pontos teológicos centrais são constituídos pela relação Pai e Logos – o segundo dependeria em todo seu ser, querer e agir da vontade do primeiro –, que é imagem da relação entre Logos-Cristo e o imperador. Estabelece-se, portanto, o paralelismo entre a obra de Cristo (preparando o Reino definitivo ao Pai) e a ação do imperador (que contribui a expandir o Reino de Cristo sobre a terra). E se o imperador é dito ser a imagem do próprio Pai, seu império é a imagem do reino celeste. Ainda, o bispo de Cesareia destaca que o Império romano, previsto pelo Antigo Testamento, desenvolveu uma função providencial em benefício

---

370. Segundo o *Apologeticum* (38, 3) de Tertuliano, nada mais do que a *res publica* é estranha para eles, que reconhecem somente o mundo como *res publica* de todos.

371. FARINA. R. *L'Impero e l'Imperatore cristiano in Eusebio di Cesarea – La prima teologia politica del cristianesimo*. Zurique: Pas Verlag, 1966.

do cristianismo; além disso, sublinha uma continuidade real entre Augusto e Constantino – isto é, entre o Império romano e o Império romano-cristão –, entrevendo nesse último a realização das profecias bíblicas expressas por Abrão e, logo, a realização de um Estado ideal, nova época de liberdade e de verdadeira civilização. Com tudo isso, se o Império romano-cristão é imagem da sociedade cristã celeste, ele é também a imagem desta Igreja: isto quer dizer que o Império (que se tornou reino de Cristo na terra) e o cristianismo (que se tornou, de fato, Igreja universal organizada) coincidem! Tudo isso mesmo que em um conjunto unitário (coincidente) que comporte uma distinção de funções entre bispos, na esfera religiosa, e magistrados, naquela civil.

Desse modo o imperador é representado enquanto dotado dos mesmos títulos e das mesmas virtudes do Logos-Cristo e, sobretudo, torna-se também chefe da Igreja: tendo, como "vicário" – enquanto "bispo universal" –, os mesmos poderes dos bispos. Enfim, fortemente influenciada por esquemas que remetem a Platão e Orígenes (como aqueles de "imagem" ou de "imitação"), segundo a rica análise de Farina[372], se por teologia política se entende a visão religiosa-teológica da política e a visão política da religião, sem excluir a justificação teológica de um sistema político, a ideologia imperial delineada por Eusébio pode muito bem ser considerada tal[373].

Mas, finalmente, será em face da complexa situação e do turbilhão de eventos do começo do V século que, com Santo Agostinho, entra definitivamente em crise a teologia política do Império romano. A partir desse momento se abre a nova prospectiva historiográfica e doutrinária que se imporá ao longo da Idade Média e daquela Moderna. O modelo mais emblemático dessa nova perspectiva agostiniana será, sobretudo, aquele que se manifesta em seu *De civitate Dei*: inovadora reflexão sobre o sentido

---

372. *Ibid.*, p. 258s.
373. SINISCALCO, P. *Il cammino di Cristo nell'Impero romano. Op. cit.*, p. 192.

das civilizações humanas e de sua evolução. E como toda a obra agostiniana, realizará isso, pelo menos, em três direções gerais: 1) as coisas terrenas são destinadas, por necessidade, ao crescimento, ao desenvolvimento, à consunção e, finalmente, à morte; 2) a história do homem é sempre marcada pelo bem e pelo mal: o primeiro caracterizado pelo ser, pelo crescimento e pela perfeição; o segundo pela destruição, o não ser e a morte; 3) finalmente, em relação à escatologia, se as coisas humanas em sua caducidade são ambivalentes, todavia a realidade tem um sentido: e será no fim do drama histórico do homem e da humanidade que este sentido será desvendado. É a partir de uma tal visão das coisas, que se desprende do panorama contextual apontado, portanto, que a Igreja começa a se libertar dos vínculos demasiado apertados que até então a ligavam ao Império romano. Com isso, prefigurava-se uma sua continuidade de ação (e de função) em direção a todos, mesmo em circunstâncias completamente novas: como aquela representada pela nova complexidade do mundo barbárico. E até em perspectiva diferenciada com relação à de Agostinho – isto é, naquela clássica da teologia política de um Eusébio, agora continuada e renovada por Paulo Orósio – encontramos nessa época um novo olhar para com os estrangeiros, finalmente enraizados na Europa Ocidental: um olhar que revela um otimismo (nem sempre justificado e, todavia, não sempre coerente) da complexidade histórica, cuja solução, muitas vezes, aponta para uma coexistência entre bárbaros e romanos. Como era intenção de todas as *Historiae*, também a *Historiae adversus paganos* (418 d.C.) de Paulo Orósio pretende desenhar um amplo quadro providencial (que demonstre como o mundo é conduzido pela mão divina) no qual também os bárbaros possam encontrar seu lugar em tal desenho divino e providencial, inclusive por se proporem como as causas dos sofrimentos que os cristãos *devem* sofrer e aceitar à luz do desígnio de Deus e de sua misteriosa obra. Interessante, a esse propósito, a perspectiva de Orósio, a um tempo para com os bárbaros estrangeiros e para com Roma: segundo o apologista cristão o Império representa o máximo poder sobre a terra e o ideal é ser, ao mesmo tempo, católico e cidadão de Roma[374]. Nessa perspectiva, também através da obra de outros autores[375], a economia divina é inserida no tecido da história e, logo, também os bárbaros são levados em consideração no interior de um quadro que prevê a universalidade da salvação, proclamada como *pars fidei*. É nesse contexto e perspectiva que, finalmente, emergem, às vezes, até qualidades e virtudes dos bárbaros, destacadas em obras de autores cristãos, como por exemplo no *De gubernatione Dei* de Salviano: segundo o autor, enfim, suas heresias se originaram por dentro e no âmbito da Igreja, logo é até "nossa culpa que os povos bárbaros tenham começado a ser heréticos"[376]. Em obras como essa percebem-se influxos da literatura de estoicos e cínicos que já haviam representado positivamente esses povos, e logo, em decorrência disso, uma obra como a de Salviano configurava-se como uma antecipação da imagem daqueles "primitivos" (um "primitivismo" original) da primeira Idade Moderna que desembocará, finalmente, no "bom selvagem" de Rousseau. Não por último, essas obras se inscrevem, finalmente, nos pressupostos abertos por Agostinho que, como dizíamos, apagando o caráter sacrílego das invasões barbáricas, realizava, ao mesmo tempo, uma "dessacralização" do Império.

---

374. Cf. LIPPOLD, A. (org.). *Orosio – Le Storie contro i pagani*. Milão: Fondazione Lorenzo Valla/Arnoldo Mondadori, 1976, p. XXIIIs., e p. 526.

375. Alguns decênios sucessivos à obra de Orósio, também a obra atribuída a Próspero d'Aquitânia (390*ca.*-455*ca.*), mesmo que em um contexto diferente, retoma a ideia da providência divina que se manifesta, também, no meio dos mais dolorosos acontecimentos humanos: trata-se do *De vocatione omnium gentium* [450 d.C.]. Assim acontece com a obra de Salviano: *De gubernatione Dei*, que foi composta entre os anos de 439 e 451 d.C. Nela, mais uma vez centrada na providência, Salviano de Marselha (400*ca.*-480*ca.*) vai ao encontro do mal-estar cristão quanto à decadência de Roma, respondendo que "não é o cristianismo que leva à decadência de Roma, como alguns continuam dizendo, mas a vida não cristã dos Romanos". Cf. VOGT, J. *Il declino di Roma – Metamorfosi della civiltà antica dal 200 al 500*. Milão: Saggiatore, 1965, p. 282. Com relação a Agostinho, Orósio e a Próspero d'Aquitânia, cf. *Ibid.*, p. 249-256.

376. SALVIANO. *De gubernatione Dei. Op. cit.*, p. 5, 14.

Distinção entre *civilis causa* e *causa religionis*

Logo, a emergência de uma perspectiva cristã no âmbito do poder imperial foi se desenvolvendo, progressivamente, a partir de uma identificação entre absolutismo "monárquico" e "monoteísta" (uma "teologia política do Império romano"): e é sobre essa identificação que se desprendeu a "Cristologia" e a consequente disputa interpretativa a esse respeito. Finalmente, com relação ao mundo antigo, todo o processo acabou produzindo a inédita distinção entre *civilis causa* e *causa religionis*[377], sem que por isso possamos negligenciar as raízes romana e imperial da civilização cristã que vinha se estruturando, com a consequente função social que vinha sendo desempenhada pela nova religião: esta religião, com aquela peculiar distinção, que, enfim, sempre corre o risco de confundir e equivocar nosso olhar retrospectivo para sua peculiar *diferença* com relação às religiões do mundo antigo.

É no contexto da *nova religio*, enfim, que, entre a integração da Igreja no aparato imperial do "modelo constantiniano" e a distinção episcopal entre fé (*religio*) e poder público (*civitas*), amplia-se progressivamente a tensão. Em oposição ao modelo constantiniano de integração da Igreja, principalmente no final do IV século, os bispos invocam o apoio imperial em questões eclesiásticas: isto é, começam a pretender a intervenção do braço secular em questões religiosas. Trata-se do primeiro esboço de uma posição que, logo cedo, levará a experimentar a realização da *revolução* do cristianismo com relação ao mundo antigo — isto é, o estabelecimento da necessidade de distinguir entre os dois poderes, aquele secular e

---

377. A análise deste livro, por seu lado, demonstra claramente como essa distinção é absolutamente impensável no contexto das religiões do mundo antigo que, de fato, na e através da estreita e indissolúvel interligação das cidades e de seus templos, organizavam, junto e ao mesmo tempo, o espaço cultual e administrativo, a organização de seus panteões divinos e de suas sociedades, a estrutura de suas cosmologias e o controle do tempo, as hierarquias do sagrado e, com elas, das sociedades...

aquele religioso –, e que tornaria difícil realizar o caminho de uma sua harmônica convivência[378]: a história sucessiva demonstrará e confirmará significativamente esse problema.

Tendo em consideração essa perspectiva contraposta (inversamente proporcional, poderíamos dizer), é no interior da controvérsia que culminou, em 384, com as intervenções do Imperador Símmaco e do Bispo Ambrósio de Mediolano que podemos entrever e sintetizar concretamente as duas diferentes visões da relação entre política e religião, respectivamente, no âmbito pagão e naquele cristão. Cada uma com sua própria característica *Weltanschauung*, por além daquelas relativas à política, à religião e à teologia, também relativamente à concepção antropológica e ao significado da presença do homem na história. Para os pagãos:

> os deuses são funcionais à *civitas*. O sincretismo de todas as fés e de todos os ritos se torna um pressuposto indispensável para manter aquela paz da qual nos séculos iniciais da nossa época Roma é o suporte. [...]

Para os cristãos:

> Deus representa o centro absoluto e único do qual tudo descende para sucessivamente subir de novo, depois de ter passado através o cadinho de uma história que é história da salvação. A resposta do homem ao projeto de Deus constitui a única coisa essencial. Projeto, aquele de Deus, aberto ao futuro, em uma perspectiva que terá sua plena realização somente na dimensão escatológica. O tempo da história humana não encontra, portanto, o próprio sentido em um redirecionamento para o passado, mas em um se protender em direção ao futuro – a *profectio in melius* –, segundo uma lei universal do progresso[379].

---

378. Com relação a isso, cf. MELONI, P. Il rapporto tra impegno politico e fede religiosa in Simmaco e Ambrogio. *Sandalion – Quaderni di Cultura Classica, Cristiana e Medievale*, 1, p. 167s., 1978.

379. SINISCALCO, P. *Il cammino di Cristo nell'Impero romano. Op. cit.*, p. 215.

Mais duas questões interessantes, a esse respeito. Em vista de tudo isso o cristianismo aparece e se propõe como um fenômeno de renovação religiosa, perante a dimensão estática do paganismo[380]. Por outro lado, a visão de Ambrósio que advoga para essa visão histórica, dinâmica e aberta ao futuro, própria do cristianismo, antes que episcopal, é ainda e fortemente romana. Justamente ele, enquanto descendente de uma antiga nobreza romana, revitaliza assim uma missão histórica que a própria Roma atribuía para si: uma missão tendente à construção de uma comunidade eterna e de uma civilização universal que unicamente, em âmbito cristão, se configurará como e se tornará instrumento idôneo para uma salvação universal[381].

Final e conclusivamente, apesar desse importante indício de continuidade[382] – desprendendo-se do interior do núcleo mais

---

380. Cf. LABRIOLLE, P. *La réaction païenne*. Paris: L'Artisan du Livre, 1934, p. 467s.

381. Cf. PASCHOUD, F. *Roma aeterna – Étude sur le patriotisme romain dans l'Occident latin à l'époque des grandes invasions*. Neuchâtel: Inst. Suisse de Rome 1967, p. 196s.

382. "Continuidade" que, neste peculiar aspecto, de algum modo, une o mundo tardo-antigo àquele medieval. E esta específica "continuidade" – de perspectiva, poderíamos dizer, mais do que na subordinação dos deuses à *civitas*: esta sim decididamente superada – irá se protrair, quanto menos, até o Renascimento italiano: quando se impõe e se firma aquele que Eugenio Garin define de "um abismo" perante o mundo da Antiguidade! Um abismo "entre os que tinham amado os antigos, mas confundindo-os consigo em uma espécie de amorosa violência [os homens da Idade Média] – mas, como quer que seja, violência – e aqueles restauradores do antigo [os homens do Renascimento] cuidadosos até o pedantismo. [...] O mito renascentista do antigo, justamente no ato em que o define em seus caracteres, marca a morte do antigo. [...] [Foi] a filologia humanista [que] tomou consciência de uma ruptura que a Idade Média havia até mesmo amadurecido, levando-a à exasperação" (cf. GARIN, E. *Medioevo e Rinascimento: studi e ricerche* [Roma-Bari 1954]. Cap. IV (Interpretazioni del Rinascimento, p. 85-100). Ed. "Biblioteca Universale Laterza", Roma-Bari: Laterza, 1984, p. 99-100). Ou, ainda, segundo os termos próximos pelo Renascimento de Erwin Panofsky, quando: "A distância criada pelo Renascimento despojou a Antiguidade de realidade. O mundo clássico deixou de ser possessão e ameaça ao mesmo tempo para se converter em objeto de uma nostalgia apaixonada [...]. Pela primeira vez, o passado clássico apareceu como totalidade desligada do presente [...]. A Idade Média deixara a Antiguidade insepulta, e alternativamente galvanizou

profundo do mundo romano antigo, sobre o qual se enxerta uma das mais significativas "ramificações" do cristianismo –, o choque entre as duas diferentes visões da relação entre política e religião características dos mundos antigo (pagão) e tardo-antigo (cristão) produzirão, com o fim do mundo antigo, a específica, característica e peculiar "religião" como a entendemos e que reconhecemos ainda aos nossos dias: um produto e uma marca histórica sobre a qual, no final das contas, podemos medir a profunda distância e descontinuidade – conforme verificamos ao longo desse estudo – que nos separam, justamente, das "religiões politeístas" do mundo antigo.

e exorcizou o seu cadáver. O Renascimento chorou diante de seu túmulo e tratou de ressuscitar sua alma: e, num momento fatalmente propício, conseguiu-o" (cf. PANOFSKY, E. *In: Renacimiento y renacimientos en el arte occidental* [*Renaissance and renascences in Western art*, 1960]. Trad. Madri: Alianza Universidad, 3. ed. 1981, p. 172-173).

Referências

Fontes

(Santo) AGOSTINHO de Hipona. *De Civitate Dei*. [426 *ca.*]

BODIN, Jean. *De la démonomanie des sorciers*. Paris: Chez Iaques de Puys Libraire Iuré, a la Samaritaine, 1580.

CÍCERO, Marco Túlio. *De natura deorum*. [45 a.C. *ca.*]

DE ACOSTA, J. *Historia natural y moral de las Indias: en que se tratan las cosas notables del cielo...* Sevilha: Casa de Ivan de Leon, 1590.

EUSÉBIO de Cesareia. *Historia Ecclesiastica*. [séc. IV]

HERÓDOTO de Halicarnasso. *Histórias* ['Ιστορῐαι, em grego, *Historiae*, em latim]. Obra escrita entre 440-430 a.C.

HESÍODO. *As obras e os dias*.

HESÍODO. *Teogonia*.

HOMERO. *Odisseia*.

HOMERO. *Ilíada*.

MACRÓBIO. *Saturnalia*.

MELITÃO de Sardes. [m. em 180*ca.*] *Apologia* (do cristianismo): endereçada ao imperador Marco Aurélio (entre 169 e 177).

ORÍGENES de Alexandria. *Contra Celsum*. [248 d.C. *ca.*]

ORÓSIO, Paulo. *Historiae adversus paganos*. [418 d.C.]

(São) PAULO de Tarso. *Epístola (carta) aos Romanos*. [anos 50 d.C.: 55-56 *ca.*]

(São) PEDRO. *Primeira Epístola (carta)*. [começo anos 60 d.C.]

PÍNDARO. *Nemea*.

PÍNDARO. *Olimpica.*

PLATÃO. *Crátilo.*

PLUTARCO. *De Iside et Osiride.* A respeito, cf., também: GRIF-FITHS, John Gwyn. *Plutarch's de Iside et Osiride.* University of Wales Press, 1970.

PROSPERO D'AQUITANIA (390*ca.*-455*ca.*). *De vocatione omnium gentium.* [450 d.C.]

SALVIANO DE MARSELHA (400*ca.*-480*ca.*). *De gubernatione Dei.* [Obra composta entre 439 e 451 d.C.]

TEODÓSIO. *De fide catholica.* Édito emanado em 28 de fevereiro de 380.

TERTULIANO. *Apologia do cristianismo* (em latim: *Apologeticum* ou *Apologeticus*). Final do II século d.C.

Estudos

AGNOLIN, A. *O apetite da antropologia – O sabor antropofágico do saber antropológico: alteridade e identidade no caso Tupinambá.* São Paulo: Humanitas, 2005.

AGNOLIN, A. *Jesuítas e selvagens – A negociação da fé no encontro catequético-ritual americano-tupi (século XVI-XVII).* São Paulo: Humanitas/Fapesp, 2007.

AGNOLIN, A. *História das religiões: perspectiva histórico-comparativa.* São Paulo: Paulinas, 2013 [2. ed., 2014; E-Book, 2019].

AGNOLIN, A. *O amplexo político dos costumes de um jesuíta brâmane na Índia – A acomodação de Roberto de' Nobili em Madurai e a polêmica do Malabar (século XVII).* Rio de Janeiro/São Paulo: EdUFF/Fapesp, 2021.

ALDRED, C. *Akhenaten, Pharaoh of Egypt: a new study.* Londres: Thames & Hudson, 1968.

ALTHEIN, F. *Römische Religionsgshichte.* 3 v. Baden-Baden: Kunst und Wissenschaft, 1931-1933, p. 1951-1953.

ANDERS, F. *Das Pantheon der Maya.* Graz: Druk, 1963.

ANDERS, F.; JANSEN, M.; PÉREZ-MARTÍNEZ, G. A. *Origen e historia de los reyes mixtecos.* México: Fondo de Cultura Económica, 1992.

ASSMANN, J. *Maât, l'Égypte pharaonique et l'idée de justice sociale.* Paris: Maison de Vie, 1989.

ASSMANN, J. Kulte und Religionen: Merkmale primärer und sekundärer Religion (serfahrung) im alten Ägypten. *In:* VAGNER, A. (org.). *Primäre und sekundäre Religion als Kategorie der Religionsgeschichte des Alten Testaments.* Berlim/Nova York: De Gruyter, 2006.

ASSMANN, J. *From Akhenaton to Moses – Ancient Egypt and Religious Change.* Cairo/Nova York: The American University in Cairo Press, 2016 [Ed. ital., Bolonha: Il Mulino, 2018].

AUERBACH, E. *Studi su Dante.* Milão: Feltrinelli, 1963.

AUGÉ, M. *Le Dieu objet.* Paris: Flammarion, 1988.

AVENI, A. F. *Observadores del cielo en el México antiguo.* México: Fondo de Cultura Económica, 1991.

BASSIE-SWEET, K. *Maya Sacred Geography and the Creator Deities.* Norman: University of Oklahoma Press, 2008.

BERNAND, C.; GRUZINSKI, S. *De la idolatria: una arqueologia de las ciencias religiosas.* México: Fondo de Cultura Económica, 1992 [Ed. orig. francesa de 1988].

BETTINI, M. *Elogio del politeismo.* Bolonha: Il Mulino, 2014.

BIANCHI, U. *The Greek Mysteries (Iconography of Religion, XVII/3).* Leiden: Brill, 1976.

BIANCHI BANDINELLI, R; GIULIANO, A. *Etruschi e Italici prima del dominio di Roma.* Milão: Rizzoli, 1973.

BIDMEAD, J. *The Akitu Festival: Religious Continuity and Royal Legitimation in Mesopotamia.* Piscataway: Gorgias Press, 2004.

BLOCH, R. *Les prodiges dans l'antiquité classique.* Paris: Presses Universitaires de France, 1963.

BLOCH, R. *Recherches sur les religions de l'Italie antique.* Genebra: Droz, 1976.

BONANNO, A. (org.). *Archaeology and Fertility Cult in the Ancient Mediterranean.* Amsterdã: Grüner Publishing, 1986.

BONGIOANNI, A. Per un bestiario ideale degli antichi Egizi. *In:* BONGIOANNI, A; COMBA, E. (orgs.). *Bestie o dèi?* Turim. Ananke, 1996, p. 101-108.

BOONE, E. H.; WILLEY, G. R. (orgs.). *The Southeast Classic Maya Zone.* Washington: Dumbarton Oaks, 1988.

BORGEAUD, P.; PRESCENDI, F. (orgs.). *Religions Antiques: Une introduction comparée Égypte – Grèce – Proche-Orient – Rome.* Genebra: Labor et Fides, 2008 [Trad. it., Roma: Carocci, 2011].

BOSI, A. *Dialética da colonização*. São Paulo: Companhia das Letras, 1992.

BOUCHÉ-LECLERQ, A. *Les Pontifes de l'ancienne Rome – Étude historique sur les institutions religieuses de Rome*. Paris: A. Franck, 1871.

BREASTED, J. H. *Ancient Times – A History of the Early World*. Boston: The Athenaeum Press, 1916.

BREASTED, J. H. *Dawn of Conscience*. Nova York: Charles Scribner's Sons, 1933.

BRELICH, A. *Tre variazioni romane sul tema delle origini*. Roma: Edizioni dell'Ateneo, 1955.

BRELICH, A. *Gli eroi greci: un problema storico-religioso*. Roma: Edizioni dell'Ateneo, 1958.

BRELICH, A. *Introduzione alla Storia delle Religioni*. Roma: Edizioni dell'Ateneo, 1966.

BRELICH, A. *Paides e Parthenoi*. Roma: Edizioni dell'Ateneo, 1969.

BRELICH, A. *Storia delle Religioni: perché*. Nápoles: Liguori, 1979.

BRELICH, A. *I Greci e gli Dèi*. Nápoles: Liguori, 1985.

BRELICH, A. *Presupposti del sacrificio umano*. Roma: Editori Riuniti, 2006.

BRICKER, R.; MIRAM, H.-M. (trad.). *An Encounter of Two Worlds: The Book of Chilam Balam of Kaua*. Nova Orleans: Middle American Research Institute/Tulane University, 2002.

BRODA DE CASAS, J. *The Mexican calendar as compared to other Mesoamerican systems*. Viena: Engelbert Stiglmayr, 1969.

BRUNDAGE, B. C. *The Fifth Sun – Aztec Gods, Aztec World*. Austin: Texas Pan American Series, 1979.

BURKERT, W. *Homo Necans – Interpretationen altgriechischer Opferriten und Mythen*. Berlim: De Gruyter, 1972.

BURKERT, W. *Griechische Religion der archaischen und klassischen Epoche*. Stuttgart/Berlin/Colônia/Mainz, 1977.

BURKERT, W. *Structure and History in Greek Mythology and Ritual*. Berkeley: University of California Press, 1979.

BURKERT, W. *Ancient Mistery Cults*. Harvard: Harvard University Press, 1987.

BURKERT, W. *Wilder Ursprung – Opferritual und Mythos bei den Griechen*. Berlim: Klaus Wagenbach, 1990.

CAMASSA, G. "La religione romana antica". *In*: VEGETTI, M. (org.). *Introduzione alle culture antiche – III: L'esperienza religiosa antica*. Turim: Bollati Boringhieri, 1992, p. 172-195.

CARLYLE, R. W. *Il pensiero politico medievale*. Roma-Bari: Laterza, 1956.

CARRASCO, D. *Quetzalcóatl and the Irony of Empire – Myths and Prophecies in the Aztec Tradition*. Chicago: University of Chicago Press, 1982.

CARRASCO, M. D. *The Mask Flange Iconographic Complex – The Art, Ritual, and History of a Maya Sacred Image*. Tese de doutorado. [s.l.]: The University of Texas at Austin, 2005.

CONRAD, G. W.; DEMAREST, A. A. *Religión e imperio – Dinámica del expansionismo azteca e inca*. Madri: Alianza, 1988.

D'AGOSTINO, F. *I Sumeri*. Milão: Ulrico Hoepli, 2020.

DAMIANO-APPIA, M. *Antiguo Egipto: el esplendor del arte de los faraones*. Madri: Electa, 2001.

DAVIES, N. *The Aztecs – A History*. Londres: Macmillan, 1973.

DELLA CORTE, F. *L'antico calendario dei Romani*. Gênova: Bozzi, 1969.

DEMAREST, A. A. *Viracocha – The Nature and Antiquity of the Andean High God*. Harvard: Harvard University Press, 1981.

DE MARTINO, E. *Il mondo magico: prolegomeni a una storia del magismo*. Turim: Boringhieri, 1948.

DE MARTINO, E. *Morte e pianto rituale – Dal lamento funebre antico al pianto di Maria* [1958]. Turim: Boringhieri, 1975.

DE MARTINO, E. *La terra del rimorso: contributo a una storia religiosa del Sud* [1961]. Milão: Il Saggiatore, 1996.

DETIENNE, M. *Les Maîtres de vérité dans la Grèce archaïque*. Paris: Maspero, 1967.

DETIENNE, M. *Dionysos mis à mort*. Paris: Gallimard, 1977.

DETIENNE, M. *L'Invention de la mythologie*. Paris: Gallimard, 1982.

DETIENNE, M.; VERNANT, J.-P. (orgs.). *La cuisine du sacrifice en pays grecs*. Paris: Gallimard, 1979.

DONADONI, F. S. *La religione dell'Antico Egitto*. Roma-Bari: Laterza, 1959 [Textos recolhidos e traduzidos].

DONADONI, F. S. *Testi religiosi egizi*. Turim: Utet, 1970.

DONADONI, F. S. La religione egiziana. *In*: FILORAMO, G. (org.). *Storia delle religioni – I: Le religioni antiche*. Roma-Bari: Laterza, 1994, p. 61-114.

DOS SANTOS, E. N. *Tempo, espaço e passado na Mesoamérica – O calendário, a cosmografia e a cosmogonia nos códices e textos nahuas*. São Paulo: Alameda, 2009.

DUMÉZIL, G. *Jupiter, Mars, Quirinus – Essai sur la conception indo-europennes de la société et sur les origines de Rome*. Paris: Gallimard, 1941.

DUMÉZIL, G. *Naissance de Rome: Jupiter, Mars, Quirinus II*. Paris: Gallimard, 1944.

DUMÉZIL, G. *Naissance d'archanges, Jupiter, Mars, Quirinus III– Essai sur la formation de la theologie zoroastrienne*. Paris: Gallimard, 1945.

DUMÉZIL, G. *La religion romaine archaïque, avec un appendice sur la religion des étrusques*. Paris: Payot, 1966 [2. ed., 1974].

DUNAND, F.; ZIVIE-COCHE, C. *Gods and Men in Egypt*. Ithaca: Cornell University Press, 2004.

DURAND, J.-L. *Sacrifice et labour en Grèce ancienne*. Paris/Roma: La Découverte, 1986.

DUVIOLS, P. (org.). *Religions des Andes et langues indigènes: Équateur, Pérou, Bolivie, avant et après la conquête espagnole*. Marselha: Aix Marseille Université, 1993.

ESTENSSORO-FUCHS, J. C. Les Pouvoirs de la Parole – La prédication au Pérou: de l'évangelisation à l'utopie. *Annales: Histoire, Sciences Sociales*, ano 51, n. 6, p. 1.225-1.257, nov.-dez./1996.

FALKENSTEIN, A. La cité-temple sumérienne. *Cahiers d'Histoire Mondiale*, Paris, 1, p. 784-814, 1954.

FARINA, R. *L'Impero e l'imperatore cristiano in Eusebio di Cesarea – La prima teologia politica del cristianesimo*. Zurique: Pas Verlag, 1966.

FAULKNER, R. O. *The Ancient Egyptian Pyramid Texts*. 2 v. Oxford: Clarendon Press, 1969.

FAULKNER, R. O. *The Ancient Egyptian Book of the Dead*. Austin: University of Texas Press, 1972.

FAULKNER, R. O. *The Ancients Egyptian Coffin Texts*. 3 v. Londres/Warminster: Aris & Phillips, 1973-1978.

FAYER, C. *Il culto della dea Roma – Origine e diffusione nell'Impero*. Pescara: Trimestre, 1976.

FERNANDES, F. *Organização social dos Tupinambá*. São Paulo: Instituto Progresso, 1949.

FERNANDES, F. *A função social da guerra na sociedade Tupinambá*, 1951 [2. ed. São Paulo: Livraria Pioneira/EdUSP, 1970; Ed. Globo, 2006].

FLACELIÈRE, R. *Devins et oracles grecs*. Paris: Presses Universitaires de France, 1961.

FLORESCANO, E. *El mito de Quetzalcóatl*. México: Fondo de Cultura Económica, 1993.

FONTENROSE, J. *The Delphic Oracle – Its Responses and Operations With a Catalogue of Responses*. Berkeley/Los Angeles/Londres: University of California Press, 1978.

FOUCAULT, M. *L'Archéologie du Savoir*. Paris: Gallimard, 1969.

FREIDEL, D.; SCHELE, L.; PARKER, J. *Maya Cosmos: Three Thousand Years on The Shamans's Path*. [s.l]: Morrow Publishers, 1993.

FREUD, S. *Moses and Monotheism*. Título orig.: *Der Mann Moses und die monotheistische Religion*. Londres: Hogarth Press, 1939.

GAREIS, I. Religioni delle culture superiori andine. *In*: FILORAMO, G. (org.). *Storia delle religioni – V. V: Religioni dell'America precolombiana e dei popoli indigeni*. Roma-Bari: Laterza, 1997, p. 77-104.

GARIN, E. *Medioevo e Rinascimento: studi e ricerche* [Roma-Bari 1954]. Ed. "Biblioteca Universale Laterza". Roma-Bari: Laterza, 1984.

GIANNELLI, G. *Il sacerdozio delle Vestali romane* [1913]. Firenze: Galletti/Cocci, 1933.

GLASSNER, J.-J. Les petits états Mésopotamiens à la fin du 4e et au cours du 3e millénaire. *In*: HANSEN, M. H. (org.). *A Comparative Study of Thirty City-State Cultures*. Copenhague: The Royal Danish Academy of Sciences and Letters, 2000.

GOODY, J. *The Domestication of the Savage Mind*. Cambridge: University of Cambridge Press, 1977.

GOODY, J. *The Logic of Writing and the Organization of Society: Studies in Literacy, the Family, Culture and the State*. Cambridge: University of Cambridge Press, 1986.

GRAF, F. *Griechische Mythologie – Eine Einführung*. Munique/Zurique: Artemis/Winkler Verlag, 1985.

GRAULICH, M. *Mitos y rituales del Mexico antiguo*. Madri: Alcaná, 1990.

GRIFFITHS, G. J. *The Conflict of Horus and Seth*. Liverpool: Liverpool University Press, 1960.

GRIFFITHS, G. J. *The Origins of Osiris and His Cult*. Leiden: le J. Brill, 1980.

GRIMAL, N. *Histoire de l'Égypte ancienne*. Paris: Fayard, 1988.

GROTTANELLI, C.; PARISE, N. F. (orgs.). *Sacrifício e società nel mondo antico*. Roma-Bari: Laterza, 1988.

GRUZINSKI, S.; BERNAND, C. *De la Idolatria: una arqueologia de las ciencias religiosas*. México: Fondo de Cultura Económica, 1992 [Ed. orig. francesa, 1988].

HAVELOCK, E. A. *The Literate Revolution in Greece and Its Cultural Consequences*. Princeton: Princeton University Press, 1982.

HORNUNG, E. *Der Eine und die Vielen: Altägyptische Götterwelt*. Darmstadt: WBG, 1971.

HOSNE, A. C. *Dios, Dio, Viracocha, Tianzhu*: "Finding" and "Translating" the Christian God in the Overseas Jesuit Missions (16th-18th Centuries). *In*: ZUPANOV, I. G.; FABRE, P. A. (orgs.). *The Rites Controversies in the Early Modern World*. Leiden/Boston: Brill, 2018, cap. 12, p. 322-341.

HOULIHAN, P. F. *The Animal World of the Pharaons*. Cairo: The American University in Cairo Press, 1995.

JACQ, C. *Le voyage dans l'autre monde selon l'Égypte ancienne: épreuves et métamorphoses du mort d'après les textes des pyramides et les textes des sarcophages*. Le Rocher: Erreur Perimes, 1986.

JOSSA, G. *Gesù e i movimenti di liberazione della Palestina*. Bréscia: Sacchi, 1990.

KEATINGUE, R. W. (org.). *Peruvian Prehistory: An Overview of pre-Inca and Inca Society*. Cambridge: Cambridge University Press, 1988.

KELLEY, D. The Birth of the Gods at Palenque. *Estudios de Cultura Maya*, México (Universidad Nacional Autônoma de Mexico), 5, 1965, p. 93-134.

KERÉNYI, K. *Die Mythologie der Griechen*. Zurique: Rhein, 1951 [Trad. it.: *Gli Dei e gli eroi della Grecia*. 2 v. Milão: il Saggiatore, 1963].

KOCH, C. *Der römische Juppiter* ("Frankfurter Studien zur Religion und Kultur der Antike, herausgegeben von Walter F. Otto", XIV). Frankfurt am Main: Klostermann, 1937 [Darmstadt: Neudruck: Wissenschaftliche Buchgesellschaft, 1968].

KRICKEBERG, W. *Mitos y leyendas de los aztecas, incas, mayas y muiscas*. México: Fondo de Cultura Económica, 1985.

LABRIOLLE, P. *La réaction païenne*. Paris: L'Artisan du Livre, 1934.

LALOUETTE, C. *Textes sacrés et textes profanes de l'ancienne Égypte: Mythes, Contes et Poésie*. 2 v. Paris: Gallimard, 1984, 1987.

LÉVI-STRAUSS, C. *Tristes tropiques*. Paris: Plon, 1955.

LÉVI-STRAUSS, C. *Anthropologie Structurale I*. Paris: Plon, 1958.

LÉVI-STRAUSS, C. *Mythologiques – I: Le Cru et le Cuit*. Paris: Plon, 1964.

LÉVI-STRAUSS, C. *Mythologiques – II: Du miel aux cendres*. Paris: Plon, 1967.

LÉVI-STRAUSS, C. *Mythologiques – III: L'Origine des manières de table*. Paris: Plon, 1968.

LÉVI-STRAUSS, C. *Mythologiques – IV: L'Homme nu*. Paris: Plon, 1971.

LÉVI-STRAUSS, C. *Anthropologie Structurale II*. Paris: Plon, 1973.

LÉVI-STRAUSS, C. *Le Regard éloigné*. Paris: Plon, 1983.

LINDSAY, W. M. *Sexti Pompei Festi de verborum significatu quae supersunt cum Pauli epitome* [Lipsia 1913]. Hildesheim: Georg Olms, 1965.

LIPPOLD, A. (org.). *Orosio – Le Storie contro i pagani*. Milão: Fondazione Lorenzo Valla/Arnoldo Mondadori, 1976.

LITVAK KING, J.; CASTILLO TEJERO, N. (orgs.). *Religión en Mesoamérica*. México: La Sociedad, 1972.

LIVERANI, M. *L'origine delle città*. Roma: Riuniti, 1986.

LIVERANI, M. *Antico Oriente: storia, società, economia*. Roma-Bari: Laterza, 1988.

LIVERANI, M. *Uruk: la prima città*. Roma-Bari: Laterza, 1998.

LÓPEZ LUJÁN, L. *Las ofrendas del Templo Mayor de Tenochtitlan*. México: Instituto Nacional de Antropología e Historia, 1993.

LÓPEZ AUSTIN, A. La religione della Mesoamerica. *In:* FILORAMO, G. (org.). *Storia delle religioni*. V. 5. Roma-Bari: Laterza, 1994-1997, p. 5-75.

MALAMOUD, C. *Cuire le monde – Rite et pensée dans l'Inde ancienne*. Paris: La Découverte, 1989.

MARCOCCI, G. *Indios, cinesi, falsari – Le storie del mondo nel Rinascimento*. Roma-Bari: Laterza, 2016.

MASSENZIO, M. *Cultura e crisi permanente: la "xenia" dionisiaca*. Roma: Edizioni dell'Ateneo, 1970.

MASSENZIO, M. La poesia come fine: la desacralizzazione della tragedia – Considerazioni sulla "Poetica" di Aristotele. *Religioni e Civiltà*, I, p. 285-318, 1972.

MASSENZIO, M. *Dionisio e il teatro di Atene: interpretazioni e prospettive critiche*. Roma: NIS, 1995.

MATTHIAE, P. *Dalla Terra alla Storia: Scoperte leggendarie di archeologia orientale*. Turim: Einaudi, 2018.

MAZZOLENI, Gilberto. *I buffoni sacri d'America*. Roma: Bulzoni, 1973 [4. ed., 1990].

MELLAART, J. *Çatal Hüyük: a Neolithic Town in Anatolia*. Londres: Thames and Hudson, 1967.

MELLAART, J. *The Neolithic of Near East*. Londres: Thames and Hudson, 1975.

MELLAART, J. *The Archeology on Ancient Turkey*. Londres: Rowman and Littlefield, 1978.

MELONI, P. Il rapporto tra impegno politico e fede religiosa in Simmaco e Ambrogio. *Sandalion – Quaderni di Cultura Classica, Cristiana e Medievale*, 1, 1978.

MÉTRAUX, A. *Les Incas*. Paris: Le Seuil, 1962.

MILLER, M.; TAUBE, K. *The Gods and Symbols of Ancient Mexico and the Maya*. Londres: Thames and Hudson, 1993.

MOMMSEN. T. *Römische Geschichte*. 5 v. Berlim: Weidmann, 1854-1856.

MONACO, E. *Quetzalcoatl – Saggi sulla religione azteca*. Roma: Bulzoni, 1997.

MORENZ, S. *Ägyptische Religion – Die Religionen der Menschheit*. Stuttgart: Kohlhammer, 1960.

MORENZ, S. *Gott und Mensch im alten Ägypten*. Leipzig: Koehler und Amelang, 1964.

MORENZ, S. *Ägyptischer Totenglaube im Rahmen der Struktur ägyptischer Religion*. Eranos Jahrbuch – *Form als Aufgabe des Geistes, 1965,* v. 34, p. 399-446, 1967.

MORRIS, C.; VON HAGEN, A. *The Inka Empire and its Andean Origins*. Nova York: Abbeville, 1993.

MORRIS, W. F. *Presencia maya*. Ilust. de J.J. Foxx. México: Gobierno del Estado del Chiapas, 1991.

MUSTI, D. (org.). *Le origini dei Greci – Dori e mondo egeo*. Roma-Bari: Laterza 1984.

MYLONAS, G. E. *Eleusis and the Eleusinian Mysteries*. Princeton: Princeton University Press, 1961 (1962).

NÁJERA CORONADO, M. I. *El don de la sangre en el equilibrio cósmico – El sacrificio y el autosacrificio sangriento entre los antiguos mayas*. México: Centro de Estudios Mayas/Instituto de Investigaciones Filológicas/Universidad Nacional Autónoma de México, 1987.

O'CONNOR, D. *Abydos: Egypt's First Pharaohs and the Cult of Osiris*. Londres: Thames & Hudson, 2009.

O'GORMAN, E. *A invenção da América – Reflexão a respeito da estrutura histórica do Novo Mundo e do sentido do seu devir*. São Paulo: Unesp, 1992 [Ed. orig.: *Invención de América*, 1958].

PALLIS, S. A. *The Babylonian Akitu Festival*. Copenhague: A.F. Host, 1926.

PANOFSKY, E. *In: Renacimiento y renacimientos en el arte occidental* [*Renaissance and renascences in Western art*, 1960]. Trad. 3. ed. Madri: Alianza Universidad, 1981.

PARISE, N. F.; GROTTANELLI, C. (org.). *Sacrificio e società nel mondo antico*. Roma-Bari: Laterza, 1988.

PARKE, H.; WORMELL, D. *The Delphic Oracle – V. 1: The History; V. 2: The Oracular Responses*. Oxford: Blackwell, 1956.

PARKE, H. W. *The Oracles of Zeus: Dodoma Olympia Ammon*. Cambridge: Harvard University Press, 1967.

PARKE, H. W. *Festivals of the Athenians – Aspects of Greek and Roman life*. Londres: Thames & Hudson, 1977.

PASCHOUD, F. *Roma aeterna – Étude sur le patriotisme Romain dans l'Occident latin à l'époque des grandes invasions*. Neuchâtel: Inst. Suisse de Rome, 1967.

PEASE, G. Y. F. *El Dios creador andino*. Lima: QillqaMayu, 1973.

PERETTI, L. *Risorgimento maya e Occidente: visione del cosmo, medicina indigena, tentazioni apocalittiche*. Lungavilla: Altravista, 2012.

PERUZZI, E. *Origini di Roma*. 2 v. Bolonha: Valmartina Patron, 1970 e 1973.

PERUZZI, E. *Aspetti culturali del Lazio primitivo*. Florença: Olschki, 1978.

PETTAZZONI, R. *I misteri – Saggio di una teoria storico-religiosa*. Bolonha: Zanichelli, 1924.

PETTAZZONI, R. *La firmazione del monoteismo*. Roma: Centro Romano di Studi, 1949.

PETTINATO, G. *La saga de Gilgamesh*. Milão: Rusconi, 1992.

PFIFFIG, A. J. *Religio Etrusca*. Graz: Akademische Druck/Verlagsanstalt, 1975.

PINCHERLE, A. *Introduzione al cristianesimo antico*. Roma-Bari: Laterza, 1971.

POSENER, G. *De la divinité du Pharaon*. Paris: Imprimerie Nationale, 1960.

PRODI, P. *Una storia della giustizia: dal pluralismo dei fori al moderno dualismo tra coscienza e diritto*. Bolonha: Il Mulino, 2000 [Ed. bras.: *Uma história da justiça: do pluralismo dos foros ao dualismo moderno entre consciência e direito*. São Paulo: Martins Fontes, 2005].

REDFORD, D. B. *Akhenaten – The Heretic King*. Princeton: Princeton University Press, 1984.

RÉMONDON, R. *La Crise de l'Empire romain: de Marc Aurèle à Anastase*. Paris: Presses Universitaires de France, 1964 [Trad. it.: *La crisi dell'Impero romano – Da Marco Aurelio ad Anastasio*. Milão: Mursia, 1975].

RIVERA DORADO, M. *La religión maya*. Madri: Alianza, 1986.

ROCCATI, A. Zoomorfismo delle divinità egizie. *In:* BONGIOANNI, A.; COMBA, E. (orgs.). *Bestie o dèi?* Turim: Ananke, 1996, p. 97-99.

ROSATI, G. *Libro dei morti degli Antichi Egizi: il papiro di Torino*. Bréscia: Edizioni Mediterranee, 1992.

ROUX, G. *Delphes: son oracle et ses dieux*. Paris: Belles Lettres, 1976.

SABBATUCCI, D. *Il Gioco d'azzardo rituale*. Roma: Edizioni dell'Ateneo, 1965.

SABBATUCCI, D. *Il Mito, il Rito e la Storia*. Roma: Bulzoni, 1978.

SABBATUCCI, D. *Da Osiride a Quirino*. "Corso di Storia delle Religioni 1983-1984". Roma: Università degli Studi di Roma/Il Bagatto, 1984.

SABBATUCCI, D. *Sui Protagonisti dei Miti*. Roma: Euroma/La Goliardica, 1987.

SABBATUCCI, D. *La religione di Roma antica: dal calendario festivo all'ordine cosmico*. Milão: Il Saggiatore, 1988.

SABBATUCCI, D. *Politeismo – V. I: Mesopotamia, Roma, Grecia, Egitto*. Roma: Bulzoni, 1998.

SABBATUCCI, D. *Politeismo – V. II: Indo-iranici, Germani, Cina, Giappone, Corea*. Roma: Bulzoni, 1998.

SABBATUCCI, D. Rito e sacrificio. *In:* VEGETTI, M. (org.). *Introduzione alle culture antiche – III: L'esperienza religiosa antica*. Turim: Bollati Boringhieri, 1992, p. 14-28.

SACHS, A. Akkadian rituals. In: PRITCHARD, J. B. (org.) *Ancient Near Eastern Texts Relating to the Old Testament with Supplement*. 3. ed. Princeton: Princeton University Press, 1969, p. 331-345.

SADEK, A. I. *Popular Religion in Egypt During the New Kingdom*. Hildesheim: Gerstenberg, 1987.

SANDMAN, M. (org.). *Texts from the Time of Akhenaten*. Bruxelas: Fondation Reine Élisabeth, 1938.

SCARPI. P. Le religioni preelleniche di Creta e Micene e La religione greca. *In*: FILORAMO, G. (org.). *Storia delle religioni – I: Le religioni antiche*. Roma-Bari: Laterza, 1994, p. 265-281, 283-330.

SCARPI, P. Le religioni del mondo antico. *In*: FILORAMO, G. *et al.* (orgs.). *Manuale di storia delle religioni*. Roma-Bari: Laterza, 1998.

SCARPI, P. *Si fa presto a dire Dio: riflessioni sul multiculturalismo religioso*. Milão: Ponte delle Grazie (Salani Ed.), 2010.

SCHEID, J. La spartizione sacrificale a Roma. *In:* GROTTANELLI, C.; PARISE, N. F. (orgs.). *Sacrificio e società nel mondo antico*. Roma-Bari: Laterza, 1988, p. 267-292.

SCHEID, J. *Les Dieux, l'État et l'Individu*. Paris: Seuil, 2013.

SCHELE, L.; FREIDEL, D. *A Forest of Kings – The Untold Story of the Ancient Maya*. Nova York: William Morrow, 1990.

SCHILLING, R. *Rites, cultes, dieux de Rome*. Paris: Klincksieck, 1979.

SÉJOURNÉ, L. *Burning Water – Thought and Religion in Ancient Mexico*. Londres: Thames and Hudson, 1956.

SFAMENI GASPARRO, G. *Misteri e culti mistici di Demetra*. Roma: L'Erma/Storia delle Religioni, 1986.

SHARER, R. *The Ancient Maya*. Stanford: Stanford University Press, 1983.

SHAW, I. *The Oxford History of Ancient Egypt*. Oxônia: Oxford University Press, 2003.

SINISCALCO, P. *Il Cammino di Cristo nell'Impero romano*. Roma-Bari: Laterza [1. ed., 1983; ed. rev. e atual., 1996; ed. ampl., 2009].

SORDI, M. *Il Cristianesimo e Roma*. Bolonha: Capelli, 1965.

STROUMSA, G. G. *La Fin du sacrifice – Les mutations religieuses de l'Antiquité tardive*. Paris: Odile Jacob, 2005.

SVEMBRO, J. *Phrasikleia: anthropologie de la lecture en Grèce ancienne*. Paris: La Découverte, 1988.

TAUBE, K. A. *The Major Gods of Ancient Yucatan*. Washington: Dumbarton Oaks, 1992.

TYLDESLEY, J. A. *Egypt's Golden Empire: The Age of the New Kingdom*. Londres: Headline Book, 2001.

UPHILL, E. P. The Egyptian Sed-festival Rites. *Journal of Near Eastern Studies*, 24, Chicago, p. 365-383, 1965.

VAN GENNEP, A. *Les Rites de Passage: étude systematique*. Paris: E. Nourry, 1909 [Trad. bras.: *Os ritos de passagem*. Petrópolis: Vozes, 1977].

VÁSQUEZ, B.; RENDÓN, S. (trad.). *El Libro de los Libros de Chilam Balam – Traducción de sus textos paralelos*. Ciudad de Mexico: Fondo de Cultura Económica, 1948.

VELDE, H. Te. *Seth, God of Confusion: a study of his role in Egyptian mythology and religion*. Leiden: Brill, 1967.

VERNANT, J.-P. *Les origines de la pensée grecque*. Paris: PUF, 1962.

VERNANT, J.-P. *Mythe et pensée chez les Grecs – Études de Psychologie Historique*. Paris: Maspero, 1965.

VERNANT, J.-P. *La mort dans les yeux*. Paris: Hachette, 1985.

VERNANT, J.-P. *Mythe et religion en Grèce ancienne*. Paris: Seuil, 1990.

VERNANT, J.-P. VIDAL-NAQUET, P. *Mythe et tragédie en Grèce ancienne*. Paris: Maspero, 1972.

VERNANT, J.-P.; DETIENNE, M. (orgs.). *La cuisine du sacrifice en pays grecs*. Paris: Gallimard, 1979.

VOGT, J. *Il declino di Roma – Metamorfosi della civiltà antica dal 200 al 500*. Milão: Il Saggiatore, 1965.

WAGNER, A. (org.). *Primäre und sekundäre Religion als Kategorie der Religionsgeschichte des Alten Testaments*. Berlim/Nova York: De Gruyter, 2006.

WATTERSON, B. *The Gods of Ancient Egypt*. Londres: Batsford, 1984.

WIEDEMANN, A. *Religion of the Ancient Egyptians*. Chelmsford: Courier, 2012.

WISSOWA, G. *Religion und Kultus der Römer* [1902]. Munique: C.H. Beck, 1912.

ZIÓLKOWSKY, M. S.; SADOWSKY, R. M. (orgs.). *Time and Calendars in the Inca Empire*. Oxford: BAR, 1989.

ZUIDEMA, R. T. *The Ceque System of Cuzco – The Social Organization of the Capital of Inca*. Leiden: Brill, 1964.

Coleção Religiões Mundiais

Coordenador: Frank Usarski

- Daoismo – Confucionismo – Xintoísmo
André Bueno e Rafael Shoji

- Judaísmo – Cristianismo – Islam
Pietro Nardella-Dellova, João Décio Passo, Atilla Kus e Francirosy
Campos Barbosa

*- 'Religiões' politeístas do mundo antigo: Mesopotâmia – Egito –
Grécia – Roma – América pré-colombiana*
Adone Agnolin

Conecte-se conosco:

 facebook.com/editoravozes

 @editoravozes

 @editora_vozes

 youtube.com/editoravozes

 +55 24 2233-9033

www.vozes.com.br

Conheça nossas lojas:

www.livrariavozes.com.br

Belo Horizonte – Brasília – Campinas – Cuiabá – Curitiba
Fortaleza – Juiz de Fora – Petrópolis – Recife – São Paulo

  Vozes de Bolso

EDITORA VOZES LTDA.
Rua Frei Luís, 100 – Centro – Cep 25689-900 – Petrópolis, RJ
Tel.: (24) 2233-9000 – E-mail: vendas@vozes.com.br

biana Oriente Próximo Mediterrâneo Sumérios Zeus Posseidon Hera
Dionísio Hesíodo Marte Netuno Minerva Apolo México Peru Novo
tlipoca Quetzalcoatl Maias Astecas Incas Yucatán Babel Egito Hórus Set
Ísis Ilíada Odisseia Homero Afrodite Toltecas Andes Marduk Religiões Pol
ísmo Mesopotâmia Egito Grécia Roma América pré-colombiana Oriente P
errâneo Sumérios Zeus Posseidon Hera Hermes Ares Dionísio Hesíodo
o Minerva Apolo México Peru Novo Mundo Tezcatlipoca Quetzalcoat
as Incas Yucatán Babel Egito Hórus Seth Osíris Faraó Ísis Ilíada Odisseia H
ite Toltecas Andes Marduk Religiões Politeístas Politeísmo Mesopotâmi
a Roma América pré-colombiana Oriente Próximo Mediterrâneo Suméri
idon Hera Hermes Ares Dionísio Hesíodo Marte Netuno Minerva Apolo
Novo Mundo Tezcatlipoca Quetzalcoatl Maias Astecas Incas Yucatán
Hórus Seth Osíris Faraó Ísis Ilíada Odisseia Homero Afrodite Toltecas
uk Religiões Politeístas Politeísmo Mesopotâmia Egito Grécia Roma A
olombiana Oriente Próximo Mediterrâneo Sumérios Zeus Posseido
es Ares Dionísio Hesíodo Marte Netuno Minerva Apolo México Peru Novo
tlipoca Quetzalcoatl Maias Astecas Incas Yucatán Babel Egito Hórus Set
Ísis Ilíada Odisseia Homero Afrodite Toltecas Andes Marduk Religiões Pol
ísmo Mesopotâmia Egito Grécia Roma América pré-colombiana Oriente P
errâneo Sumérios Zeus Posseidon Hera Hermes Ares Dionísio Hesíodo
o Minerva Apolo México Peru Novo Mundo Tezcatlipoca Quetzalcoat
as Incas Yucatán Babel Egito Hórus Seth Osíris Faraó Ísis Ilíada Odisseia H
ite Toltecas Andes Marduk Religiões Politeístas Politeísmo Mesopotâmi
a Roma América pré-colombiana Oriente Próximo Mediterrâneo Suméri
idon Hera Hermes Ares Dionísio Hesíodo Marte Netuno Minerva Apolo
Novo Mundo Tezcatlipoca Quetzalcoatl Maias Astecas Incas Yucatán
Hórus Seth Osíris Faraó Ísis Ilíada Odisseia Homero Afrodite Toltecas
uk Religiões Politeístas Politeísmo Mesopotâmia Egito Grécia Roma A
olombiana Oriente Próximo Mediterrâneo Sumérios Zeus Posseido
es Ares Dionísio Hesíodo Marte Netuno Minerva Apolo México Peru Novo
tlipoca Quetzalcoatl Maias Astecas Incas Yucatán Babel Egito Hórus Set
Ísis Ilíada Odisseia Homero Afrodite Toltecas Andes Marduk Religiões Pol
ísmo Mesopotâmia Egito Grécia Roma América pré-colombiana Oriente P
errâneo Sumérios Zeus Posseidon Hera Hermes Ares Dionísio Hesíodo
o Minerva Apolo México Peru Novo Mundo Tezcatlipoca Quetzalcoat
as Incas Yucatán Babel Egito Hórus Seth Osíris Faraó Ísis Ilíada Odisseia H
ite Toltecas Andes Marduk Religiões Politeístas Politeísmo Mesopotâmi
a Roma América pré-colombiana Oriente Próximo Mediterrâneo Suméri
idon Hera Hermes Ares Dionísio Hesíodo Marte Netuno Minerva Apolo Méxi
Mundo Tezcatlipoca Quetzalcoatl Maias Astecas Incas Yucatán Babel Egit
Osíris Faraó Ísis Ilíada Odisseia Homero Afrodite Toltecas Andes Marduk Re
ístas Politeísmo Mesopotâmia Egito Grécia Roma América pré-colombiana
mo Mediterrâneo Sumérios Zeus Posseidon Hera Hermes Ares Dionísio H
Netuno Minerva Apolo México Peru Novo Mundo Tezcatlipoca Quetz
Astecas Incas Yucatán Babel Egito Hórus Seth Osíris Faraó Ísis Ilíada C
ro Afrodite Toltecas Andes Marduk Religiões Politeístas Politeísmo Mesop
Grécia Roma América pré-colombiana Oriente Próximo Mediterrâneo Su
Posseidon Hera Hermes Ares Dionísio Hesíodo Marte Netuno Minerva
o Peru Novo Mundo Tezcatlipoca Quetzalcoatl Maias Astecas Incas Yucatá
Hórus Seth Osíris Faraó Ísis Ilíada Odisseia Homero Afrodite Toltecas
uk Religiões Politeístas Politeísmo Mesopotâmia Egito Grécia Roma A
olombiana Oriente Próximo Mediterrâneo Sumérios Zeus Posseido
es Ares Dionísio Hesíodo Marte Netuno Minerva Apolo México Peru Novo
tlipoca Quetzalcoatl Maias Astecas Incas Yucatán Babel Egito Hórus Set
Ísis Ilíada Odisseia Homero Afrodite Toltecas Andes Marduk Religiões Pol
ísmo Mesopotâmia Egito Grécia Roma América pré-colombiana Oriente P
errâneo Sumérios Zeus Posseidon Hera Hermes Ares Dionísio Hesíodo
o Minerva Apolo México Peru Novo Mundo Tezcatlipoca Quetzalcoat
as Incas Yucatán Babel Egito Hórus Seth Osíris Faraó Ísis Ilíada Odisseia H
ite Toltecas Andes Marduk Religiões Politeístas Politeísmo Mesopotâmi